献给艾米丽·维多利亚（Emily Victoria）和
亚历山德拉·伊丽莎白（Alexandra Elizabeth）

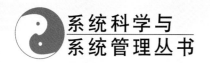

系统科学与
系统管理丛书

$E$mergence

$A$
Philosophical Account

# 突　现

## ——一种哲学的考量

[美]保罗·汉弗莱斯　著

范冬萍　付　强　郑　本　译

孙卫民　校

人民出版社

# 致　谢

　　我诚挚地感谢聆听了这本书前期内容的哲学家和科学家,虽然书中的一些内容现已被抛弃。多年来,他们曾与我就一个几乎没有共识的问题有过激烈的讨论,为我书中的观点提供了宝贵的建议。我无法感谢所有帮助过我的人,但其中对我特别有帮助的是:阿努克·巴伯罗斯(Anouk Barber-ousse)、鲍勃·巴特曼(Bob Batterman)、马克·贝多(Mark Bedau)、米歇尔·比特波(Michel Bitbol)、乔治·查普蒂尔(Georges Chapouthier)、董春雨、让-保罗·德拉哈耶(Jean-Paul Delahaye)、范冬萍、雅克·杜布克斯(Jacques Dubucs)、尼娜·埃默里(Nina Emery)、莎拉·弗朗西切利(Sarah Franceschelli)、瑟格·加拉姆(Serge Galam)、亚历山大·盖伊(Alexandre Guay)、张华夏、菲利普·胡尼曼(Philippe Huneman)、安德烈亚斯·赫特曼(Andreas Hutteman)、西里雷·伊伯特(Cyrille Imbert)、弗雷德·克朗兹(Fred Kronz)、邝茵茵、约翰内斯·伦哈德(Johannes Lenhard)、克里斯托夫·马拉泰尔(Christophe Malaterre)、玛格丽特·莫里森(Margaret Morrison)、奥利维尔·萨特纳(Olivier Sartenaer)、埃里克·塞里(Eric Scerri)、吉姆·西蒙兹(Jim Simmonds)、约翰·西蒙斯(John Symons)、杰西卡·威尔逊(Jessica Wilson),以及比尔·温萨特(Bill Wimsatt)。另外,得益于以下机构的资金支持,本书中的观点才会得到如此好的发展。在这里,我要对以下机构致以诚挚的感谢:美国学习学会理事会(ACLS)基金,位于巴黎的法国国家科学研究中心历史与科学技术哲学研究所(IHPST)的外国研究基金,美国国家科学基金会(NSF)学者奖,以及弗吉尼亚大学的一百五十周年奖金。同样,仍然要感谢黛安(Diane)。

# 序　言

　　经过 50 年左右的沉寂之后,突现这一主题之所以能再次成为一个活跃的研究领域有很多原因,但其中有三个重要的影响因素:第一,在各门科学中发现了一些看似可能是突现的现象;第二,在复杂性理论中兴起的技术为表达突现现象提供了数学工具;第三,与概念分析相关的哲学的发展,增进了我们对突现可能是什么的理解。20 世纪 30 年代初,人们对突现的兴趣衰减,但目前的情况却相反。当时被建议为可能是突现现象的是一些没能被很好地理解的事物,如生命、意识和自省心。随着我们对这些事物所依据的过程的深入理解,其神秘性逐渐减少,原来的突现研究进路被放弃了。在此期间,新的能够被更好地理解的、可能的突现现象出现了。其中,许多可能被视为突现的现象,包括诸如黏液霉菌、导致铁磁性出现的相变,以及鸟类的集群行为等自组织系统,都有了清晰的模型。因此,早期萦绕在突现可能性之上的神秘性消失了。不过,科学文献中经常没有明确说明的是,为什么像这样的例子会被认为是突现的。本书的目的之一就是要明确突现的标准。

## 研究方案

　　本书旨在提供一个概念框架,以便在其中能找到来自科学的案例。该目标涉及三个具体任务:理解什么是突现,建构关于突现的普适性理论,以及确定世界是否存在一些突现现象。单从哲学的角度来看,人们可能只满足于前两个任务。的确,在本书中不同的地方,我将使用简单的人工例子,来表达特定的突现进路的核心概念性特征。但是,想知道是否存在真正突现例子的愿望是完全合理的。如果在宇宙中连一个突现现象的例子都没有,这将会让人们觉得非常不可思议,以至于我们需要一个合理的解释。此外,仅仅是构想出来的事例,缺乏使我们能够更好地理解突现是如何发生的科学细节。早期突现研究中最严重的缺陷之一,即当时所提出的突现的例子,如化学性质和生命,之所以被认为可能是突现的,是因为当时的知识状况排除了对这些例子的其他的、非突现主义的解释。现如今,也存在一个与此相关的情况。当意识和知觉感受质等现象被作为突现的例子(更不用说灵魂等更深奥的例子)时,目前的神经科学的知识仍不足以评估这些现象是否是真正的突现的例子。它们往往被默认为是突现的,是因为对这些现象还没有被普遍接受的和明晰的理论。解释鸿沟是由知识鸿沟造成的,但知识鸿沟可能会在不确定的未来得到弥合。当突现现象被理解为无法解释的现象时,这种情况就被认为是可接受的,但我在这里不采取上述这种"失败主义"的观点。

### 突现的类型

我主要感兴趣的是本体论突现。也就是说,真正新颖的物体和性质甚至可以出现在物理学的范围内,而且它拒绝了只有最基本的物理层次才是真实的这一观点。不仅对物理主义而言,而且对其他根深蒂固的哲学立场而言,承认存在本体论突现的影响是深远的。尽管本体论突现的概念很重要,但要记住,突现有多种概念,每一种概念都合理地捕捉到了一些突现现象的类型,然而没有哪一种概念提供了对突现的完整解释。我相信,不存在一个单一的、概括性的关于这一主题的理论框架,即使在不久的将来也不会存在。①

这有两个主要原因。第一,突现的概念并不源于单一的科学,这与引力和遗传等概念形成了鲜明的对比。人们声称突现在物理学、化学、生物学、复杂性理论、经济学和许多其他领域均有发生。因此,没有一个单一的科学领域能够将突现这一概念"占为己有",如同以广义相对论将其理论框架强加于引力概念这样的方式一般。这一跨学科的方面本身并不妨碍建立普适的突现概念,正如因果关系的例子就是跨学科的成功案例。②

注意到这一点之后,我们会面对突现进路异质性的第二个原因。和因果关系这样的概念不一样,我们对突现没有一个坚实的前理论上的把握。

---

① 霍兰(Holland 1998,3)也赞同这一观点:"像突现这么复杂的问题,不可能只是服从一种简单的定义。"

② 尽管有证据表明我们有不止一个因果关系的概念,但每个这样的概念都可以适用于不止一种类型的主题。

可以对比一下,在以下这种情况下会发生什么:如果你对一些人进行调查,询问他们认为哪些是明确的突现的例子,哪些是明确的因果关系的例子。几乎对每一个具有语言能力的人而言,如果承认因果关系存在,都会同意某些核心例子具有真正的因果关系,例如用石头打碎窗户。而对于突现的例子来说,情况却并非如此,即使是在那些同意突现存在的人群中。这不仅仅是说,你会得到不同的突现的例子,而且一个领域的研究者会对另一个领域的工作者提出的例子的有效性进行有力质疑。①

由于研究进路的多样性,因此,对于任何给定的突现例子的潜在反例都需要谨慎对待。对突现的推理性阐释不需要满足适用于突现的本体论阐释的标准,也不应强迫突现的历时进路接受只适用于共时解释的条件。在这一领域取得进展的障碍之一,同时也是许多没有意义的争端的根源,就是认为突现只有一个正确的定义。在一个理性世界里,我们将停止使用"突现"这个词,而使用更精确定义的术语,如"自组织系统"(self-organizing system)和"计算的不可压缩性"(computational incompressibility),同时使用一些具有突现特性、但对突现而言既非充分亦非必要的特征,这样做将极大地有助于防止混乱。然而,"突现"这个词有种不可抗拒的吸引力,我无权禁止使用它。因此,若能留意上文所述的注意事项,以及为捕捉不同类型的突现而附加的修饰语(不假定它们都是一个统一属类的物种),为了方便起见我将保留这个术语。

### 历时突现与共时突现

共时突现(synchronic emergence)和历时突现(diachronic emergence)的基本区别贯穿于突现研究的多种进路之中。共时突现表现为突现现象与其产生的特征同时存在。一个常被引用的例子是,当一个模式在一个系统中发展时,从系统整体以及系统组分的性质不可还原这两个意义上说,该模式在本质上是全局性的。相反,历时突现需要随着时间的推移,从系统先前存在的状态中发展出突现现象。一个可能被称为突现的例子是,在人工生

① 我与天文学家和哲学家一起进行的关于突现的立场的调查表明,在什么可被认为是突现的例子方面,这两个领域之间存在着明显差异。由于样本规模太小,以至于不足以证明任何一般性结论,但这项调查确实证实了我多年来与众多科学家、哲学家和工程师讨论突现的经验。个体对突现的态度存在着根本的和不可调和的差异。

命实验中,因自组织过程而突现出的有机体。在 20 世纪 20 年代,流行着一种被称为进化突现的传统,但目前关于突现的许多哲学文献都是关于共时突现的。这不仅造成了不必要的狭隘的研究焦点,而且使突现的历时形式不可能满足共时性条件。本书的一个重要主题是,在许多情况下,是历时性的过程产生了突现,而哲学上对共时突现的强调则分散了注意力。

### 限制条件

有一些关心突现的读者会发现他们的兴趣只会被偶尔关注。在哲学中,人们对精神状态是否可以还原为大脑状态的问题给予了极大的关注。值得记住的是,心/脑还原问题并不能代表其他还原或非还原的例子。精神状态具有意向性等特征,这是处理可能不存在的事态的能力,比如,"艾莉相信哈利·波特是真实的"。这一特征是由它衍生而来的精神范围和领域所特有的,包括一些集体意向性在其中发挥核心作用的社会制度。① 此外,尽管在这一领域取得了重大进展,但与物理和化学相比,心理学和神经科学的知识现状仍然不发达。因此,在讨论突现时,强调精神可能会产生很大的误解,因为它强化了一种观点,即突现的情况是神秘的和罕见的。在物理科学中,有更好地理解突现的例子,更能代表突现现象。正是由于这个原因,我一般都不去研究心理学的例子,而且我对心灵哲学也没有什么具体的看法,尽管我将讨论一些最初以该领域的主题为动机的问题。

伴随着这一限制条件的情况是,物理主义被认为是一种一半物理一半精神的分类。这种分类太粗糙了,没有什么意义。而一种不加区别地将物理现象与所有其他现象进行对比的立场,将导致在错误的地方寻找突现的实体。我们将看到,突现在物理和化学中并不罕见。如果事实证明,如神经科学等更复杂的科学,也包含大量的突现现象,那就更好了。说实话,我预计关于心灵的许多最有趣的特征最终都会与突现现象联系在一起。

---

① 在简单的生物系统中也可能存在着原始的意向性形式。但是,这也可能是我们强加自己的意向来解释行为而导致的二阶意向性的一种情况。

# 目　录

# 1
# 突现的基本特征

　　煤炭和钻石、沙子和电脑芯片、癌症和健康的组织：纵观历史，原子
排列的变化使人们将廉价与珍贵、疾病与健康区别开来。原子以某一
种方式排列，形成土壤、空气和水；以另一种方式排列，就长成了成熟的
草莓。以一种方式排列，它们组成了家和新鲜空气；以另一种方式排
列，它们组成了灰烬和烟雾。

——德雷克斯勒（Drexler 1986,3）

## ▶▶ 1.1 引言

　　关于实在的本质的一贯看法认为：世界只不过是基本物理对象和性质
的时空排列。你和我、岩石和银河系、蟾蜍和炒鸡蛋只是过程，是基本物理
对象的空间排列构成的连续状态。这些基本的物体，以不同的构型排列，解
释了我们在日常生活和科学生活中遇到的所有惊人的多样性。这幅图景中
既有水平结构，也有垂直结构。水平结构由过程产生，在这个过程中，系统
的早期状态对同一系统或其他系统的后期状态具有因果决定性。垂直结构
构成了层级的本体论，其底层是基础物理的对象和性质，上一层是核物理和
原子物理的对象和性质，在此之上是化学、生物化学和细胞生物学的学科，
再往上是各种心理学和社会科学的研究对象。这是物理主义者图景的**生成
原子论**（generative atomism）的粗糙版本，即世界上的一切事物都是由基本
物理对象及其性质的组合而产生的。

　　对于上述形式而言，生成原子论的范围充其量是有限的，但正如我们在
本章一开始的引文中所指出的，它经常在科学中被用作一种修辞手段。一

般来说,生成原子论具有可用数学和逻辑表达的优点,所以它们是易于处理且可以清晰表示的,我们要重视这两个特征。因此,它具有相当大的优势。在许多学科中,计算模型已经日益成为一种占主导地位的方法,而它在很大程度上依赖于一种基于生成原子论的方法。经济学和计算化学中基于主体的模型虽然充斥着近似性和理想化,但都是由与生成原子论的本体论相似的方法驱动的。在哲学中,至少从伯特兰·罗素(Bertrand Russell)在1918年关于逻辑原子论的讲座(Russell 1918)以来,逻辑分析的传统就一直据着英美哲学的主导地位,其中一个值得注意的例子就是在形而上学中持续使用的分体论(mereology)。

生成原子论有本体论和方法论两个方面。本体论形式的立场是,非原子实体从根本上说是由原子实体组成的,其结构由相关实体类型以及它们之间相适应的关系确定。在方法论中,我们不仅必须表明复合实体至少可以分解成一组较低层级的实体,而且我们还必须表明,从这些较低层级的实体开始,可以生成更高层级的实体。从实践上看,在许多情况下,从较低层级明确地重建较高层级面临巨大的困难,以至于从较低层级全面重建更高层级是不可行的,因此必须引入新的理论装备以便有效地进行预测和描述。尽管存在这些困难,但在某些有限的领域内,生成原子论无疑是成功的。在另一些情况中,则更为复杂。据说,诸如氦等小原子的性质是用仅依赖于各种费米子和玻色子的空间排列的特征来预测的。我们稍后会看到,这些说法并不像它们看上去那么清楚,但目前我们可以承认它们大致是对的。在更复杂的情况下,生成原子论的方法不能在实践中实现,取而代之的是一个比组合论者更保守的方法。在这一可替代的方法中,较低的层级,也许是最低的层级本身,被认为在以下意义上决定了其他的一切:一旦最低层的要素和结构存在了,其余层级的物体、结构和定律就由低层的个体和性质所确定。宇宙的基本定律支配着最低层级的时空排列,其他的一切都是由这些排列决定的。

当然,这是对大多数系统的刻意简化的说明。它依赖于接受一种物理主义本体论,并接受时空关系是基本的。这些假设是有争议的,场论、纯结构,以及信息都可以作为可替代的本体,高维空间可以作为取代时空的结构。但是,刚才所描述的生成原子论与各种突现理论相比较,仍然占上风。

这幅图景背后的组合方法已经为科学和哲学服务了好几个世纪,并且在许多领域仍然是非常有效的工具。然而,我们已经离开了那个时代。在那个时代,作为表达世界的默认方法,生成原子论及其更复杂的一系列相关方法是站得住脚的。它们的成功是一种选择效应的结果;成功的原因是使用它们的系统种类是相对简单的,并且缺少许多更复杂的系统中的特性。本书的目的之一是要说明,为什么即便是比刚刚勾勒出来的简单生成原子论立场更复杂的生成原子论,也不能提供许多物理系统的正确表征。主要原因是过分强调共时关系,即刚才提到的垂直结构。横向的过程,即历时性对突现的重要性比一般人所认为的更为重要。

### 1.1.1 总体进路

生成原子论的影响力及其在历史上的成功,是我们不轻易放弃这种进路的充分理由。事实上,这本书的主题之一是,之所以将某一现象归为突现现象,通常是由于某种版本的生成原子论或其相近理论的失败所致。也就是说,将一种基于构成本体论或表征的进路作为某项研究的基础,而证据表明,这样并不能达到预期的目的。将失败的原因分离出来,这一原因就成为突现解释的基础。生成原子论的失败可能会有多种不同的方式,而且由于生成原子论有本体论的和推理的两种版本,所以可以给突现以不同但相关联的解释。仅举一个例子,C.D.布罗德(C.D.Broad)对突现的推理刻画,已经被许多当代哲学家接受并修正,这就是一个从生成原子论的失败而开始的特别明显的例子。布罗德把他所谓的纯机械论(Pure Mechanism)视为构成本体论的一种理想形式,并描述了在偏离理想的系统中是如何出现突现现象的。他的陈述如下:

> 我现在谈到第二种类型的理论,它声称要全部或部分地解释不同事物之间行为的差异……在理论的第一种形式上,即使在理论上,整体所特有的行为也是**不**能从对其各组成部分的行为的最完整的知识(不论组成部分是单独的还是其他的组合),以及它们在这个整体中的比例

和排列推断出来。(Broad 1925,58—59)①

更一般地说,最基本的观点是,在生成原子论中,关于复合实体的事实被隐含在关于原子及其组成规则的事实中。因此,复合实体在本质上并没有什么新的东西。然而当突现发生时,情况就并非如此了。某些实体不属于生成过程的范围,无论这些过程是本体论的、预测的,还是概念的。这就是突现的以下两个特征的根源。第一,突现实体的一些方面是新颖的;第二,由于至少有一个关于新颖的方面的事实并不隐含在原子和规则中,所以它必须是某个非原子实体的整体特征。刚才给出的描述是一般性的,在特定的例子中,决定关系是一种推理关系。在本体论的情况下,无论是共时地还是历时地,原子成分的性质以及掌控这些性质的规则在本体论上并不决定非原子实体的性质。这种决定性关系的失败可能有不同的原因。在某些情况下,非原子实体中的一部分实体本身不是原子的组合;在另一些情况下,新的物体不是复合的;还有一些情况下,需要附加的规则来决定非原子实体的性质。

## ▶▶ 1.2 一种普遍策略

1967 年版的《哲学百科全书》(Edwards 1967)没有收录"突现"一词。考虑到历史背景,这并不令人惊讶,因为这一遗漏准确地反映了一种被广泛接受的观点,即突现是一个名不见经传的话题,在科学中它被量子化学和分子生物学的进步所抑制,而在哲学中则被理论还原的强势方法所扼制。基于量子理论的化学键理论解释了为什么水的性质不同于其组成成分氢和氧的性质,生命的奥秘在发现 DNA 结构后被破译,物理主义开始上升到统治地位。《哲学百科全书》的确收录了一篇关于突现进化论的文章,主要是历

————————

① 下面是作为布罗德遗产的一个例子:"对于[一个要还原的系统性质],必须满足两个条件:第一个条件是,仅从系统各部分的行为来看,系统必然具有某种性质 P。第二个条件要求,当系统的各部分作为系统的一部分时所表现出的行为,必须与它们在孤立状态下或在比所考虑的系统更简单的系统中所表现的行为相一致。"(Stephan 1999,51)

史回溯。它提醒我们,在 1915 年至 1935 年期间,突现的历时进路——那些强调跨越时间的新颖性特征的发展,在关于这一主题的哲学讨论中发挥了重要作用。①

对突现缺乏兴趣反映了当时的态度。当时,突现主义者的思辨性猜想与生成原子论方案的清晰性之间的鲜明对比,使得在 20 世纪的大部分时间里,很容易在两者之间作出选择。近年来,情况发生了变化。在复杂系统理论方面的工作已经产生了关于历时突现现象的复杂的数学理论。凝聚态物理学的进步,已打破了高能物理学在理论上的主导地位。计算的不可压缩过程的发现,给以往抽象的公理化理论方法带来了实实在在的启示。在哲学中,关于意义和证据的整体性理论已经使整体论变得更加熟悉,甚至可以被接受,而且反还原论者的立场已被清楚阐释,从而能够允许存在性质的自主性层次。

## 1.2.1 方法

尽管如此,神秘主义的痕迹仍然存在于突现论中。毫无疑问,一些关于突现的文献还不那么明确,但这对于突现这一主题来说并不特别。事实上,关于突现的一个奇怪的事实是,我们对它可能是什么有着相当好的直觉把握。例如,当两家公司 MegaCorps 和 ZirCon 合并成为 GigaCon 时,我们不能再说 MegaCorps 位于这里,ZirCon 位于那里;有时,当合并成功后,更恰当的说法是,新公司是从前几个组织中产生的,它不同于以前各个部分的组合,它的组织结构与其前身的组织结构相比是自主的,新公司拥有在前公司中不存在的新特点,等等。这种直观的把握有可能是虚幻的,这个例子也依赖于比较合并后的组织和单独的组织之间的功能。但从它作为突现的一个例子来看,其表面上的诉求表明,突现并不是无法被仔细地表达出来的。

那么,我们应该如何处理这个令人困扰的话题呢?在序言中,提到了关于什么是突现的核心例子的分歧,因此,我们并不能从例子开始,并且通过使用一个抽象的自下而上的过程来建构一个普遍的突现理论。相反,我们

① 关于突现进化运动的历史,见布利茨(Blitz 1992);关于当时对突现的评价,见内格尔(Nagel 1961,第 11 章)以及亨普尔和奥本海默(Hempel and Oppenheim 1948,146—152)。

必须从关于突现的特定进路的一般原则开始,同时还要考虑一个特征,因为所有声称是突现的现象产生的背景中都伴随着这一特征。这一特征是:当一种获得成功的生成方法不能解释我们事先有理由认为应该归入该方法范围的现象时,就该认真考虑它可能是突现现象了。由于生成原子论在量子层面上的失效,我们可以开始考虑突现这一进路了。依随性在意识经验的某些方面的无效性导致了突现的可能性。从我们的微观过程理论建构的宏观描述远远超过了理想化的计算资源,因此必须引入描述突现现象的新概念。物理学中不可判定命题的存在,表明我们的预测技术有着本质的局限性,因此引入了"突现"一词。所有的这些都不是决定性的,但这确实表明了突现是一种有前途的方法。我将确定突现的六种核心类型,每一种都与一种强大的生成方法的失败相关。每种失败都符合一个概念类,其中包含传统上与突现相关的特点,因此可以使用术语"突现"。

无论我们处理的是本体论方法还是预测方法,这些生成方法的失败都可以影响共时关系或历时进程。正如我们已经提到的,最近人们重新燃起了对突现的兴趣。不幸的是,在很大程度上突现的历时概念被忽视了,而倾向于对突现进行共时分析,即强调与处于某些"较低层级"的物体或性质共存的新的"更高层级"的物体或性质。[①] 其结果是,当代对突现的哲学研究倾向于强调两个特征:第一个特征是层级的形而上学,其立场是,在本体论上划分出一个有序的层级结构,更基本的实体从这个层级的底层突现出来;第二个特征是一种被广泛接受的观点,即一组哲学工具,包括依随关系、功能化性质、实现、二阶性质、奠基等,可以充分地表述大多数、也许是全部共时突现现象的例子,也就是说,即便不是全部,也表示了大多数的、一般的突现现象的例子。[②] 我在这里要指出的是,这些共时方法错误地描述了突现的核心所在,它们应该被淡化,以便于转向优先考虑系统的时间演化的历时方法。传统的突现与还原之间的对比强调共时还原,因此未能抓住一类重要的历时突现现象,所以我们不应坚持认为突现的例子总是共时还原失败的结果。

--------

[①] 对共时突现的过度关注也有例外,其中包括:贝多(Bedau 1997,2002),汉弗莱斯(Humphreys 1997a),奥康纳和王宏宇(O'Connor and Wong 2005),以及鲁格(Rueger 2000a,2000b)。

[②] 此外,这些工具也被范克莱夫(van Cleve 1990),麦克劳克林(McLaughlin 1997)和金在权(Kim 1999)使用。金在权的立场基于莱文(Levine 1993)的方法。

### 1.2.2　模型与实在

由于模型的重要性,有必要研究发生在模型中的突现现象与自然系统中的突现现象之间的区别。我们可以使用基于模型的示例和论据来证明突现解释的一致性。然而,我们需要能够表明模型真实性的证据来进行论证,这样的突现实例是作为我们世界的特征而存在。使用模型作为讨论工具的一个优点是,我们明确知道是什么构成了模型的结构和内容。作为这方面的特例,模型系统不需要考虑比模型的基本实体更细粒度的东西,不像物理系统那样,当前考虑的层级之下可能总是存在另一个层级。一类特殊的模型——计算模型,有着重要的地位。这些模型是在真实的计算设备上运行的,这些运行和它们的输出构成了世界本体论的一部分。从计算输出中出现的一种模式与生物种群中出现的类似模式是一样真实的。但是产生这两种模式的过程通常是迥然不同的,即第一种是计算型,而第二种是生物型。

铁磁性、超导电性和超流态等现象的模型,和所有模型一样,在某些方面是理想化的。虽然这些模型的详细结果与实验数据非常吻合,但模型本身的内部结构并不完全代表现实系统的结构,而且在许多情况下,它们被认为是对现实系统结构的过度简化。这是模型的一个共同特征,因此,我们把将出现在模型中的突现的断定扩展到被建模的系统时,必须非常小心。我们能尽力做到最好的,就是可以推断出在某些重要方面与我们相似的世界,可能会发生一些类似于突现的事情,其经验行为在由模型所刻画的方面与我们的世界类似。[①] 这就使得许多关于本体论突现的说法都不可避免地具有不确定性。

一些基本模型将在本书中发挥重要作用。我希望它们将以一种清晰的

---

① 使用模型的一个优点是,我们可以避免仅仅依赖把某物构想成系统,从而也避免了可构想性是否具有逻辑可能性的问题。例如,英国突现主义者认为,他们对生命实体的构想方式直接为他们提供了一个突现现象的例子。由于许多当代生物学家认为,"活着"这一性质并不是突现的,英国突现主义者所构想的任何东西充其量说都是混乱的。关于可构想性和可能性问题的当代讨论,见詹德勒和霍桑(Gendler and Hawthorne 2002)。

方式来说明一类特殊的突现是如何发生的。尽管这些模型很简单,但与大多数从科学中得出的例子相比,它们有着显著的优势,因为我们摆脱了对它们的真实性以及该模型是否会因发现目前未知的经验事实而在未来被推翻的担忧。通过构造具有突现特征的通用模型,已经证明了本体论上的突现现象在逻辑上是可能的,但接下来我们就必须处理一项更困难的任务:表明突现现象在律则上是可能的,或者说突现现象符合目前已知的自然律。为了进行这一研究,仍然没有必要证明突现的例子在现实中是存在的。

这一部分的研究是有先例的。物理学研究了未实例化的性质,例如,在我们的世界中,依附在重原子上的性质并不是自然存在的。在哲学中,捕捉什么是因果关系的研究和在我们的世界中发现哪种因果关系被实例化的研究之间存在着传统的分离。然而,我们不能完全把提供关于什么可能是突现的一致性说明和证明世界上存在突现的例子的研究完全分开。在科学哲学中,我们不像其他哲学领域那么随意,可以提出具有空洞的外延的概念。例如,在认识论中,给谓词"全知"一个定义可以非常愉快地进行,即使结果证明它不适用于任何事物。

若要证明一种现象在律则上是可能的,可以合理地考虑符合自然律的理想化、简单化和近似化的例子。相比之下,即使在物理学和其他学科中使用了这些理想化的例子,也不允许使用在律则上不可能的理想化的例子。只要理想化和其他修正过的例子不违反定律的适用条件,这一定律就既适用于理想化情况,也适用于非理想化情况。例如,在力学中,动力学的基本形式是非常普遍的,它适用于非常理想化的哈密顿函数,也适用于一个非常棘手但很现实的哈密顿函数。相反,如果使用在律则上不可能的理想化来构造一个例子,这表明存在证明仅仅是一种数学结果。

体现突现这些进路之间的差异的一个例子是沙堆的理论模型,这些模型使用自组织临界性来产生一种幂律分布,以反映沙堆表面崩塌范围的大小(Bak,Tang and Wiesenfeld 1987)。这些例子被引用为物理系统所表现出的一种突现现象,其理论模型在律则上是可能的。然而,在实际沙堆上的实验表明,它们并没有表现出模型中出现的幂律行为,因此这些都不算真正的突现例子。(见 Jaeger,Liu and Nagel 1989;S. Nagel 1992;Jensen 1998)然而,在长粒米三维堆积的表面,发现了具有自组织临界性的有限尺度现象。(Aegerter,Günther and Wijngaarden 2003)

▶▶ **1.3 生成原子论**

通过对上述这些方法论的初步探讨,我们可以从生成方法的最简单形式开始,将更复杂的形式留到以后。以某种简化的形式,一个科学的生成原子论有如下特点:一组基本事实,通常被认为数量相对较少,且经常被认为是关于基础物理学的,这些事实描述了自然界基本成分的性质。这些基本事实有四种:

(a)关于实体的基本类型的事实,最好采用明确的清单形式,并附有相关的分类方法。

(b)关于这些基本成分的永恒性质的事实,例如它们的电荷和质量,包括这些性质的具体定量值。[如果这些值,例如电荷值,定义了基本物体的特征,那么(a)和(b)可以合并为一个单独的类别。]

(c)关于基本实体可以具有哪些暂时性质的事实,如自旋方向、位置、动量等。例如,在(b)的说明中将要求费米子的自旋值,但对于某一特定粒子而言,它是上升还是下降都将包括在(c)类中。

(d)关于掌控基本实体及其性质的分布和动力学规律的事实。

如前所述,生成原子论并不是一种完全适用于物理基本事实的方法。这个方法是普遍的,我们不应该只专注于将基础物理学作为我们的本体论,以免我们对可能出现突现的其他领域产生偏见。在社会科学的方法论个体主义中,基本实体是个体的人,基本事实可能包括其作为一种能力(而不是作为一种表现)的理性,其暂时性质可能包括与其他主体的合作或不合作,而心理的规律则包括对决策和博弈论原则的运用。

这种基本形式的生成原子论既有合成的方面,也有分解的方面。合成的方面认为:(1)存在一组基本实体,该区域中的所有其他合法物体都是从它构建来的;(2)有一套固定的规则来规范构建过程;(3)由于(1)和(2),所有的实体要么是原子,要么就是由原子构成的。[①] 分解的方面断言,任何非原子物体都可以使用一组明确制定的分解规则,将其唯一地分解成它的原子组分。有可能存在一个违背生成原子论的合成方面却满足分解方面的系统。一个例子是,联合概率分布的边缘是由联合分布唯一决定的,而边缘分布不能决定联合分布的形式,除非进一步知道随机变量之间的关系。(关于这一点的更多讨论,见第 2.3.2 节)在拒绝分解原则的同时,也有可能接受生成原子论的合成方面,因为合成规则并不总是可逆的,正如化学家和厨师都知道,分解方法并不总是合成方法的简单逆反。最后,分解过程可能因为系统中没有原子而失败。也就是说,本体论的每个范围都是从构建层级中位于它之前的其他范围的元素开始的,但是没有一个最低层级来终结这一过程。瓦达盆地的分形就是一个允许分解,但没有原子的系统的例子。这可以通过将四个完美的球面镜放置在一个四面体中,并在球面之间的空间中心放置一个光源,从而产生无限的回归来实现。无原子布尔代数是另一种违反生成原子论条件之一的结构形式。

因此,生成原子论可能在下列方式上失效。例如,可能有一些非基本实体不是由所选范围的原子构成的,可能有一些非基本实体不能被分解成所选范围的原子,在选定的范围中不可能有原子,从所选范围的原子构造出所有非基本实体的生成规则是不可能的。除第三种类型的失效外,每种类型的失效都可能导致出现一种特殊类型的突现实体。

生成原子论的地位是令人敬畏的,它的巨大优势最直接地体现在,它能够用形式化的、外延的和数学的技术来表示系统及其状态,这是由于系统的生成方面与我们所使用的表征的生成方面的相似性而成为可能。生成原子论导致了整个系统在原则上的可预见性、可解释性,以及从部分的性质意义上而言,整个系统缺少新颖性特征。这也致使整个系统对其各个部分是可还原的,从而导致复合系统缺乏自主性。正是在这些意义上,生成原子论与

---

① 对于该过程的一个描述,参见埃梅切、科佩和斯杰恩费尔特(Emmeche、Køppe and Stjernfelt 2000,16),他们声称这种方法涉及"构成性还原论"(constitutive reductionism)和"构成性非还原论"(constitutive irreducibilism)。安德森(P. W. Anderson)称之为"建构主义"(constructionism)(Anderson 1972;有关这方面的更多内容,请参见第 5.2 节)的过程是生成原子论的合成传统。奥康纳和王宏宇(O'Connor and Wong 2005)描述了一种具有生成原子论形式的立场,但并不赞同这种观点。

突现是对立的,而生成原子论的失败或不适用则是共时本体论突现的必要条件。相反,我们将看到共时概念突现和共时推理突现,以及历时本体论突现,也可以出现在以生成原子论为核心特征的系统中。本体论上满足生成原子论承诺的系统被认为是缺乏本体论突现能力的系统的主要例子,因为复合实体只不过是结构化的原子群。因此,生成语法、元胞自动机、原始递归函数、分体论的整体及其部分、形式化证明、马赛克、计算机生成的刺绣、递归的公理化理论以及许多具有功能特征的系统,如汽车,都是常见的生成原子论的例子。

在社会科学和生态科学中,生成原子论也是基于主体建模的核心。这些模型的部分动机是社会科学中的方法论个体主义传统,这种观点认为所有社会现象最终都可归结为个体行为的组合。① 所有这类系统的一个共同特点是:在某种意义上,关于复合实体的一切已经存在于系统的基本单元中。

生成原子论可以应用于各种类型的实体:物体、性质、规律、函数和命题等。同一个系统对于一种实体类型而言可以适用生成原子论方法,但对于另一种类型的实体则不行。例如,一个系统在本体论意义上满足生成原子论的标准,但在性质的意义上却不满足生成原子论。

在这些广泛的限制中,生成原子论的例子之间存在着显著的差异。命题逻辑是符合生成原子论的分解和合成方面的一个众所周知的例子,其中语法和语义都是生成的;所有的分子命题都是原子命题的布尔组合,一个分子命题的真值是其原子组分真值的函数。相反,每一个句法结构良好的句子都可以在有限的步骤中被唯一地分解成它的组成原子句。然而,即便是生成原子论的这一常见而简单的例子,也涉及对原则上而非实践中可以做的事情的要求,因为确定一个给定的布尔语句是否具有使其成真的真值赋值(满足问题)已被证明是一个 NP - C 问题(见 Cook 1971)。作为一个特殊的例子,3 - SAT 问题是 NP - C 问题。也就是说,确定一个任意公式是否有一个使其成真的真值分配的任意公式的问题,在连接的规范形式中每个子句最多有三个字面量(一个原子句或它的否定),就是一类非确定性多

---

① 然而,就社会模型而言,几乎没有理由认为,与系统的简化模型中使用的关系不同,真实社会系统所涉及的关系是递归指定的。

项式(NP)问题(也就是任何建议的解都可以在多项式时间内评估其正确性),其他任何 NP 问题都可以通过适当的输入变换,在多项式时间内转化为 3 - SAT 问题。NP 问题没有已知的有效解方法,至少在最坏情况下是这样,因此精确解实际上是难以得到的。这些案例提供了在实践中不可预测的例子。

原子论,更不必说生成原子论,充其量是非数学学科的偶然真理。① 因此,它们在任何具体的非数学应用中的真值都必须是经验性发现的问题,而不是形而上学规定的问题。这是为什么突现的形而上学是需要由科学,而不是纯粹的先验分析来形成的一个主要的原因。相反,为了表明对生成原子论的普遍承诺的不足,我们必须表明,世界上有些经验性的特征不能被这种方法所容许,或者我们必须表明,在采用原子论时,诸如解释力等某些客观特征是不存在的。

### 1.3.1　闲话爱丁顿的桌子

由于其合成性,生成原子论几乎没有为真正的新颖性留出空间。世界上的一切都是基本组分重新排列的结果,唯一新颖的是这些组分的排列方式。当我们注意到生成原子论的有限适用范围,我们就可以得到一些著名哲学问题的解决方案。爱丁顿(Eddington)的两张桌子的经典问题(Eddington 1929),虽然通常是从实在论的角度提出的,但它针对的是还原和突现之间的张力关系。爱丁顿以如下方式提出这个问题:我们面前的哪个物体是真正的桌子? 是熟悉的、中等大小的具有刚性、坚固性、褐色的、木质的物体,还是构成桌子的极其复杂的原子集合? 虽然爱丁顿的挑战完美地抓住了还原论的核心问题之一,但如果我们用性质而不是物体来表述这个问题,就会更清楚:我们通常称之为"桌子"的物体的哪些性质是真实的? 是刚性、坚固性、褐色的、木质的,还是电荷、旋转等微观性质? 在我们回答基本的还原论问题之前,是不可能回答这个问题的:宏观性质是否可以还原到微观性质? 一个完全属于本体论突现领域的答案认为,作为桌子,除了微观性质之外,还存在着刚性和坚固性的突现性质。这些突现性质是桌子中原

---

① 相反,对于诸如布尔代数(在柏拉图式解释上)这样的学科来说,这是必然的。

子之间的长程关联的结果。这些关联产生了全局特征,而把桌子仅仅看作一个原子的"集合"是完全错误的。据我所知,这张桌子的其他性质,如褐色的和木质的是否属于突现,目前仍尚未有定论。因此,对于爱丁顿两张桌子的问题的正确答案是,它建立在默认生成原子物理主义(generative atomistic physicalism,简称 GAP)而导致的虚假两难推理之上。宏观和微观这两类性质对世界的完整描述都是真实且必需的。

在某种程度上,莱布尼茨(Leibniz)著名的磨坊例子(Leibniz 1714/1989,第 17 章)的吸引力也来自对生成原子论的本能偏好。莱布尼茨将大脑比作一个巨大的磨坊,并提出了一个人类能够在磨坊里行走的思想实验。他的建议是,在磨坊的任何地方都找不到解释知觉的东西。从机制和功能上来说,磨坊正是另一个生成原子论的例子,而这个例子之所以奏效,是因为在磨坊中除了明显的组合机制之外没有任何东西。莱布尼茨的例子现在似乎很奇怪,但塞尔(Searle)的"中文屋"论证(Searle 1980)认为传统人工智能的生成原子论工具无法产生语义理解,这实际上是莱布尼茨早先的例子在 20 世纪的一个非常有效的变体。尽管塞尔关于语义突现的漫不经心的评论太过隐晦,无法促进我们的理解,但他对嵌入在经典人工智能中的生成原子论的否定,在语义理解的性质上是正确的。

### 1.3.2 对生成原子论的推广

分体论通常被认为是生成原子论的核心例子,尽管它有雄心,但却并不是一个关于部分/整体关系的一般理论。大卫·刘易斯(David Lewis)断言,部分间的关系是传递性的:"某物的一部分的一部分总是它的一部分。"(Lewis 1991,3)但对于功能部分来说并非如此。从功能上来看,我是夏洛茨维尔经济的一部分,我的肝脏是我的一部分,但我的肝脏(还)不是夏洛茨维尔经济的一部分。如果坚持使用"相对于功能 Z 而言,X 是系统 Y 的一个功能部分",就可以避免反例,但这会破坏部分/整体关系的一般性。对于大多数人,甚至对于形式主义者来说,这句话(but this would undermine the generality of the part/whole relation.)中最后出现的"the"是句子的语法部分,但其前半部分的"the"却不是,尽管它在空间上是前一句话以及整个句子的一部分。正是这种需要具体说明所涉及的子集的类型,打破了分体论成为一般理论的雄心。功能性组合的分体论失效是系统工程被迫考虑突现特征的原因之一。

至于生成原子论更一般的类型，如生成原子物理主义（GAP），指的是一种本体论立场，其中基本实体是前面所描述的物理原子，这些原子的结构排列决定了整个本体论框架。[①] 确定非基本的本体范畴的两个常见选择是，使用递归指定的组合规则以及原子结构与本体其余部分之间某种形式的确定关系。众所周知，这类进路的例子包括大卫·刘易斯的关于休谟依随性的研究（Lewis 1986a），奥康纳（O'Connor）和王宏宇（Hongyu Wong）认为的所有性质或者是基本的，或者是结构性的（见 O'Connor and Wong 2005，虽然他们不接受 GAP 可作为一个全面的立场），大卫·阿姆斯特朗（David Armstrong）所支持的组合本体论（Armstrong 1997），以及我将讨论的 C.D.布罗德和劳埃德·摩根（Lloyd Morgan）的英国突现主义立场（Morgan 1923）。

GAP 不应被视为一种形而上学的立场，而应被视为一种方法论进路，它对某些系统很有效，但对其他目的而言却是不够的。这种方法论进路将任何系统的本体论视为 GAP 所涵盖的本体论，直到有证据表明情况并非如此。作为一种普遍使用的本体论陈述，它是错误的，我们随后将谈到这一点。首先，我将构建一个具有违反 GAP 条件的特征的系统。这个人工系统的目的是提供一个清晰而简单的例子，并从中得出主要的概念结果。从那里，我们可以继续探讨更复杂的现实世界的例子。

▶▶ **1.4 西洋跳棋世界**

考虑一个非常简单的世界，一个与我们的世界大不相同的世界。它有一个由 8×8 的正方形网格构成的离散的有限时空结构，其状态在结构上与一个西洋跳棋游戏的状态相同。[②] 这个世界中的基本棋子分为黑色和白色

①　我把"黏性物质"的处理放在一边；可参见阿泽纽斯（Arntzenius 2008）。
②　所谓"西洋跳棋"（checkers），我指的是标准的美国西洋跳棋游戏，在英国也被称为"国际跳棋"（draughts）。国际跳棋使用 10×10 正方形网格的棋盘，但在其他方面也是类似的。

两种,它们的行为用非常类似于西洋跳棋的规则来描述:在这个棋盘的早期阶段,棋子总是从初始位置沿对角线移动,每次移动一个方格;当在向前方向上与另一种颜色的棋子对角相邻时,它们就会立即移动到对角线上的另一块正方形上,而另一块则被"吃掉",以此类推。这个西洋跳棋世界与西洋跳棋之间有一个重要的区别,即"西洋跳棋"是一种游戏,在功能上定义了它的规则,从某种意义上说,你可以使用任何一种物体作为棋子,如甜甜圈、宝石、加缪和萨特的书,只要它们是两种不同的类型,且它们在位置的移动之间保持自己的类型特征不变。相比之下,在"西洋跳棋世界"中,作为一种律则必然性,只有黑色和白色基本棋子才受这些规则的支配。黑色和白色棋子是系统的原子。它们是不变的,因为无论其他棋子的位置如何,适用于它们的规则所规定的每一种棋子的性质都是相同的。当然,其中一些性质,如吃掉另一种颜色棋子的能力,只有在其他棋子在适当的位置时才会显现出来,但任何特定的黑色或白色棋子都会永久地具有吃掉另一种棋子的倾向。按规定,每种类型的棋子都是不可分割的,因为棋子的任何适当部分都不能与整个棋子分开存在。最后,无论是在类型(type)上还是在殊型(token)上,这两种棋子都是相互区别的。

现在考虑一下西洋跳棋世界中系统状态的整个时间序列。第一个 N 状态存在于基本棋子的各种空间的重新排列中,偶尔会发生消除现象。然后,在 N+1 时间步长,当一个白色或黑色棋子分别到达与其初始位置相反的世界边界的方块时,一种新的棋子——蓝色棋子或红色棋子将会出现。蓝色和红色棋子不是由两个或更多基本棋子构成的,它们的行为与黑色和白色棋子的行为不同,它们可以向前或向后移动,而且就像标准跳棋游戏中的那样,蓝色棋子可以吃掉黑色和红色棋子,红色棋子也可以吃掉白色和蓝色棋子。根据我们在 1.5 节中对原子的判定标准,红色和蓝色棋子也是原子。其中的不变性和可区分性都是明显的;红色和蓝色棋子不是由白色或黑色棋子构成的,因此是不可分割的。对于那些从层级角度思考的人来说,不存在可逆的分析过程,这意味着没有一种相互作用可以从蓝色或红色棋子中产生白色或黑色棋子。如果我们决定将蓝色和红色棋子视作突现,这个不可逆性只是这个例子的一个基本事实。其他突现的例子则可能是可逆的。

这个西洋跳棋世界的一些特征与突现直接相关。从推理的角度来看,即使完全了解控制黑色和白色棋子的基本规则以及在到达 N 之前的所有位置,也不可能预测到 N 之后世界的状态是什么。也就是说,基本的黑色和白色棋子的规则决定了一个黑色棋子在到达下方边界时会转化为红色棋子,当一个白色棋子到达上方边界时,它会转化为蓝色棋子,但这些规则仅限于黑色和白色棋子的区域。当蓝色和红色棋子出现时,所有黑色和白色棋子的原始规则都会继续起作用,但这些规则并没有指定红色棋子和蓝色棋子的行为。为了获得这些知识,需要进行实验和观察。蓝色和红色棋子确实对黑色和白色棋子施加了在前者突现之前不存在的限制,但前者的规则与后者的规则同时起作用,并且与后者一致。这与"下向因果关系"在某些方面有些类似,但由于没有层级,这个术语是有误导性的。

　　一旦蓝色和红色棋子开始存在了,它们在本体结构上就独立于黑色和白色棋子,而作用于蓝色和红色棋子的规则不可归约到控制黑色和白色棋子的规则。蓝色和红色棋子是新出现的,是黑色和白色棋子的动力学结果,但它们没有整体的性质。由于蓝色棋子和红色棋子可以分别吃掉黑色棋子和白色棋子,因此存在区域间的因果关系,但即使按时间优先级别引入层级,也不存在从蓝色棋子到黑色棋子的"下向因果关系"的问题,因为黑色和白色棋子的区域不是因果闭合的。同样,在西洋跳棋世界中,即使存在着从域到域的因果关系,也不存在整体对其各部分的因果影响的问题。此外,倘若我们坚持要使黑色和白色棋子区域的规则完备,那么我们就必须包括区域间的规则,即具体说明在黑白区域和蓝红区域之间的相互作用是如何进行的,但这仍然没有具体说明蓝色和红色区域之间内的规则。而且,当蓝色棋子到达棋盘的下边缘时会发生什么? 关于控制蓝/红棋子和黑/白棋子相互作用的规则,对此没有告诉我们任何东西。在这种情况下就说由最低层级(黑白区域)组成的区域的性质和规则决定了有关西洋跳棋世界的所有内容,将是完全错误的。

　　从这个例子中可以进一步得出这样的结论:最低层级的规则可能在一个时间间隔内是因果完全的,在另一个时间间隔内则可能是因果不完全的。在第一个蓝色或红色棋子突现之前,关于黑色和白色棋子的规则是完全的;在那之后,它们就不是了。这种情况可以通过采纳两个原则来解释:第一,规则与性质相联系;第二,没有未实例化的性质。[1] 在这种观点下,与红色

---

[1]　阿姆斯特朗主张这两种立场(Armstrong 1978a)。我认为这两种立场都是正确的,但我在这里不为它们作辩护。

棋子相关的性质在至少有一个红色棋子未实例化这些性质之前是不存在的,而如果没有相关的性质,就没有关于红色棋子的规则。

## ▶▶ 1.5 原子论

要使某物成为生成系统中的一个原子,有两个独立的必要条件:原子必须是**不变的**(因此它们是不可分割的),并且它们必须是**个体可区分**的。

### 1.5.1 不变性

**不变性原则**有历时和共时两个维度:

> 随着时间的推移,原子必须保持它们的基本性质,当它们嵌入到更大的单位中时,原子具有与其单独存在时相同的基本性质。

因此,砖块在砌成墙时不会改变其基本性质,火花塞在拧入发动机缸体时保留其基本功能特征,在更复杂结构里的语句保留了它们的真值(至少在真值—功能语义学意义上)。我们不能坚持认为原子的所有性质在这样的嵌入下都是不变的,因为一旦进入墙面,砖块与其他砖块的空间关系就会不同,火花塞在发动机运转时会变得更热,等等。不变性通常只是原子的一种性质,因为利用合成规则从原子产生的实体并不总是能满足这个原则。考虑一个由弹簧连接的刚性球体构成的系统,虽然从面积上来看原子球是不变的,但即使是由一个弹簧连接的两个球体组成的最简单的复合系统却不是不变的。

在合成语义学的情况下,不变性的重要性是显而易见的。弗雷格原理(Frege's Principle)要求语义单位(如句子)的意义是其组成部分(如单个单词)的意义的函数,尽管这一原理有时会产生误导。① 弗雷格原理的一个重

---

① 将此原理归于弗雷格最早出现在卡尔纳普(Carnap)的著作中(Carnap 1947,121)。对这个原理的讨论见佩尔蒂埃(Pelletier 2000)。

要方面是它在与上下文无关的语义学中的作用,在这样的语义学中,单个词项的意义不会随着它出现的句子而变化。第二个方面是,断定当一个词项不作为句子的一部分出现时,这个意思是独立被该词所占有的。众所周知,许多自然语言的术语不能满足弗雷格原理的一个或两个方面,而这一失败在为这类语言制定语义规则方面产生了相当大的困难。我们在这里可以看到,语义整体论和语义的突现也许可以更普遍地为理解突现提供启发。这一启发将在第 2 章和第 3 章用于说明性目的。

### 1.5.2 不可分割性

"原子"这一术语的主要历史意义之一是不可分割的实体,而且留基伯(Leucippus)和德谟克利特(Democritus)要求原子具有不可分割性和不变性。① 不可分割性永远是就某些性质而言的不可分割性,子部分永远是就某些已确定的空间而言是不可分割的。那么,我们可以用公式表示**不可分割性原则**:

> 相对于某种性质 C 和空间 S 而言,A 是一个区域的原子,当且仅当相对于空间 S,A 没有严格意义上的部分具有性质 C。

空间 S 通常是物理空间,但对于某些实体而言,它可以是语义空间、时间或其他类型的空间。性质 C 可以是内在的、关系的或功能的,在最简单的情况下,也可以是存在的条件。② 在元胞自动机中,单个细胞是具有状态的最小单位;在形式语言中,一个语言的副词单位在逻辑上是不可能带有真值的;汽车中基本功能单元的任何部分,如螺母的碎片,都不能执行原单位的功能;根据我们目前的知识水平,夸克的适当部分在律则上不可能携带它自己的电荷。③

---

① 卢瑟福之后物理学中使用的"原子"术语是一种礼节性的用法。

② 那些认为存在不是一种性质的人应该忽视这种情况。

③ 在许多物质环境中,什么构成了一个原子不可避免是不精确的——一个使用良好的螺母可能会被损坏并仍然发挥其功能,但物理的基本实体似乎有着惊人的同一性条件,即使它们的可区分性也是有问题的;一个恰当构建的逻辑或数学系统的基本实体也是如此。

这个原则允许原子在 S 以外的空间和 C 以外的性质中被分开,因为正如我们前面所指出的,一个形式符号,如"the"的出现,可以在物理上被二等分,但是,没有任何一半能够实现由完整的标记"the"所执行的句法功能。

另一个例子,假设有一个基本的电荷单位,那么这个单位可以在逻辑可能空间的某个区域内被划分,但是由此产生的想象部分不能在实际物理定律中起作用。不可分割性是不变性的特例,我之所以选择在这里单独讨论,只是因为它的历史重要性。尽管历史上强调原子的不可分割性,但原子的不变性对生成原子论至关重要,因为不变性保证了本体论的稳定基础。原子的不变性也意味着任何对生成原子系统的分析都是以原子及其基本性质的识别作为结束的。

### 1.5.3 可区分性

关于可区分性,我们有**可区分性原则**:

> 在类型层级,每个物体类型必须能够与每一个其他物体类型相区别,而在殊型层级,每个殊型必须能够与相同类型的其他殊型明确区分。

以一个熟悉的例子为例,在恰当建构的形式语法中,每一种原始符号的类型必须与任何其他基本类型区分开来,并且每个殊型必须与其他殊型区分开来。潦草的字迹违反了类型和殊型的可区分性。在物理实体的情况下,空间分离通常形成可区分性的基础,尽管某些物理实体(如费米子)违反了可区分性标准,其状态函数有相当大的重叠。

这一原则所涉及的可区分性是本体论的,而不是认识论的。若 N 足够大,一个 N 边多边形在人类的感知或视觉想象中与一个(N+1)边多边形是无法区分的,但它们在本体论上是不同的,正如笛卡尔用千边形(chiliagons)的例子所指出的那样,它们在理性的认识上也是不同的。①

---

① 笛卡尔(Descartes 1641,冥想六)。另见穆勒(Mill 1884,82)。Chiliagon 是一个 1000 边的多边形。

### 1.5.4　什么可被看成是原子?

在大多数情况下,原子不应等同于当前物理学所发现的基本粒子。由于我们在对不可分割性的定义中关涉到一个特定的性质 C,所以一个物体可以是一个生成系统的原子,而不是另一个生成系统的原子。对于许多社会科学的研究目的而言,原子是人类或其他社会主体(如昆虫),而不是亚单位(如细胞或分子),因为后两者都不能承担社会角色。这种分类没必要是依照惯例的。如果一个人失去了理性的能力,他或她通常会被重新划分出社会秩序之外,并且常常被故意排斥在社会之外。①

在基于模型的突现方法中,这种系统类型的相对性是非常重要的,因为是模型而不是自然决定了什么是原子。然而,即使在本体论突现的范围内,稳定的现实领域仍然存在,这是自然界的一个显著特征,为各种科学和子学科(如有效场论)所采纳。在这些领域中可以找到具有不变性、不可分割性和可区分性特征的原子。在某些领域中,决定这些性质的标准不像物理学中那样明确,但分类也不是任意的。

我们在第 1.2 节中看到,在日常生活中有一些乍看是突现的例子。这些不能被直接视为突现的例子,恰恰是因为生成原子论的传统成功地在更细粒度的层面上作出了解释。对任何给定系统进行仔细的理论分析,往往会发现它是可还原为基本部分的组合。因此,在明显产生突现的情况下,如环氧树脂和硬化剂(两者都是可塑的)混合在一起,复合混合物变得异常坚硬时,这种明显突现出来的新颖性质,可以用这两个组分的组成分子之间的相互作用来解释。这种细粒度分析的成功使其比普通的现象更深刻,从而削弱了我们对突现的表面理解。

但是这种生成原子论和其近似理论的成功是方法论意义上的。生成原子论的原则并不是先验的形而上学真理,虽然在过去成功经验的基础上享受了它们作为公认智慧的地位,但是如果科学证据表明它们目前已确立的

--------

① 所谓"理性",我指的是人性的一个非常普遍的特征,而不是"经济理性"所附加的狭隘的、可能带有偏见的含义。非理性个体在多大程度上受到不同于理性个体的对待,这显然是一个有争议的问题,涉及如何处理从体育流氓到精神病连环杀手等各种离经叛道的人。

一些领域在经验或理论上是不成功的话,那么就必须拒绝它们作为普遍的方法。

▶▶ **1.6 突现的标准**

对概念 C 进行概念分析的传统目标是,为 C 的正确应用制定一套必要条件和充分条件。对于突现而言,"突现"一词有太多不同的用法,这些用法在各个领域根深蒂固,因此,现在甚至可能永远都不可能有一个单一的全面定义。此外,如前所述,与因果关系这样一个存在着明确和普遍认可的核心例子的主题不同,大多数突现的例子都与普遍经验相距甚远,我们无法就典型的案例达成某种共识。因此,我们任务的根本目的是尽可能明确突现的大致界限。

开始这项任务的一个好的着眼点是,确定普遍适用于识别突现现象的标准,并制定可以把握当前方法的全部或大部分的理论分类。在关于突现的讨论中,有四个特征反复出现:突现特征源于其他事物,相对于其发展而来的事物具有某种新颖性、自主性,并且表现出一种整体性。①

这是一种描述性的主张。本书将坚持的一个规范性的主张是:前两个特征在所有突现的情况下都是必要的,而自主性和整体性特征在一些突现的情况下是存在的,但两者都不是必要的。具备全部四个特征是否足以满足一个实体是突现的,这是一个不能用任何一般方式来回答的问题。原因是:我已经说过,存在多种突现进路,这些进路分别处理突现现象的不同性质。由于当一个合理且普遍认可的性质失败并且崩溃,从而导致不得不转换领域时,突现就会出现,因此在这种多样性上建立秩序并非易事。可预见性或可计算性的崩溃通常导致突现的不可预见性进路;生成原子论的失败往往隐藏在本体论突现的背后;建构性或可表达性的失败导致了概念突现,等等。的确,突现和还原之间的著名冲突是因为还原被认为是一种理想,而它一旦失败则导致了突现。思考一下你自己最认可的关于突现的描述,看

---

① 在(Humphreys 1997b)中,我讨论了突现的六个标准。虽然这六个中的每一个仍然适用,但这里提出的四个构成了一个更简洁的组合。

看其本身是否是某种合意的方法失败的结果,这将很有启发意义。

我没有在我的突现标准清单中列入不可解释性。虽然突现出的实体常常被认为无法根据产生突现的实体对其存在进行解释,但是这对突现的神秘传统让步太多。正如我们将要看到的,当代关于突现的著作中的一个显著特征是,它允许我们理解突现实体是如何出现和为什么出现。

这四个特征为我们提供了一种方法,使我们能够理解如何利用一组核心特征来描述不同的突现;以及随着这些核心特征的精确化,对于突现的描述是如何产生出我们现在所拥有的多种突现进路。事实上,人们已经可以看到,这些传统的突现的标签,如不可预测性(认知的新颖性)和不可还原性(概念的新颖性,本体论整体性)是如何体现这些特征的。

## 1.6.1  第一个特征:突现是关系性的

这些特征中的第一个——突现实体必须由其他东西产生,可能看起来微不足道,而且经常被忽略,但它却很重要。对高层级共时特征的自主性的强调,以及突现主义的著作中对意识等现象的共同关注,可以强化突现是一种现象的内在特征这种观念。然而,这是错误的,从以下两个方面的明显区别可以看出:一方面,身心平行论中没有突现,在其中精神领域与物理领域是分开的,两个领域中的事件是同步发生的;另一方面,当大脑状态达到足够的复杂程度,且神经元素之间的相互作用产生新的性质时,精神现象从大脑状态突现出来的情况就会发生。这就要求突现的特征必须来自其他实体,这也意味着,二元论本身并不算是本体论突现的一个例子,尽管其中涉及的领域在本体论上是不同且不可还原的。在突现现象和早期或更基本的实体之间必须至少有一种适当的前置关系。

然而,英语中的"来自于"(emerge from)或"产生于"(result from)并不完全是我们所需要的。突现的性质,其本质特征是具有一种关系型而非一元型的逻辑形式,我们必须始终考虑这种突现现象的起源。正确的说法是"X 对于 Y 而言是突现的",而不是普通的"X 是突现的"。① 这一关系解释了为什么我们既不把同时发生的基本实体作为共时突现的例子,也不把从

---

① 因为简洁且当第二个被关系者明显时,为了方便我将使用后者。

无到有的事物的自发出现作为历时突现的例子,因为它们都不是从任何事物中突现出来的。同样,如果上帝在创世纪的第三天引入植物,尽管它们将在这一事件之后独立自主,而且它们的持续存在依赖于在第二天被创造的水,但植物却不能算作是突现的。

在本体论突现的范畴内,这种关系具有一些鲜明的特征。尽管随着本体论突现的历时形式和对新颖性的正确理解,状态的循环模式可以导致 A 型实体从 B 型实体中产生,B 型实体又从 A 型实体中产生,但这种关系是不自反且很少是对称的。传递性是很难评估的。与因果关系不同,间接因果关系是一个根深蒂固的概念,但是突现应该只能以直接的形式出现。对于本体论突现的情况,一个领域 B 中实体的相互作用或过程导致突现特征 C,而如果第三个领域 A 中实体的相互作用或过程产生出领域 B 中的突现实体,那么这些在领域 A 中发生相互作用的实体并不是产生突现特征 C 的基础。不可传递性也会随着其他类型的突现而发生。例如,B 可能无法从 A 中预测出来,因为 A 缺乏预测 B 的关键概念;出于类似的原因,C 也无法从 B 中预测出来,但这并不意味着 C 从 A 中是不可预测的。

### 1.6.2　第二个和第三个特征:新颖性和自主性

也许突现实体最具特色的特征是它们的新颖性。识别某一领域的新颖性的一种适当的方法是:

> **定义**　一个实体 E 对于一个领域 D 是新颖的,当且仅当 E 不包含在某种适合 D 的闭包标准 C 之中。新颖性可以是分类学上的新颖性,即该实体不包括在给定的概念分类中。

这里有五种闭包标准,我用它们作为例证而不做取舍,特别是解释的标准:

(1)一个实体在理论基础上被认为是新颖的,当且仅当使用该基础的理论工具无法推断其存在。这里的"实体"是指物体、性质、状态和类似的范畴。这里,闭包条件 C 是相对于某一组规则的可推断性或可计算性。现有的理论工具在实践中或原则上不能推导出断言新实体存在的陈述,因此断言该实体存在的陈述并不是在理论公理的演绎闭包中。这会带来一个反对的声音,即在一个不完全或不可判定的理论中,有些关涉该领域问题的句子不能从其理论中推断出来,因而根据以上的理解,这样的句子也描述了突现的事实。[①] 但与其说这是一个反对意见,倒不如说这正好说明了基于预测的突现进路的理论依赖性——即一种突现现象相对于一种理论 T 是可预测的,而相对于另一种理论 T' 则是不可预测的,而随之而来的困难是需要明确一个理论作为一个首选的预测工具的意义。

(2)一个实体在某一特定解释标准上是新颖的,当且仅当在仅仅使用该解释标准的资源时无法解释该实体所具有的性质。这里的闭包条件 C 是在某种特定解释模型下的解释性闭包。依照演绎性的解释理论,如亨普尔(Hempel 1965),以及弗里德曼(Friedman 1974)和基切尔(Kitcher 1989)这样的统一性解释理论,这个标准将归入上面的(1)类。如果依据萨蒙(Salmon 1984)和汉弗莱斯(Humphreys 1989)等人的本体论的因果解释理论,新的实体则是不属于由解释性事件或变量组成的领域的因果闭包。根据这一观点,不可预测性就不是突现实体的必要条件。

(3)相对于一个基本实体集合而言,一个实体是新颖的,当且仅当该实体和基本集合中的实体之间不存在特定类型的依赖关系。这里,闭包条件 C 可以是在诸如逻辑依随这样的依随关系下的闭包。这种应用的例子可在麦克劳克林(McLaughlin 1997)和金在权(Kim 1998)的著作中找到。

(4)由于物理主义者对物理因果闭包的承诺,使得突现和物理主义之间可能会发生直接冲突。物理因果闭包的一个常见定义声称,当每一个物理事件都被一些先前的物理事件和规律所决定时,物理领域就会因果闭合。这一定义是不充分的,因为它没有排除这样的决定性链或过程的存在:某些链或过程离开并重新进入物理领域,并以非物理事件作为中介。为了防止这一点,我们可以要求一个物理领域是因果闭合的,当且仅当从一个物理事件到另一个物理事件的因果链或过程中没有包含非物理事件。这也是不能令人满意的,因为它允许有影响物理的因果链,它们是由非物理事件发起的,或者是产生非物理事件的。一个突现的、非物理的、心理的事件可能导

---

① 古等人(Gu et al. 2009),以及古和阿尔瓦拉多(Gu and Alvarado 2011)都将不可判定性作为突现的标准。关于批判的分析,见(Humphreys 2015)。

致一个物理事件,而反过来这个事件只会导致其他的物理事件。因此,我使用以下定义:

**定义** 两个事件是因果联系的,当且仅当其中一个是另一个事件的原因。领域 D 是**因果闭合**的,当且仅当任何与领域 D 中元素有因果联系的元素都是领域 D 的一个元素。①

当领域 D 的因果闭包失效时,就会出现关于领域 D 的因果新颖性。这就允许了非物理现象的存在。如果这些现象在物理主义的立场上被认为是不可接受的,那么它们很容易被一个必要条件排除,即不可能存在没有因果效用的物理实体。②

如前所述,因果闭合常常与因果完整性相混淆。后者是与前者不同的概念,因果完整性的正确定义为:

**定义** 一个领域 D 是**因果完整**的,当且仅当领域 D 中的每一个事件在 D 中都有一个因果充分的前因。

这个定义允许因果链可以进入和离开一个领域,从而使该领域在因果上是开放的,即使领域 D 中的每个事件都可以通过因果链追溯到 D 中的某个事件。

(5)对新颖性的最后解释是,适用于突现特征的规律和适用于它们产生于哪些特征的规律是不同的。我们说 B 型实体对于领域 D 是新颖的,当且仅当至少有一条适用于 B 型实体的规律不适用于 D 中的实体。这个定义

---

① 因为物理主义的定义不是一个一成不变的问题,所以值得进一步探讨。一种物理主义认为,唯一的实体是物质或者物理实体。因为实体是哲学的假定,而不是科学的概念,所以什么是物质的或者物理的是由哲学观点的共识决定的。这一实体传统允许实体具有非物质性,但它禁止笛卡尔的心身二元论或实体多样性。该立场关注实体,但与突现对象或性质的存在并不矛盾。但由于对实体的存在没有令人信服的论证,因此,对这一立场我们不会进一步关注。

② 这种限制比亚历山大的名言(Alexander's Dictum:to be is to have causal powers)要弱,因为它禁止任何具有因果关系的惰性实体,并一举否决所有抽象实体。这里使用的条件不允许时间也可能是时空点作为物理实体。

不要求 B 型实体由来自 D 中的实体构成,尽管它符合这种情况。新的规律既可以是历时性的,也可以是共时性的。

在讨论突现的过程中,这五种新颖性中的每一种在历史上都起到了重要作用,尽管因为实体所涉及的领域可能不够全面,从而要求新颖性必须是正确的类型。实体新颖所对应的领域通常被视为具有某种特殊的状态,比如在预测和解释的例子中提供一个完整的统一的理论,或在因果事件中提供物理主义基础。新颖性通常要求是比较引人注目的,而不仅仅是任何意义上的新颖。但是,由于对何为可接受的新颖很少有说明,所以很难对这个附加的条件有一般性的理解。

突现的第三个特征自主性指的是什么?[①] 自主性并不蕴涵新颖性,因为尽管 A 型实体和 B 型实体是同一类型的,但 A 可以自主独立于 B。新颖性也不意味着自主性。例如,一个原因的结果相对于那个原因来说可能是新颖的,但后一个事件在因果关系上取决于较早的事件,因此并不是自主的。然而,自主性和新颖性往往是联系在一起的。如果需要一个新的预测工具来处理新颖的实体,则在这种意义上说预测的新颖性导致预测的自主性。这种情况与解释的自主性相似。在许多多重可实现性的情况下,例如一个计算的性质可以由各种不同的物理性质实现,而可计算性的概念工具并不是物理、化学或生物学概念工具的一部分。因此,相对于物理领域,计算的层级在解释上是自主的。因果自主性和律则自主性可以以类似的方式产生,但在突现实体与其起源之间存在依赖关系的情况下,就依赖关系所决定的性质而言,没有理由认为前者是独立于后者的。如果 A 在逻辑上或概念上依赖于 B,则 A 在逻辑上或概念上都不自主独立于 B。相反,当 A 在因果上依赖于 B 时,A 在概念上可以自主独立于 B。正是由于在依赖关系成立时缺乏自主性,所以我没有要求自主性成为突现的必要条件。

回到新颖性特征的讨论,我们要避免一种关于新颖性的解释,即柏拉图主义者关于性质的解释:不存在新的性质,只存在新的实体——当永恒存在的性质首次被实例化时。再加上一种拒绝真正的时间变化的时间理论,在

---

① 主张自主性作为突现标准的作者包括霍兰(Holland 1998,7)、巴特曼(Batterman 2002)和艾博特(Abbott 2006)。

真正的新性质或它们的实例的意义上，不可能有本体论上的新颖性。这种观点受到了普遍存在于生成原子论中的逻辑和语义简便性的支持。这表明，突现论者，特别是历时突现论者，需要一个关于性质的新理论，其中性质是世界本身的特征而非抽象的实体，而且新性质是通过相互作用产生的。

此外，对于突现而言，我们不想区分性质的首例和后续实例。这种理解新颖性的"首例"方法常常经简短讨论后被认为是不够的，因而不被承认。因为它允许质量精确到 1.000000045679345 千克这样在宇宙中从来没有作为一个单一物体的性质作为突现。[①] 通过要求说明新的数值是从何而来的，我们可以在我们的基本框架内接受这一反对意见。如果新的质量数值仅仅是通过对现有物质的重新排列（通过聚集较小的质量，或通过分割较大的质量）而产生的，那么通过质量守恒原理，"新颖"的性质实例一直存在，它只是在现在拥有它的区域没有实际出现而已。[②] 当新的值是通过聚集得到的，它是一个分散的空间分离区域的集合，这些区域共同具有所谓的新的质量值；在分割的情况下，它是现在更大的区域的一部分。这样就违反了突现的新颖性的标准，因此这里根本就没有突现的情况。此外，通过对生成原子论过程的初步应用，"新"值可以从部分的质量来预测和解释，并还原为部分的质量。这一论点可以应用于任何包含聚集和分割的组合本体论。

如果我们坚持突现的性质必须从来没有过一个先例，这将使得在对同一性质的两个在性质上不可区分的实例进行不同的分类时，认为第一个是突现的，而第二个不是。这种说法是错误的，出生顺序对君主来说是重要的，但对于突现则不重要。另一种描述一个实体不同于其他实体的方法是：如果在逻辑上或律则上，实体 E 不可能是实体领域 D 的元素，那么对于实体领域 D 来说实体 E 是新颖的。[③] 所涉及的领域不是一个集合——领域中的成员关系是偶然的，而集合必然有它所具有的元素。

作为该定义应用的一个例子，从逻辑上讲，L 形的性质不可能被制作成 L 形模式的方形地砖所拥有。在这里，E 是"是 L 形的"这种性质，D 是"是方形的"这种性质的实例的领域，实体 E 相对于领域 D 是新颖的。水的某

---

① 关于这一点的早期讨论，见特勒（Teller 1992）。

② 假设这里只涉及质量，而不涉及质量—能量。

③ 这包括贝多（Bedau 1997）所说的性质的"名义上的突现"，尽管贝多没有具体说明所涉及的模态强度。

些性质在律则上是不可能,或者说在某种更强的意义上是不可能被氢原子和氧原子所拥有的,因此,这些性质对于物理原子的范围来说是新颖的。在分子领域里,水的流动性——最有可能是一种突现性质,是单个 $H_2O$ 分子所无法拥有的。在铁磁性的例子中,临界温度以上将永久拥有的宏观的铁的总磁化强度是新颖性质,而金属中的单个偶极子不可能拥有这种磁化强度。我在这里并不是说这些性质是突现的,即使第二、第三和第四个例子也是如此;只是它们对于给定的领域来说是新颖的。这个定义也给了我们一个正确的结果:如果给定三个在性质上无法区分的实体 A、B、C,其中实体 A 相对于某个领域 D 是突现的,且实体 B 是通过复制过程从 A 中产生的,而实体 C 的产生过程与 A 相同,也是由领域 D 产生的,那么实体 C 相对于 D 来说是突现的,但相对于 A 或 D 来说,B 都不是突现的。

### 1.6.3　整体性

传统上,整体性被概括为"整体大于其各部分之和"这一口号,这一直是人们希望从突现现象中得到的精髓。[①] 从传统上来说,突现现象与所谓的"聚集现象"不同。这一不同指的是,与突现实体相比,聚集实体不过是组成它们的单元实体。一个特别明显的聚集实体的例子是被称为骨料的建筑材料,它只不过是用来制造混凝土的小石块的集合。聚集实体可以有结构,但这种结构不允许生成一种独特的新的性质类型。聚集可以产生组分已经拥有的性质的不同值,因此,虽然建筑材料的体积与其中任何一块石头的体积不同,但这并不会破坏整体的聚集性。同样,真值函数的复合项可以有不同于其(任何或部分)组分的真值,而不失去它们的聚集性质。这是相当清楚的,但也不是无可辩驳的,因为它把这个问题放在我们对例子的直观把握的层级上。巨大的建筑骨料堆拥有其任何石块组件所没有的一种性质——不稳定性,因此聚集体可以具有非聚集体的性质。确实,正如我们在第 1.2.2 节中看到的,砂堆及相关系统的不稳定性是复杂系统理论中突现现象的核心实例之一。值得注意的是:突现性质可以出现在熟悉的物理对象中,而不

---

① "[一个]突现性质大致是属于一个整体的复杂的性质,而不是其各部分的性质。"(Broad 1925,23)这个口号可以追溯到亚里士多德(*Metaphysics* 10f‐1045a)。

仅仅是在奇异的量子力学的情况中。①

　　上述整体性的口号不太明确,其部分原因源于一个公认的事实,即所提及的某一系统各部分的"和"这一概念既过于限制,又过于含糊不清。过于限制指的是由组分按照乘法原理相互作用而形成的系统,不会仅仅因为这个原因就呈现出突现的特征。而简单而言,一个突现现象可能小于原始部分的总和,也可能在整体上没有适当的部分。

　　所以,让我们放弃这个不成功的口号,将以下定义作为我们的出发点:

　　**定义**　P是系统S的一个整体律则性质,当且仅当P是S作为一个整体时才具有的性质,而且在律则的而非形而上学的必然意义上,性质P不能被系统S的任何适当部分所具有。

　　由于整体性往往是一个实体的共时特征,这个定义反映了许多共时突现变体的部分/整体方法,但当该实体有适当的部分时,它可以应用于历时突现的实体。整体性对于突现来说是不充分的,因为整体性可能存在于不显示突现特征的系统中。有限离散实体集合中的物体数量是整个集合的一个性质,而不是组成它的个体的性质,但这并不是突现性质。更多关于整体性的内容将在第2.4节中讨论。

　　"西洋跳棋世界"中的红色和蓝色棋子、它们的性质以及控制它们的规则在这些标准下是否是突现的? 红色和蓝色棋子是由白色和黑色棋子之间的行为和相互作用发展而来的,它们具有新的性质,即白色和黑色棋子领域的闭包条件不包括控制红色和蓝色棋子初始现象以外的行为的规则。这些新规则使红色和蓝色棋子自主独立于黑色和白色棋子。蓝色和红色棋子并不是由更基本的实体组成的,但是,像感受质和意识这样的可能的突现现象也不是复合实体。因此,整体性不是红色和蓝色棋子的特征。考虑到这一情况,红色和蓝色棋子的特征符合我们关于突现的四个标准中的三个,这就是为什么我们认为红色和蓝色棋子很可能是突现现象。稍后将提供支持这一结论的进一步论据。

---

①　温萨特(Wimsatt 2007)提供了一个很好的例子,说明在各种常见现象中普遍存在着不同类型的突现。

▶▶　1.7　突现的分类

　　突现为什么是重要的？通常的答案是，这是还原失败的结果，这种失败将需要我们在本体论和方法论观点上的重大转变。正如我所言，我们之所以对突现有不同的解释，其中一个原因是生成原子论的可逆的分解方法，以及还原论在很多方面都失败了。要使这一说法合理，一种方法是对现有的突现情况进行描述性分类，并表明 GAP 在某些方面的失败导致了我们在分类学中的类别。这样，我们就有了一个哲学上的解释，来解释一系列的立场，否则，这些立场似乎是以一种历史上偶然的方式发展起来的。我并不是说是因为反对 GAP 而有意识地驱动了这些立场的发展，但我要说，这至少对英国突现主义运动的一些贡献者来说是正确的。一个立场的智力动机确实会影响该立场最终采取的形式，但我感兴趣的是，在大多数被认为是突现主义者的理论背后是否有一个条理分明的结构。我们不能保证存在一个这样的框架，但如果我们能找到这个框架，我们就会更好地理解什么东西会突现出来。我们的解释不是规定性的，而是建立在对突现的系统解释的基础上，这些解释是由明确论据所驱动的。如果没有提供任何理由而只是直觉地认为它应该被视为突现事件，则我们可以否认这种分类系统的反例。

　　另一种方法，即只观察"突现"一词是如何使用的，并在此基础上形成分类，这种方法不会有太大益处。这个术语在日常生活中有随意的用法——那个人从洞里出来（emerge from），也有精确的用法，而且它通常适用于没有明确标准的现象，即什么可算作是正确使用的标准。在这种情况下，语言分析很可能会随着一个异质性的、语义上的混乱而结束。

　　我们的分类有两个维度。第一个维度是关系维度，以一个实体从另一个实体中产生为标准，**关系维度**是建立在突现实体和其源于的实体之间的关系之上的。在这个维度中有三个分支：本体论进路、推理进路和概念进路。**本体论进路**认为突现现象是世界的客观特征。它们的突现状态，至少在不涉及人类的情况下，是独立于我们自己的存在和知识的，而且本体论突现的例子早在宇宙中的认知主体进化之前就发生了。**推理进路**认为，产生突现的原因是因预测能力有限而导致的，这不仅是针对人类来说，而且也可以从一个更客观的意义上来说。如果一个系统由一个理论或模型 R 来表示，并且存在推理突现，则必须从 R 以外的其他来源获得有关突现特征的知识，或许是观察、或许是实验、或许是通过其他一些表征手段。**概念进路**使用新颖的理论和语言表达来表示一些特征，这些特征在其他领域的词汇表中不能有效地描述或允许进行更有效的预测。虽然概念突现往往与推理突现联系在一起，但前者的重点是表征一个实体，而后者的重点是可推导性。

这三种类型都倾向于含蓄或明确地诉诸将世界分割为若干个领域的观点，其中一个领域的要素来自其他领域的要素。领域的说法不同于通常所说的"层级"。后一种说法似乎很自然，它在空间上包含更大的实体，也含有作为组分的更小的实体，这种包含关系导致了人们熟悉的基本粒子物理、固体物理、化学、生物化学、生物学等层级结构。但是，这种以较小物体为组分的物体的分体论概念太过迁就基于生成原子论的传统立场，它不适合于突现的历时解释。因此，最好使用更中性的领域的进路。①

突现的第二个维度在于**历时突现**和**共时突现**的区别。它认识到，突现可以跨时间发生——人们可以称之为来自另一种结构的一种结构的动力学突现，这也可以在两个共存的领域之间发生。这构成了我们突现分类学的时间维度。

### 1.7.1　推理突现：作为不可推导性的突现

我以推理突现作为关系维度的开始。C.D.布罗德给这一进路作出了一个有代表性的定义：

> 突现理论认为存在这样的整体，由 A、B、C 三个组分和关系 R 组成；所有由 A、B、C 三个组分在关系 R 的同类关系中组成的整体都具有一定的独特性质；A、B、C 可以出现在与关系 R 不同类型的其他复杂关系中；而整个 R(A,B,C) 的独特性质，即使在理论上，也不能孤立地从对 A、B、C 或在非 R(A,B,C) 形式的其他整体中的性质的最完整的

---

① 这一从层级转移到领域的建议应该归功于金在权。

知识中推导出来。(Broad 1925,61)

这里我们发现突现主义立场的一些特征：由部分组成的系统拥有一个不可推导的新性质。在布罗德的定义中，"即使在理论上"这个情况为不可推导性提供了潜在的本体论基础，但是不可推导性也可从描述其成分的理论特征中产生。在这个例子中也体现了整体性，尽管在推理进路中它并不是必需的。即使从理想理论中也不容易明白原则上的不可推导性的概念，所以经常使用不太严格的标准来量度可推导性或计算性的困难。

推理进路是解释突现最常见的方式，是贝多（Bedau 1997）的弱突现解释的动机。贝多的弱突现解释基于计算的不可压缩性，巴特曼（Batterman 2002）的数学奇点方法，古等人（Gu et al. 2009）的不可判定性的结果，沙利齐和克拉奇菲尔德（Shalizi and Crutchfield 2001）以及古和阿尔瓦拉多（Gu and Alvarado 2011）的有效的预测方法，其中一些将在第 4 章中详细讨论。

### 1.7.2　概念突现

接下来是概念进路，我们看到这些关于突现的解释通常是由于某些形式的推理失败造成的。概念突现认为，一个实体，例如一个状态或一个性质这样的实体，在概念上对于一个理论框架 F 来说是突现的，那么必须发展出一个不属于 F 的概念或描述性工具，以便有效地表示该实体。这一工具可能包括新的谓词、新的定律或全新的理论；新概念的引入有时将涉及一个新的科学领域。"有效地表征"是这些方法的一个参数。例如，需要引入"液体"一词，以便有效地表征经历了从冰相到水相过渡的 $H_2O$ 分子的集合行为，这是概念突现的一个例子。

概念突现所涉及的主要关系方面是新旧理论框架之间的概念不可还原性。在我们的四个标准中，概念的新颖性通常在于它不能根据理论框架 F 的概念来定义。整体性通常是需要新词汇的根本原因，因为新的特征往往只能被物体集合而非单个的组分所拥有，而这些集合有时是结构化的，有时又不是。虽然新概念不是从其他概念中突现的，但新概念通常是由于它所描述的某一领域内现象的本体论突现或推理突现的需要而使用的，而该概念在这一领域内是不适用的。这里的自主性是概念上的自主。推理进路和概念进路都适用于现象的表征,而不是直接应用于现象本身。概念突现的例子可见于安德森(Anderson 1972)、温伯格(Weinberg 1987)和罗利希(Rohrlich 1997)的著作。

### 1.7.3　本体论突现

来看相关的分类学的最后一部分,本体论进路认为突现实体是世界上真正新颖的特征,它们的突现状态独立于我们的知识。本体论突现可分为三大类:

1.**性质突现**。在传统上,这被解释为断言一个层级结构存在,以便在每个层级上至少有一个性质对于较低层级性质的组合是不可还原的,并且相对于这些较低层级性质,较高层级的性质是突现的。这种进路在很大程度上取决于我们是否能够客观地理解层级结构,而我们最终将发展出一个独立于层级的本体论突现。

2.**物体突现**。这是对具体的个体和派生的物体类型提出了类似的主张。

3.**律则突现**。这表明,有一些独特和自主的定律控制着与基本领域不同的特定领域。

可能的本体论突现现象包括量子力学系统中的纠缠态、化学中的共价键以及凝聚态物理中的铁磁性。关于本体论突现,通常会有一种清晰的感觉,即新的特征是从其他特征中产生,通常是特定范围内相互作用的结果,而且它是新颖的。整体性是经常存在的,就像律则的或因果的自主性一样。本体论进路中的主要关系项是,突现的特征以及特征从何处突现,但这种关系可以是一种更为密切的关系,如功能的不可还原性(Kim 1999)、本体论解释的依随关系(van Cleve 1990)或熔合(Humphreys 1997a)。

本体论突现、推理突现和概念突现三种进路之间并不是相互排斥的。例如,当可预见性失败或当一种新的集合实体在本体论上突现时,概念的新颖性常常被强加其上。反过来,如果状态涉及一种本体论上的新实体类型,可预见性可能会失败。在这三种观点中,除了那些认为突现现象是无法理解的神秘观点之外,它们涵盖了我所知道的每一种当代突现的现象。我没有在分类学中包括这一观点,即突现的特征是无法解释的,因为当代大多数科学上可能的突现现象的一个显著特征是,我们**确实**有可信的理由来解释为什么这些现象有其突现特征。因此,它们从本质上不同于早期突现的例子,如生命,当时并没有得到解释。同样,它们也不同于当代的一些可能的突现现象,如意识。我们不需要"对自然的虔诚"来接受现代的、以科学为基础的突现的例子。

在这些分类中,每个类型都要求突现是关系性的,这一点在逻辑上是重要的,因为它们不是单独地适用于实体 E 的突现标准,而是必须考虑产生 E 的领域 D 或框架 F,从这个意义上说,E 与 D 或 F 之间的关系决定了 E 的突现状态。虽然其中一些关系是否定关系,如不可还原性,但并不影响这个一般性观点。


### 1.7.4 基于时间的分类

分类学的第二个维度——时间维度,在于区别历时突现和共时突现,而且更容易表达出来。共时突现的传统在精神性质领域尤其有影响。人们普遍认为,当一个人因处于一种特定的大脑状态而有一种特定的精神状态时,这种精神状态是不可还原为物理状态的,而前者与后者是同时存在的。本书的主要主题之一是,哲学家们过于关注共时突现,而忽略了历时突现。

历时突现主要是指由于时间上的扩展过程而从先前的现象中产生的新现象的突现,但也不完全是如此;共时突现是指新的"高层级"物体或性质与某种"低层级"的物体或性质同时存在的现象,这里"层级"一词最好理解为一个隐喻。我注意到,有可能在一个过程中同时存在历时突现和共时突现。这个时间维度的划分与关系维度的三种突现划分之间是相交的;这三种划分中的每一个都有历时和共时变量。例如,共时性概念突现可以发生在理论语境中,根据人们熟悉的传统,内格尔的非同质可还原性(inhomogeneous reducibility)(E. Nagel 1961,第 11 章)就无法实现。相反,当一种材料从顺磁性向铁磁性转变时,短暂但暂时向全局铁磁态扩展的弛豫过程涉及一个历时过程,其最终状态需要引入一个新的概念长程有序(long

– range order)来充分描述。

表 1.1 给出了每种双重分类的开创性例子,要注意,其中一些位置占据了不止一种分类。(例如,贝多和布罗德对推理突现的描述都包含概念突现的要素。)

表 1.1　六种类型突现的例子

|  | 推理的 | 概念的 | 本体论的 |
|---|---|---|---|
| 共时的 | Broad 1925 | Anderson 1972 | van Cleve 1990 |
| 历时的 | Bedau 1997 | Rueger 2000a | Humphreys 1997a |

最后,我们可能会讨论这样一种观点,即我们应该放弃对突现的一般性理解,用更具体的特征来代替这个概念,例如自组织系统、计算的不可压缩性等等。这是一个站得住脚的观点,但追求这种观点将忽视这些其他概念之间的重要联系。"突现"一词的确涵盖了各种不同的立场,但我希望表明这些立场之间存在明显的一致性。最后,我要指出,这只是对现有突现解释的分类。这并不意味着上述所有进路都是令人满意的。

## ▶▶　1.8　突现的例子

有一种方法可以减少人们面对突现现象时的困惑,那就是将突现现象表现得比人们普遍认为的更常见,并且稍加一些努力就可以理解。在追求这一策略的过程中,读者可能会得出这样的结论:"好吧,如果**那就是**你所说的突现论的意思,那么到处都有事物在突现就不足为奇了!"[1]这是一个合理的观点,这也是为什么需要表明这本书中认可的突现论的描述和例子,符合从哲学和科学文献中发展出来的突现论的核心思想。

我们需要解决两个独立的问题。第一个问题:是否有一致的、可理解的关于突现的解释,能够把握所有,或者几乎所有普遍引用的突现的例子?答

---

[1]　人们也同样可能对许多关于突现的多种说法作出这样的反应:"好吧,如果**那就是**你所说的突现论的意思,那么没有什么与突现相关联的东西,或者我们无法理解突现是什么,也就不足为奇了!"

案是否定的,后面的章节将说明这一点。第二个问题:是否有任何可信的现实世界的例子,至少满足这些不同的解释中的一种? 至于"现实世界的例子",我们不需要局限于自然发生的例子。人工制品和计算生成的例子与没有人工干预的情况一样真实。所谓"可信的",我指的是我们有充分证实的理论或模型的例子,这些理论或模型不涉及不明动机的理想化。当突现现象是计算模型的结果时,对计算的例子来说这个条件是自动满足的,但是如果模型表明是关于非计算性系统的,则需要更多的有利于它的证据。

在这本书的前面部分,描述的所有例子都是历时突现的例子,每一个都应该被视为是一个乍看可能是突现的例子。至于它们是否属于我们分类学中突现的各种类型的真实例子,则必须等待在接下来的章节中对这些类型进行详细解释。首先,在每个例子结尾处的括号里给出了突现的类型:O表示"本体论的",I表示"推理的",C表示"概念的"。下面列举的例子应该可以表现出突现的多样性和普遍性。

1. **鸟群随时间的形成和维持**。在这里,鸟群是一个由鸟类通过协调的方式以一种保持独特的、不精确的形状的模式移动的物体,它是鸟类根据分离(separation)、排列(alignment)和聚合(cohesion)三种简单规则进行个体运动的结果。[1] 就我们的四个特征而言,鸟群集合产生于个体的鸟儿之间的相互作用,它的聚合是鸟群聚集在一起后的一个新特征,而聚合是个体成员无法拥有的群体的一个整体方面。鸟群也是一个具有自主性的空间物体,从某种意义上说,它与特定鸟类的进入和离开无关,新的鸟儿可以取代原来的鸟群成员,这种空间格局将持续下去。这是历时推理突现的一个例子,因为鸟群模型的时间演化在计算上是不可还原的——在有成功的模型之前,除了一步步地进行模拟之外,没有捷径来预测鸟群的全局状态,包括它的中心方向和空间范围。通过使用"群"的概念,概念的创新也成为必然。[2] 然而,没有明确的证据表明,真正的鸟在成群飞行时使用这些规则。类似的模型也可以解释鱼类的集群行为。(I,C)

2. **交通堵塞的出现和解除**。这经常被引用作为突现现象的一个例子。

---

① 详情可参见 http://www.red3d.com/cwr/boids/。
② 也许通过案例可以证明,某种形式的共时突现是由于在每个阶段发生的多个复杂的交互作用而导致的特性在组群这个层级的保持,但我在此不打算为之辩护。

从动力学上看,该例子与鸟群的例子类似。在这里,车辆的聚集产生于车辆的个体运动和一些关于它们之间相互作用的简单规则——最小间隔的规则,即需要保持相邻车辆之间的最小速度差,等等。车辆的聚集形成了可识别的自主的物体,它们是新颖的、整体的,因为单个车辆不可能拥有集群的特性。就像鸟群一样,这是一个历时推理突现的例子。再有,在不可还原的计算的过程结束时发生突现现象——产生和预测集群位置的唯一方法是通过模拟计算。"预测集群位置"是指:(i)某一特定交通流中集群的确切位置和形成时间是无法预测的;(ii)在观察到足够多的特定情况下的交通堵塞的例子之前,如道路上存在一个入口匝道,无法预测这一集群的具体存在。在这个例子中,有证据表明一些基于主体的交通堵塞模型是实际交通行为的现实模型(Sugiyami et al. 2008)。采用流体动力学理论的交通堵塞模型具有不同的性质,可以提供可压缩的预测。(I,C)

3. **一阶相变**。包括从液体向固体晶体的转变,以及从水蒸气向液态水的转变等例子。这些例子有一点理想化,例如,明显的不连续性只出现在纯水中,而杂质是造成日常水样中的污垢的原因。在这里,这两种情况下的突现性质分别是刚性和流动性。在这些例子中,有一个叫作"序参量"(order parameter)的变量,它表达了系统中的组织化的程度,在本例中是长程有序,它在过渡点上经历了一个非连续的变化。无论从水向蒸汽还是从蒸汽向水的状态转变,都构成了一个相变。关于从有序状态到无序状态的转换是否应被视为突现的情况,存在着重要的问题,原因之一在于无序状态是系统各组成部分之间缺乏相互作用的结果。施加这种限制将排除从水向蒸汽的转变作为一种涉及突现的转变,即使这是一种相变。此外,许多相变的理论模型必然需要用到无穷极限,而它们模拟的物理系统是有限的。对于这样的模型是否合适存在着相当大的争议(Batterman 2002;Butterfield 2011a,2011b),但通常认为这些模型是可以最清楚理解的突现现象。从无序状态突现出的有序状态的四个特征,从无序状态中产生的有序状态的独立自主性,相对于原性质而言的相变另一边的性质的新颖性,以及该性质的整体性都是存在的。(I,O)

4. **贝洛索夫—扎鲍廷斯基**(B-Z)**反应**。这种化学反应的最初例子发生在将柠檬酸置于存在铈催化剂的硫酸溶液中。这会使溶液颜色从黄色变成无色再到黄色,大约需要一个小时才能达到平衡。这些模式是从最初均匀的颜色中动态突现的;在不受外界干扰的意义上来说它们是自主的,它们很显然是新颖的,而且是整个系统的一个特征。[①] 布鲁塞尔模型(Brusselator model)或俄勒冈模型(Oregonator model)可以用来模拟这种振荡的化学反应。[②] (O)

5. **贝纳德不稳定性**。从底部对两个水平板之间的一层流体加热,开始出现对流滚筒。贝纳德元胞在临界温度区域开始形成。可以用奇异吸引子来描述小板分离的动力学特征,而且由于自由度的降低导致了滚筒的突现(Bishop 2008)。由于非线性系统通常具有多个吸引子,因此这类系统往往存在多个最终状态。举两个这样的例子,在铁磁体中可能有两个不同的磁化强度方向,在贝纳德滚筒上有两个不同的循环方向。将会出现这些最终状态中的哪一个,取决于自组织过程开始时的偶然波动,所以,系统将在何种状态下结束是不可预测的。因此,我们可以将其与推理突现模式联系起来。(O,I,C)

库爱特流动是一个远离平衡态的耗散系统的相似例子,当流体被放置在具有不同转速的两个旋转圆柱之间时,就会发生这种情况。当速度的变化率超过临界值时,形成涡卷。在每一种情况下,我们都有产生于同质性的结构特征,无论是在关于涉及的哪些流体分子是不相关的意义上,还是在不同类型的流体中是可实现的意义上,新的特征都是具有整体性和自主性的。(O,I,C)

6. **共识主动性**。这是一种在突现系统中的通信方法,在这种方法中,系统的各个部分通过修改各自的局部环境实现相互通信。一个常见的例子是蚂蚁使用信息素来标记它们的踪迹,而白蚁使用信息素来建造它们的巢穴。在后一种情况下,白蚁在信息素的吸引下,倾向于在其他蚂蚁已经沉积泥浆的地方沉积泥浆。共识主动性类似于生态位的构建,物种在其中改变它们的环境,从而改变进化的环境。白蚁丘是信息素与个体白蚁相互作用的结果,是新形式的结构,是蚁群活动的整体结果。从某种意义上说,它们是自主的,与白蚁丘是由哪一只白蚁建造无关。(O)

---

[①] 另一个 B-Z 反应的例子是丙二酸在酸性介质中被溴酸盐离子以铈或亚铁离子作为催化剂氧化,它还会在 B-Z 试剂的未搅拌层中产生螺旋氧化波。后者类似于神经或心脏组织中的兴奋波(见 Strogatz 1994,255)。

[②] 布鲁塞尔模型方程为:$dx/dt = 1 - (b+1)x + ax^2$,$dy/dt = bx - ax^2 y$,其中 $a$,$b > 0$,且 $x$,$y$ 是无量纲浓度。

**7. 谢林的隔离模型**(1978)。[1] 这个著名的模型涉及两种类型的个体，每种类型都有虽然小但非压倒性的偏好来拥有大多数像自己这样的邻居。在二维网格上，这两种类型的初始分布是随机的，这些类型因移动到满足它们的偏好的位置而动态地自行隔离。突现特征是两组空间分离的全新的定性性质，这是从初始随机空间分布开始的自组织的结果。性质是自主的，因为它独立于所涉及的个人，并在替换这些人之后能够自我维持。空间性质本质上是整体的，而不是在个体层面上发现的。(I,C)

与上述相关的例子有：萤火虫闪光的振荡；经济学中亚当·斯密的"看不见的手"，通过这只手，市场的最优定价经由经济主体之间的许多局部互动产生；时尚在社会中的传播，以及自组织黏液霉菌形成孢子结构的能力等。

在整本书中，我们将看到更多突现的例子，这些例子就足以为我们以前的一些抽象的讨论提供实质内容。它们揭示了两件事：第一，突现性质在物理和社会范围中非常普遍；第二，这些物理层面上的详细模型，消除了传统上萦绕在突现现象之上的神秘性，并使头脑清醒的哲学家们远离了这种神秘性。

▶▶ ## 1.9 突现的其他进路

突现论的文献还可以进行其他的分类。在关于突现的文献中，一个共同点是区分弱突现和强突现。虽然用法并不是统一的，但所谓的强突现的一个特征是：存在着新颖的、不可还原的、有因果力的突现特性，从而导致下向因果关系。[2] 更加准确的描述是，一个实体，例如一个性质或一个事件，

---

[1] 雷纳·赫格塞尔曼(Rainer Hegselmann)的研究表明，一个与谢林(Schelling)模型非常相似的模型是由 J.M.萨柯达(J.M. Sakod)开发的。关于科学创造力的动力学中一段引人入胜的详细章节，见赫格塞尔曼(Hegselmann 即将发表)(译者注，2017 年已发表)。

[2] "强突现论认为，宇宙的进化产生了新的本体论上不同的层级，这些层级以它们自己独特的规律或规则以及因果力为特征。相反，弱突现论坚持认为，随着新模式的突现，基本的因果过程仍然是物理过程"；(Clayton 2004,9)此外，"F 是 S 的一种(弱)突现性质，如果(a)存在这样的微观结构的所有系统都有 F 的规律；但是(b)即使在理论上，F 也不能从对系统的组分 $C_1, \cdots, C_n$ 的基本性质的最完整的知识中推断出来(Clayton 2004,10)"。

只有当一个实体有能力对较低层级的实体产生因果影响时,它才是强突现的,这种因果影响是由那些属于突现实体、但在较低层级实体的结构化聚集中无法找到的特征来实现的。如果受影响的层级是物理层级,那么下向因果关系的存在就会被认为违反了物理领域的因果闭包。由于这个原因和其他原因,人们普遍认为,强突现要么是不一致的,要么就是不科学的立场。[①]基于两个原因,我避免了将突现分为弱突现和强突现。第一个原因,它使我们专注于"层级"的图景,但这一隐喻在可能的情况下最好避免,因为很难构建识别层级的精确标准,而且这个隐喻过度强调了突现的共时解释。第二个原因,没有必要让本体论突现的捍卫者纠缠于下向因果关系以及随之而来的问题,正如我们将在熔合突现和转换突现中看到的那样。

西尔伯斯坦和麦克杰弗(Silberstein and McGeever 1999)使用了认识论突现的范畴。属于认识论突现范畴的例子包含推理的和概念的要素,从它们的定义可以看出:

> 如果一个物体或系统的性质可还原为其最终组成部分的内在性质,或由这样的内在性质所决定,但同时,我们又很难根据最终组成部分来解释、预测或推导出该性质,那么这个物体或系统的性质则是认识论突现。认识论突现的性质只是在描述层面上才是新颖的。(1999,186)

认识论突现是一个有效的范畴,但最好将其与推理的范畴和概念的范畴分开,因为每种范畴都有独有的例子。

### 1.9.1 作为不可解释性的突现

这种进路认为,如果不能根据任何理想的理论来解释性质 P 的实例,

---

① "现在所有证据都表明,强突现与科学无关……没有证据表明强突现在当代科学中起着任何作用……强突现始于科学解释结束的地方。"(Bedau 2002,11)另可参见雷迪曼等人(Ladyman et al. 2007)和金在权(Kim 1999)的著作。

则 P 是突现的。① 对于什么是理想的理论往往不加讨论和澄清。按照对解释的理解，如卡尔·亨普尔(Carl Hempel)赞同的解释和预测的对称性，认为在事实发生之前，每一种充分的解释都可以作为结果的预测，反之亦然，因此具有不可预见性的突现和具有不可解释性的突现是等同的。基于这一观点，不可解释性的进路是一种推理突现的理论。但是解释的对称性理论不再被广泛接受，这使得解释一个突现现象成为可能，即使该现象在理论上是不可预测的。特别是，主体之间相互作用的复杂性可能使我们无法预测未来社会系统的状态，但一旦我们知道这种状态是什么，在某些情况下，我们可以事后从管理系统和初始状态的规则角度来理解为什么会出现这种情况。② 根据个人对解释的不同理解，解释的不可能性或者来自缺乏解释的本体论依据(例如缺乏解释的因果基础)，或者是基于概念上的困难，即概念上的创新是理解新现象所必需的。

### 1.9.2 律则突现

这种进路强调了新的科学定律在突现现象中的作用。它声称，B 类型实体是从 A 类型实体中突现出来的，当且仅当 B 类型实体由 A 类型实体作为组分，而且至少有一条规律适用于 B 类型实体，但却不适用于 A 类型实体。这一定义需要接受共时的构成本体论，我将在第 2 章中提供一种新的历时的进路。

这种进路的分类取决于人们对定律的地位的看法。如果定律是世界的客观特征，那么新的定律就会成为本体论突现的例子。如果新的定律表述是引入新的概念资源的结果，那么我们就有了概念突现。定律表述的存在无法从某一领域的基本定律推导而来，但却适用于该领域内的实体，这意味着是一种推理突现。

---

① 例如："粗略地说，如果性质 P 是物体 O 的物理组分的物理性质的结果，同时又不可能用物体 O 的物理组分的性质来解释性质 P，那么物体 O 的物理性质 P 是突现的。"(Newman 1996,245—246)塞缪尔·亚历山大(Samuel Alexander)也声称突现"允许不可解释性"(Alexander 1920,2：47)。

② 关于拒绝对称性论题的因果解释理论的例子，见萨蒙(Salmon 1984)和汉弗莱斯(Humphreys 1989)。关于将金融市场视为复杂系统这一事实在何种条件下可以得到解释的深入讨论，见库尔曼(Kuhlmann 2014)。

### 1.9.3　因基本相互作用而产生的突现

某类物体 O 的本体论突现性质的一个共同特征是,它是由 O 的组分的性质之间的基本相互作用引起的——对于突现性质的存在来说,相互作用是律则必然的。这类突现的一个标准例子是铁磁性,详细讨论见第 7.1 节。坚持相互作用的动机之一,是我们不想让所谓纯粹的剑桥变化(Cambridge changes)来产生突现性质。[①]因此,马戏团的侏儒离开房间导致我成为房间里最矮的人,但我并没有因此获得一种突现性质,这是因为我身上没有任何变化。相反,与突现相关的新颖性是自发的内部变化或与其他事物相互作用的结果。由于相互作用既发生在不显示突现特征的系统中,也发生在那些显示出突现特征的系统中,因此,我将不使用这种进路作为突现的一种标准或一种特别的突现,尽管我们将看到相互作用在许多历时突现的情况下起着核心作用。

### 1.9.4　作为不可定义性的突现

特勒(Teller 1992,140—141)认为,一个性质是突现的,当且仅当该性质不能根据对象的任何适当部分的非关系性质来明确定义时。因为 P 的不可定义性意味着 A 在概念上是新颖的,这种不可定义性的进路是由反还原论驱动的,并完全属于概念突现的领域。它表明,如果某些东西——如密度,可以用质量和体积(我们可以想象的内在性质)来明确地定义,那么由于明确定义的谓词是可以从理论的语言中消除的,因此相应的性质不需要被认为是实在的。

如果我们认为,定义是涉及名义上的定义,那么这个标准是基于语言学的,并且将关注于谓词是否是突现的,而不是直接刻画性质的突现。谓词在

---

① 当且仅当存在时间 $t_1$ 和 $t_2$,使得 $t_1$ 早于 $t_2$,且某些谓词 P 在 $t_1$ 处正确地描述了实体 $e$,而在 $t_2$ 处没有正确地描述实体 $e$,那么对实体 $e$ 来说发生了剑桥变化。$e$ 的一个纯粹的剑桥变化,指的是对于 $e$ 来说是一个剑桥变化,而不是 $e$ 中的一个真正的变化。什么构成了 $e$ 中的真正变化需要比这里所需的更多的分析;就目前的目的而言,我们可以把它看作是 $e$ 的至少一个内在性质的变化。

给定语言中是否可定义取决于所使用语言的逻辑资源。例如,恒等关系、"有测度为零"的性质和"是随机变量"的性质在一阶逻辑中是不可定义的,但在二阶逻辑中是可定义的。这种语言的相对性使其难以应用于本体论的突现。

## ▶▶ 1.10 稀有启发式

突现论文献的一个传统认为,包含像生命和人类意识等事物的本体论突现现象是稀有的。这种传统可以概括为是一种广泛认可的启发式:

**稀有启发式**(Rarity Heuristic) 一种使本体论突现变得司空见惯的关于突现的解释,错误地断定了突现的标准。

本书的主题之一是,稀有启发式是不正确的。本体论突现虽然目前似乎只在一些物理和化学的例子中出现,但并不少见。生成原子论的成功以及更普遍的分析方法捍卫了稀有启发式,它在自然科学的许多领域取得的成就都得到了充分的记录。在更实际的层面上,如果组合性在日常生活中不起作用的话,那么大规模生产和装配线是不可能的。例如,一辆汽车实际上是由几千个部件按照功能上适当的操作顺序排列组成的,并且可以很容易地分解成它的组分。[①]

尽管这种稀有启发式很有吸引力,但坚持这种方法阻碍了我们去了解突现是如何运作的。与其将突现特征从其基础上明确划分而形成一个鸿沟似的界限,不如让突现可以以微小增量的方式出现,这就让人对稀有启发式的合理性产生了疑问。读者可能会对这一观点不满意,因为突现现象经常发生,比传统设想有更多的层次。然而,根据已有的证据,很难证明这种稀有启发式的合理性,因为它只是一种将所有系统强制纳入生成原子论进路的失败尝试的遗留物;而且,有理由相信我们最终将以逐步复杂的实体之间越来越复杂的相互作用来理解各种现象。例如,有效场论(effective field

---

① 只要涉及燃料、电池和其他一些组分的化学反应和电磁过程就不包括在内。

theories)的应用与高能物理中一系列嵌套模型的思想是一致的。①

因此,应该谨慎地使用稀有启发式,而不是将其作为规范原则来拒绝特定的突现解释。

① 见卡斯特兰尼(Castellani 2002)和哈特曼(Hartmann 2001)。

# 2

# 本体论突现

▶▶ ## 2.1 准备工作

本体论突现认为，一些突现的特征或物体是世界的真实特征，它们作为突现的状态既不取决于认知主体的知识状况，也不取决于这些主体所使用的表征工具的复杂程度。这种独立于认知主体的行为允许本体论突现的特征成为这个世界的客观的和具有自主性的组成部分，而不是某种表征工具或我的认识论局限性的产物。

本体论突现是最具争议的突现形式，许多作者否认它是可以一直得到辩护的，特别是当它涉及下向因果关系时。虽然本体论突现往往被认为是与强突现有关（见第 1.9 节），其鉴别特征是存在下向因果关系，但这种识别方式是不正确的。物理学中就存在着本体论突现性质，而物理学常常被哲学家们认为构成了本体论意义上的单一领域；且这些本体论意义上的突现性质可能只会对完全存在于物理学子领域内的突现性质本身产生影响。在第 2.2 节中，我将说明出现这种情况的一种方法。即便下向因果关系确实发生时，它也不会产生困难。在第 2.3 节中引入熔合突现时，我将演示出现这种情况的一种方法。除了我在这里描述的那些本体论突现之外，可能还有其他类型的本体论突现。但是，提供一套相关进路的一种一致性解释即使不能消除，也应减少经常与本体论突现有关的不安感。

在这一章中，我将发展和辩护两种历时本体论突现的解释，即转换突现（transformational emergence）和熔合突现（fusion emergence），并提供我认为是令人信服的每一种突现的例子。在此之前，基本的想法可以通过一个似是而非的例子来表达。

### 2.1.1 一个乍看可行但可能不是真正的转换突现的例子

从一个日常的例子开始来揭示转换突现背后的一般思想,然后再进行更详细的描述,这样做是十分有益的。我选择了一个暴民的例子,因为它既具有直观的可接近性,又可以对其进行开放且合理的分析。它的优势还在于,暴民经常被认为是表现出突现特征的合理备选。判断突现是真实的还是表面上的,这需要比我们目前所拥有的更详细的社会心理学和个体心理学知识。因此,这个例子应该被看作是理解转换突现概念的指南,这是特殊的本体论突现,是下一节的核心,而不是作为关于世界上是否存在本体论突现这一争论的任何一方的一个明确的例子。

暴民是一个结构松散的人类群体,表现出反社会行为。暴民和群众之间有着重要的区别。虽然两者都表现出类似于自组织的鸟群所具有的空间凝聚力——这种情况经常被认为是某种形式的非本体论突现的例子,而且在暴民、群众和鸟群这三个例子中,形成这种空间凝聚力的成员之间存在着相互作用关系,但并不是说这种空间特征是暴民的核心性质。暴民表现出独特的群体层级性质,即包括极端程度暴力表现的社会心理学特有的性质。这些性质经常被引述为不可还原的突现性质的例子;因此,暴民是早期讨论方法论个体主义的基础。这些讨论围绕着暴民是否具有不可还原为暴民个体性质的群体性质展开讨论。

以下是约翰·沃特金斯(John Watkins)对方法论个体主义的一种描述:

> 方法论个体主义与社会学整体主义或有机主义形成对比。在后一种观点中,社会制度构成了"整体",至少在某种意义上,它们的一些大规模行为是由宏观规律支配的,而宏观规律本质上是**社会学的**,即它们是**特殊的**,不应被解释为仅仅是由相互作用的个体的行为所产生的规则或倾向。(Watkins 1957,106)①

---

① 将此与欧内斯特·内格尔(Ernest Nagel)对方法论个体主义的描述进行比较:"所有集体术语都是指人类个体的群体或人类行为模式,这一假设导致了一种更有成效的方法来识别这些术语的外延,而不是神秘超级个体的令人困惑的本质。"(E. Nagel 1961,537)

我们从沃特金斯的这句话中看到了一个从个体到群体的转变,以及一个相关的观念,即突现如果存在,则它源于群体的整体特征。这种强调暴民的整体性质以及由不可还原的社会学定律所发挥的作用是可以理解的,但却是次要的。暴民的至少一个重要性质的根源在于,这些成员在个体层面上因相互作用所经历的变化。暴民的显著特征是,一旦与暴民的其他成员互动,暴民的个体就会从暴民形成之前的心理上的正常人转变为心理异常的个体。正是这些相互作用和由此产生的转变,才是转换突现的关键特征。

当人类过渡到以暴民的方式活动时,他们暂时失去了一些使他们成为文明人类的特征,即他们转向理性水平降低、行径倾向野蛮的原始行为模式。他们保留了作为物理和生物实体的身份,但由于与暴民中其他成员进行单独、小团体或集体互动,他们失去了作为理性人的身份。这就将个体转移到心理学中的另一个领域,在这里,最初领域内的定律对此几乎不适用。你不会试图用理性选择理论来预测愤怒的暴民的行为。

将暴民的情况和鸟群的情况进行对比。尽管由于与其他鸟儿的相互作用,鸟儿在鸟群中的行为确实不同,但鸟儿并没有什么本质变化。这对许多人类群体来说都是如此,正如从"聪明人群"的例子中可以看出,这类人群是个体成员之间电子通讯的结果,但在这些人群中,没有发生成员的根本转变。① 在后一种情况下,我们至少很好地掌握了自组织过程的一部分,虽然导致聪明人群最初形成的机制不同于个体作为聪明人群的一部分而相互作用的机制,但我们可以简单地假设,形成机制也对群体的持续凝聚力负有责任。这种自组织可能导致推理突现或概念突现,但在本体论上,我们仍然可以从原始的组成主体及其相互作用的角度对系统进行全面分析。相比之下,暴民中的个体却变成了另一种不同类型。考虑到这一点,我们现在可以表述转换突现的中心思想。

　　偶尔喝得酩酊大醉的人在酒醉时和清醒时还是同一个人;而酒鬼——一个真正的酒鬼,就完全像变了个人似的,你完全预测不到他会

---

① "聪明行动族"(smart mob)这个词更常用,但它是不准确的,因为这种类型的大多数例子都是和平的。我在这里假设,组织人群的通讯不是从一个中心源传播的,而是自发地从个体传播到个体的。

怎样,只有一点是肯定的,那就是他会变成一个你不认识的陌生人。

——雷蒙德·钱德勒(Raymond Chandler),《漫长的告别》

▶▶ 2.2 转换突现

　　我将用个体来描述转换突现,因为这是最容易掌握的,但是一般的方法可以应用于状态、性质,或者其他类型的实体。① 基本思想是:当一个被认为是领域 D 的基本元素的个体 a 转换成另一种不同的个体 a* 时,就会发生转换突现;这通常是但不总是与领域 D 的其他元素相互作用的结果,因此而成为不同领域 D* 的元素。领域 D* 的元素与领域 D 的元素是不同的类型。它们至少拥有一种新的性质,且受适用于领域 D* 的成员但不适用于领域 D 的成员的不同定律的约束。基本实体可以转换的事实使得转换突现从本质上不同于生成原子论,在生成原子论中,基本实体是不变的。

　　由于这些转换,当 a 类型实体被错误地解释为保留它们以前的身份时,原始 a 类型实体的集合可能表现出具有整体性质,尽管这些群体性质实际上是转换后的类型个体 a* 的聚集性质。特别是,沃特金斯提到的暴民的社会学定律并不是不可还原的社会学定律;他们是个体心理异常的定律的结果。在这种情况下,我们面临两种可能性。如果通过考虑第三个领域 D⁺ 的独特的定律和性质,其中领域 D⁺ 与领域 D 和领域 D* 不相交,则有可能通过在领域 D⁺ 中使用原子论的某种形式来解释转换后的个体 a* 的新性质及其遵循的定律,以及个体 a 所遵循的原始性质和定律。由于领域 D 和领域 D* 的元素的性质都是领域 D⁺ 的性质和定律的结果,所以转换后的个体 a* 对于领域 D⁺ 来说并不是本体论突现的。② 但是,作为第二种可能性,如果不存在这样的领域 D⁺,个体 a* 仍然是领域 D* 的原始元素,且个体 a* 对于领域 D 来说是新颖的,那么个体 a* 相对于领域 D 来说就是转

---

　① 在(Humphreys 2011、2014 a)中可以找到转换突现的要素。一个由亚历山大·盖伊(Alexandre Guay)和奥利维尔·萨蒂纳(Olivier Sartenaer)独立开发并应用于分数量子霍尔效应的相关方法可以在(Guay and Sartenaer 2016)中找到。

　② 不相交性的条件是阻止使用原始领域的任意逻辑组合的常规操作。

换突现的个体。

根据这一分析,西洋跳棋世界中的红色和蓝色棋子(第 1.4 节)是转换突现的个体,因为它们受某些规则的制约,而这些规则并不是由那些支配黑色和白色棋子的规则决定的。西洋跳棋世界这个例子是特意构建出来的,就是使得除了在白色和黑色棋子领域作用的规则之外,还有红色和蓝色棋子领域特有的规则(两者不相矛盾)。还会有其他类型的系统,在这些系统中,新领域的规则会凌驾或改变原始领域的某些规则。这两类系统之间的差异与个体在新领域中的突现状态无关,但当考虑下向因果关系时,则是讨论的中心。

在这里,简要地澄清基本性的概念可能会有所帮助。哲学和物理学中"基本性"(fundamentality)的一个标准定义是,当且仅当一个实体不是合成的时候,它才是基本的。虽然并不总是明确声明,但也常常含蓄地假定共时基本实体是不可变的。从现在开始,我将把这种基本性的概念用"基本的$_s$"(fundamental$_s$)表示,下标$_s$代表"共时的";对于"原教旨主义$_s$"(fundamentalism$_s$),我也按照类似规定处理;在这个意义上,本体论的原教旨主义$_s$接受我们在第 1 章讨论过的原子论的两个相关方面:一个领域的"基本的$_s$"实体是不可分割和不可改变的。因此,转换突现与"所有基本的$_s$实体都是原子"这种本体论是不相容的,因为它违反了原子的不变性条件。我们稍后再谈这个。原教旨主义$_s$不需要赞同原子论的另一个方面,即原子是可以单独区分的。

在暴民的例子中,D 是正常社会的个体成员的领域,被认为是服从个体正常心理学定律;D* 是暴民成员的领域,被认为是服从个体异常心理学定律;D+ 的备选是神经科学领域,它包括正常心理学和异常心理学。一旦暴民成员经历了从正常个体到异常个体的转变,许多集体性质——例如暴力程度,将成为转换后的暴民个体成员暴力程度的函数,尽管可能是一种非加和性函数。这一事实意味着,没有理由将集体的性质提升到突现的地位;它们可以是集合的性质。

如何将异常的个体本身及其性质和行为规律作为突现实体来进行辩护呢? 回顾我们在第 1.6 节中对"新颖性"的定义:一个实体 E 对于一个领域 D 是新颖的,当且仅当 E 不包含在某种适合 D 的闭包标准 C 之中。对于具体实体的领域,适当的闭包条件可能随领域的不同而不同,但它们通常包括控制领域内要素行为的定律。当定律改变时,个体通常处于一个新的领域。控制某一个领域的定律不能正确地告诉我们,转换后的个体如何成为另一个领域 D* 的元素,除非领域 D* 的定律是领域 D 的定律的结果。如果领域 D 被视为个体的领域,而且其非正式闭包条件排除了具有属于异常心理学领域的性质的个体,那么我们将有一个初步的理由将暴民中的每一个异常个体看作是一个本质上不同类型的个体,且至少有一个新的性质是从原初领域内的交互中发展出来的。此外,如果作为一个本质上不同类型的个体必须遵守新的定律,那么我们就有了进一步的初步理由来认为异常个体的领域是突现的。这里不涉及整体性。

因个体性质的变化而导致突现的可能这一条件似乎过于宽泛,因为这与一般因果关系的情况太相似,而不值得列入突现性质的类别。然而,大多数关于因果关系的哲学解释,关注于事件的本体论,而与这里所关注的转换类型无关。这也是应该的,因为因果关系几乎总是被视为一个领域独立的概念,这个概念与领域到领域的转换是无关的。[①] 历时因果关系可以导致转换、原子的重新排列、关系性质的变化,以及许多其他的东西。非因果相互作用也可以产生转换突现,量子纠缠就是其中一个典型的例子。

在这些讨论中,保持一个领域的理论表达和领域本身的要素之间的明确区别是很重要的。在计算机模拟和其他类型的模型中,模型的原始元素没有比模型内置的更细粒度的特征,即使它们所代表的元素具有进一步的结构。由于是我们建立了模型,因此,我们可以确信这一点。这些原始的代表性的元素不能从用于描述领域的模型的角度进行进一步的分析。例如,在许多理论处理中,神经元被认为没有内部结构;长颈鹿是种群中的一员,而长颈鹿个体的生理机能则不受关注;经济主体具有经济性质,但没有生物学性质;等等。在现实中,领域本身的元素通常(虽然不是普遍的)可以使用属于其他领域的实体进行更细粒度的处理,这些实体的元素可能暂时先于我们正在研究的实体。这就是为什么必须将计算模型中的突现与那些模型打算表示的领域中的突现清楚地区分开。

转换还标志着发生在计算模型中的突现与自然系统中的突现之间的另一个重要区别。如果一个计算模型的代码导致了引用未包含在模型语法中

---

① 具体来说,精神因果关系和物理守恒量的因果关系方法是这种概括的例外。

的实体,则模型将无法正确执行,因此在正确调试的计算模型上,新颖性最多只会出现在增加概念后的增强语言中。这也是计算模型不适合寻找本体论突现例子的另一个原因。没有任何类似的东西可以阻止自然系统中发生转换,这就是为什么我们应该从这些自然系统中寻找这种本体论突现的例子,而不是在建模世界中寻找替代者。表征系统只包括内置其中的表述内容。① 这一区别就是为什么本体论突现必须总是在某一时刻,在经验上适当关注本体论考虑,而不是纯粹从理论上来处理的原因。推理突现论的立场,即一旦一种理论的预测资源已经用尽,就必须采取进一步的观察,以确定哪些适用于突现现象的定律反映了这一认识,即使推理方法与理论方法的联系过于紧密。

很明显,只有当个体分别被视为正常和异常人类心理的领域 D 和领域 D* 的基本元素,并被视为没有内部结构时,正如理论模型中通常所做的那样,异常个体才能被视为类似于西洋跳棋世界中的蓝色棋子。就人类而言,我们有明显的理由不这样做。在西洋跳棋世界中,所有的棋子都是共时基本的——它们没有进一步的结构,且除了诉诸领域 D 和领域 D* 的规则之外,它们的行为无法得到进一步解释。但是,无论行为心理学在多大程度上将正常人类和异常人类视为根本不同,在现实中,他们都拥有丰富而翔实的神经和生物化学结构,对两者进行统一的解释提供了真正的承诺。

虽然不是决定性的,但人们普遍认为,不仅是正常心理学向异常心理学的转变,而且异常心理学的整个领域都可以通过神经科学和生物化学的 "D++"这一领域来解释。如果在领域 D++ 中存在着正常心理学和异常心理学的统一定律,那么声称单个暴民的性质是从正常人的性质中产生的则是不正确的,因为后者向前者的过渡是领域 D++ 的定律的结果,因此异常个体的性质对于领域 D++ 而言并不新颖,这在正常个体和异常个体的产生中都是封闭的。我们现在可以理解为什么经常被引用的暴民的例子作为突现的例子来说具有自然的吸引力,但它却不太可能作为本体论突现的真正例子而存在。从日常分类的角度来看,在假设个体的人是稳定的分析单位的默认情况下,解释暴民行为的唯一选择显然是赋予他们一种突现的整体

---

① 那些认为没有表征独立性进入世界的人可以重新解释这一点,即需要在来自这些系统的额外经验事实的压力下重新表征系统。

性质。一旦认识到个体的易变性,并对他们的行为进行适度的科学解释,就可以看到,我们可以恢复生成原子论的方法,而突现的特征仅仅是源于我们的表征框架。从这一分析中我们还可以看出,方法论个体主义的反突现主义立场建立在这样一个事实之上:有关的个体不是基本的$_s$,也不是来自个体主义本身,这一特征可能不会受到社会科学中许多个体主义传统拥护者的欢迎。①

有一些社会理论以一种不同于我刚才描述暴民的方式来说明聪明人群形成的现象。所谓的"社会身份去个体化"理论认为,在以文本为基础的环境中,如通过短信进行交流,人们被视为个体的程度比他们在传统视野背景下要弱。因此,他们可以形成一种超越个体身份的社会认同。去个体化强调的是一种特定的身份丧失:从作为个体的身份到作为一个群体的部分的身份的转换。这是一种不同的个体变化,它允许种群层面的规律的自主性,而不声称存在下向因果关系。就暴民而言,也许没有太多理由认为个体类型发生了本体论变化,而是对于个体的社会的或心理学类型有不同的划分,但这是一个有争议的观点。因此,我们没有无可辩驳的理由表明,无论是在个体层面还是在集体层面,都存在着本体论突现。

尽管如此,确实有可能存在转换突现。

### 2.2.1　转换突现的可能例子

由于基础物理学的快速变革,以及关于什么是合适的基本本体论观点的激烈分歧,于是,提出转换突现的候选范例不可避免是暂时的。因此,本文从探索的精神出发,提出了下面的例子。如果这个例子站不住脚,我们将会明白世界的结构和动力学是如何削弱了这个例子作为"突现"的资格,或者明白决定物理学基础的过程是如何被数据不充分决定的。对这个例子的一个反对意见可能是,粒子术语仅仅是一个场理论描述的缩写。为了便于解释,我在这里采用了粒子的进路,尽管我不认为转换突现的基本概念仅限于个体的本体论。

物理学的标准模型(Standard Model)目前包括基本的$_s$不同类型的粒

---

①　除了不喜欢群体层面的定律之外,一些个体主义者还欢迎这样的观点,即人类形成了一种特殊的、不可还原的类型,有时是因为它的突现性质。

子。这包括三种类型的夸克及其对应的三种类型的反粒子、六种类型的轻子(电子、$\mu$子、$\tau$子,以及三种相应类型的中微子)和力载体粒子(包括光子、胶子、正负 W 玻色子,以及 Z 玻色子)。① 标准模型具有与非基本粒子相关的基本构成成分。重子(质子、中子等)由各种类型的夸克组成,介子由夸克和反夸克组成。对我们来说重要的是,虽然所有六种轻子都被认为是基本的,因为它们被认为没有组分和内部结构;但与重子相反,电子和中微子是稳定的,它们不是由夸克组成的;而 $\mu$ 子和 $\tau$ 子是不稳定的。

我们现在可以为历时的基本性下一个定义:

**定义** A 对于一个系统 S 来说是基本的$_d$,当且仅当 A 存在于系统 S 的时间起点。这里,d 表示"历时的"。

我们注意到,轻子直到大爆炸之后才存在,如果我们把 S 当作宇宙,那么,即使轻子是基本的$_s$,却不能算作是基本的$_d$。基本的$_d$和基本的$_s$的性质在逻辑上是相互独立的。

因此,人们可以持这样一种主张,即一种新类型的基本的$_s$粒子的出现,可以说是在一种不同的、历时突现概念下的关于突现的例子——这是一种转换突现的概念。我们感兴趣的标准模型的一个方面是像 $\mu$ 子的转换这样的过程。$\mu$ 子有多种衰变模式,其中最常见的是在弱相互作用的影响下,一个 $\mu$ 子衰变成一个电子、一个反电子中微子和一个 $\mu$ 子中微子。对我们来说,一个重要的特征是,由于 $\mu$ 子没有组分,所以不能将转换表示为 $\mu$ 子的分解。我刚才使用的常用术语是衰变;但它有放射性衰变的含义,而且在某些情况下,组合性在衰变中起着一定的作用,但在宇宙论的情况中,这个过程是将一种或多种类型的基本的$_s$粒子转换为其他类型。例如,不稳定轻子转换为其他(较轻的)轻子、中微子、夸克和反夸克。夸克也可以经历转换,例如一个魅力夸克转换为一个奇异夸克加上一个 W 玻色子,后者随后转换为上、下夸克。这些转换受到电子、$\mu$ 子和 $\tau$ 子数量守恒定律的约束(给定家族中的轻子数必须保持不变),但这个过程是一个转换,而不是一个轻子分解成它的组分,轻子是没有组分的。由于这些转换涉及基本的$_s$粒子,

---

① 我还没有把希格斯玻色子包括在这个分类中。

而不是基本的$_d$粒子,因此,转换不涉及层级的变化,只涉及领域的变化。

这些类型的过程被认为是一种突现类型,因为它们具有突现的四种特征中的三个。在此提醒一下,这四个特征是:突现实体是从其他类型的实体发展而来的,突现实体具有自主性和新颖性,且涉及整体性的某些因素。其中两个特征是直截了当的。首先,转换后的粒子是从某些先验实体发展而来的。其次,转换的结果是一个或多个自主的实体。它们一旦出现,转换产物的存在就不依赖于原始粒子。那么新颖性呢?人们可能会争辩说,轻子转换的产物在类型层面上并不新颖,因为它们的实例最早出现在宇宙论发展的早期阶段。但是,正如我在第1.6.2节中所指出的那样,将突现的殊型限制在此类型的第一个实例上是一个过于严格的标准,它将排除掉几乎每一种突现的情况。因此,如果我们允许一个突现类型的后续实例,由于轻子转换而产生的殊型实体则是一种新的类型。最后,这个例子所缺少的是整体性特征,但由于这四个特征都不是必需的,因此,整体性特征的缺失并不妨碍其作为一种突现。整体性是共时突现进路的一种人工产物。

不过,还有更多需要说明的。科学探究的开放性要求将这些例子标记为暂时性的。特别是,转换突现的存在允许在系统初始状态下运作的定律并不确定系统在所有时候的定律——如果大一统理论表明一套单一的基本定律可以解释刚才提到的每一个转变,那么这一立场就可能受到破坏。标准模型可以被替换,在这种情况下,我们应该有一个领域$D^+$的候选,这将解释轻子的出现。事实上,有人提出,在轻子第一次出现之前的时期,正是用这样一个替代的大一统理论来正确描述的。这种观点认为,在宇宙纪元的早期,强、弱相互作用力和电磁力被认为是统一的,只是后来才被分离,首先分离为电弱力和强力,然后前者分裂成电磁力和弱力。然而,目前还没有具体的证据证明这一理论,而实验测试将是极其困难的。这些例子提出了一个问题,即标准模型中目前所有基本粒子的实例是否都曾存在于宇宙的最早期阶段。

如果标准模型的最简单形式是正确的,那么即使在早期的宇宙中也会发生转换突现的实际情况,这是因为轻子领域受到轻子数定律的控制,这不同于重子数定律的守恒。有人可能会说,在整个过程中,只有一条定律在起作用,即基本粒子的数量是守恒的。但这看起来像是一种形而上学的原则,而不是一条科学定律。守恒律是根据能量、动量、轻子数等一些特殊性质建立的。因此,物理学领域的历时律则闭包与通常的因果闭包要求是不同的,因为后者假定基本的物理学定律是确定的。

最后,关于夸克,值得注意的是,在目前的宇宙纪元,夸克并不是孤立存在的,而轻子却是孤立的。这就意味着,第 1 章中讨论的一个突现标准:R(A,B,C)的性质不能用 A、B 和 C 的"孤立的"性质来预测,除非我们反事实地,也许是不合法地假定如果孤立地发现夸克的性质,它们的性质将保持不变。

与暴民的例子相反,轻子的例子与第 1.4 节中的西洋跳棋世界的例子是类似的,在给定的系统 S 中,我们有基本的s、非合成的个体转换成不同的同样被认为是基本的s非合成的个体。无论是在律则上还是在逻辑上,新的基本的s实体都不是共时地依赖其他任何东西。因此,可以证明,将一个基本的s实体转换为另一个基本的s实体与生成原子论的核心思想是十分冲突的,因此它应该被视为突现的一个例子。

我再提供最后一个例子,它与暴民的情况很相似,但在一个重要的方面却有所不同。在生物学中关于适应性的争论中,有一种学派认为物种是个体,尽管它们是由殊型的有机体组成的。[①] 该学派认为物种是选择的基本单位,它们随着时间的推移而变化,有时会灭绝并被另一种物种所取代。如果自然选择确实对物种起作用,而不是对生物体的殊型(生物个体)起作用,那么也许我们有这样一种情况,即描述暴民的那种还原论策略是不恰当的,人们可以合理地断言,一个物种是从一个先前的不同物种转换而来的。

▶▶ 2.3 熔合突现

我认为,当一个基本的s实体的至少一个基本性质发生变化,且同时伴随着领域的变化,就可以产生转换突现。因此,转换突现是普遍化的熔合突现,后者在汉弗莱斯(Humphreys 1997a)的文章中有描述。

引起人们关注存在熔合突现的最初动机是解决下向因果关系的问

---

① 该立场是从盖斯林(Ghiselin 1974)和赫尔(Hull 1976)的观点派生而来的。

题。① 这一问题是,一旦某一个体对物理主义和物理领域的因果闭包作出了承诺,就需要为突现性质找到因果行为。考虑一下基本的$_s$物理主义。这一立场致力于存在基本的$_s$物理的实体和性质,而其他存在的一切都是由这些实体和性质凭借某种决定关系 D 决定的。现在,假设基本的$_s$物理学领域在第 1.6 节的意义上是因果闭合的,而考虑一个发生在宇宙起源之后的事件 E。如果 E 属于基本的$_s$领域,那么所有因果地决定它的事件都发生在基本的$_s$物理学领域内。因此,对于 E 的发生,该领域之外的任何事件都将是因果冗余。如果 E 存在于基本的$_s$领域之外,根据基本的$_s$物理主义,它是由基本的$_s$领域内的实体和性质决定的,也许是借助某种非因果的决定关系,例如依随性。因为 E 的发生是由基本的$_s$实体决定的,所以在基本的$_s$领域之外的任何事件对于 E 的发生都将再次是多余的。这两种情况穷尽了所有可能性,因此,基本的$_s$领域以外的所有事件都是导致产生 E 的多余事件。特别是,人们声称,突现性质在本质上并不是基本的$_s$,而是多余的,因此是可有可无的。

对于突现的情况,我们有以下更明确的说明:

(1)每一个有原因的物理事件 E 都具有一个前置的充分的基本的$_s$物理原因 C。②

(2)如果事件 E 有一个前置的充分原因 C,那么任何一个不同于 C 且不处于从 C 到 E 的因果链或过程的任一个环节上的 C* 都不与 E 因果相关。

(3)基本的$_s$物理领域是因果闭合的,因此从 C 到 E 的因果链或过程中的所有事件都是基本的$_s$物理事件。

(4)没有突现事件 C* 是与任何基本的$_s$物理事件相同。

因此,

---

① 下向因果关系将在第 3.4 节中详细介绍。
② 这个论点可以推广到包括概率原因,但我在这里不会这样做。这一论点的一个早期例子可以在金在权(Kim 1993b)的文章中找到,其中的目标是非还原物理主义,而决定关系是一种依随关系。

(5)没有突现事件 C* 是与 E 因果相关的。

因此,

  (6)突现事件被排除在因果影响的基本的$_s$物理事件之外,因此是
因果可有可无的。

  这种排除论证不必局限于基本的$_s$物理主义,只需在论点(1)(3)(4)和
结论(6)中删除"基本的$_s$"一词,该论证即可以被推广。它的领域比单纯地
怀疑精神性质的因果效力要广得多。如果这个论证是有效的,那么不管人
们如何解释物理领域,在其以外的任何东西都是因果无效的。特别是,无论
是采用基本的$_s$物理主义,还是采用更广泛地适用于物理学主题的观点,化
学和生物领域特有的性质都变得是多余的,因此是可有可无的。[①]
  虽然熔合突现的最初作用是显示当熔合发生时,依随关系是如何不适
用的,但该作用可以推广到任何类似的从属关系中。这种从属关系需要继
续存在一些基础性质实例,这些基础性质实例可以决定突现性质的实例。
熔合的一个本质特征是,当基础物体或性质熔合而形成一个统一的整体时,
它们就会消失。经过熔合后,原来的实体不再存在,无法为相关的性质提供
基础,而因果路径则通过熔合的突现性质进行传递,在所考虑的情况下,这
种性质要么是原始领域的基本的$_s$实体,要么是其他领域的成员。[②] 在后一
种情况下,基本的$_s$领域是因果闭合的这种假设是不正确的,因此,排除论证
的前提(3)是假的。在前一种情况下,不涉及下向因果关系,也不与基本的$_s$
物理领域的因果闭包相冲突。在这种情况下,前提(4)是假的。

### 2.3.1 钱的例子:无突现的熔合

  为了更好地理解这个话题,我将举两个例子,虽然它们在表面上类似于

---

①  关于排除问题的详细研究和解决方案,见汉弗莱斯(Humphreys 1997a)。
②  如果它是原始领域的一个基本的$_s$实体,那么它不需要成为一种新的基本的$_s$实体。
  现有实体的熔合可能导致同一类型的基本的$_s$实体,在这种情况下,我们应该有一个
  无突现的熔合的情况。

熔合突现,但在本质上却与它不同。这两个例子涉及易于评估的日常现象。第一个例子是保罗·特纳(Paul Teller 1992)提出的。考虑将两张单独的 1 美元钞票换成一张 2 美元的钞票。一旦发生了这种交换,就没有必要问你手中的 2 美元中的哪一部分是由你交出的第二张 1 美元钞票组成的。这一张钞票仅表示了 2 美元的熔合量。如果你用这张钞票来支付一张 2 美元的账单,这并不是指用两个单独的 1 美元来支付,而是指 2 美元的总价值。这个例子不涉及任何突现性质,因为这样的熔合没有产生任何新颖性,但是其中组分失去个体性的基本思想应该是明确的。这个例子还涉及一个功能性质——1 美元可以通过任意数量的具体实体来替换,例如一张钞票、一堆硬币、一段经过特殊编码的计算机内存等等,因此,通常不涉及本体论突现的那种性质。

### 2.3.2 概率的例子:无熔合的依随性的失效

第二个例子比较科学,其依据是,虽然联合分布决定了边缘分布,但两个随机变量的联合概率分布不能由分别取值的变量的分布决定。考虑两个系统,很容易看出这一点。第一个系统由两个相同的硬币组成,它们在概率上是独立的。那么 $P(X_1=H \& X_2=H)=P(X_1=H) \cdot P(X_2=H)=1/4$。第二个系统由两个相同的硬币组成,它们被焊接在圆周的一个点上,所以它们总是出现在同一面。那么 $P(X_1=H)=P(X_2=H)=1/2$,但是现在 $P(X_1=H \& X_2=H)=1/2=P(X_1=T \& X_2=T)$ 且 $P(X_1=H \& X_2=T)=0=P(X_1=T \& X_2=H)$。将这两个例子结合起来看,表明仅凭个体事件的概率并不能决定联合事件的概率。因此,联合分布并不依附于边缘分布。但是,如果我们可以指定边缘之间的从属关系,那么就有可能重新获得联合分布。斯克拉定理(Sklar's theorem)在这里至关重要。它指出,给定 N 个随机变量的联合分布函数(具有边缘分布函数 $F_1, \cdots, F_n$),存在一个 copula 函数(即,单位超立方体 $[0,1]^N$ 上的一个多元分布,使得每个边缘分布函数在区间 $[0,1]$ 上是均匀的),使得 copula 函数取边缘值并返回联合分布。[①] 如前所述,反向的决定关系是成立的——联合概率分布确实可以决定边缘概率分布。

如果我们认为所涉及的概率是物理概率,那么我们就可以正确地说,如

---

① 详见尼尔森(Nelsen 1999)。

果不说明产生个体概率的系统之间的相互作用,就不存在联合分布的确定概率。同样值得商榷的是,边缘概率仍然存在于联合系统中,并且是以与熔合不同的方式存在。这与钱的例子形成了鲜明的对比。在这个例子中,当我们有一张 2 美元钞票时,1 美元钞票的功能特征便会消失,例如 1 美元的巴士车费需要准确的数额(因而不能被 2 美元钞票满足)。硬币的例子确实表明,组分的内在性质(这里指的是边缘概率分布)不足以决定整个系统的所有性质(这里指的是联合概率分布),而且各组分之间的相互作用是至关重要的。在这个意义上,联合概率是我称之为 L-外部关系的一个例子(见第 3.2 节),因为它并不依随于关联者的内在性质,而是依随于复合系统的性质。

### 2.3.3 熔合的表征

我们现在可以利用转换突现背后的思想来理解熔合突现。正如我们所看到的,熔合背后的基本思想是,属于一个领域 D 的两个性质实例相互作用时,实例被转换并以这种方式产生一个新的性质实例,其关键性质是它没有以原始的性质实例作为组分。当新实例属于不同的领域 D' 时,由于在原领域和新领域中的因果过程之间没有过分决定性(over‐determination),排除问题就消失了。现在,我们可以理解为什么熔合突现是一种特殊的转换突现。实体 A 和 B 之间的相互作用导致 A 和 B 都发生了根本性的变化,失去了存在的本质性质,由此产生的实体就是两者的熔合。熔合绝不是对现有实体的组合性重排,也不是遵循 GAP 的其他操作。虽然我已经通过例子讨论过熔合,其中涉及的实体是基本的$_s$原始领域,但这并非是必要的。例如,A 和 B 可以是复合的,两者的熔合将涉及它们的全部或部分组分的熔合。在下文中,我将只考虑基本的$_s$情况。

这里是一种形式化表征,其中,事件是由某一性质在某一时空位置的实例化构成的。最初,假设每个事件中只有一个性质被实例化,用符号 $P_m^i(x_t)$ 表示,表示性质 $P_m^i$ 在时间 $t$ 处的位置 $x$ 上实例化。在这里,上标表示性质所属的领域。下标对该领域中的性质进行索引,因此 $P_m^i$ 表示领域 $i$ 中的第 $m$ 个性质。同样,为了简单起见,我将假设 $x_t$ 表示一个时空位置,但可以使用更一般的空间。使用时空位置似乎是一个问题,因为社会科学中的心理的和其他性质常常被认为缺乏空间位置。但命题态度和其他认知状态与拥有地理位置的特定个体有关,经济和文化即使全球化了也与地理领域相关联,因此这一反对意见是可以接受的。

我将考虑最简单的情况,即两个性质实例的位置相同,以 $x$ 表示,在这种情况下,领域的变化是通过熔合产生的。如果 $P_m^i(x_t)$,$P_n^i(x_t)$ 是 $i$-领域的性质实例,则这两个实例 $[P_m^i(x_t) * P_n^i(x_t)]$ 的熔合产生一个新的性质实例,表示为 $[P_m^i * P_n^i](x_{t'})$ 或缩写形式 $P_s^j(x_{t'})$。当 $j \neq i$ 且熔合性质属于新领域 $j$ 时,与突现最相关的情况就会发生。在我的文章中(Humphreys 1997a),我假设所有的熔合都会导致层级或领域的变化。现在看来,这不再是正确的——熔合可以导致领域的改变,但不需要。我还注意到,一些性质可以属于多个领域。例如,酸性等化学性质可以出现在生物学领域,如甲酸存在于某些种类的蚂蚁中。这并不意味着一种性质可以出现在所有领域中。虽然布罗德讨论了他所谓的"一般的中立性质"的存在,其中的实例发生在所有领域,但这是误导性的。一个物理的性质(如质量)可能与货币等经济性质共同实例化,例如硬币,但这并不能使物理性质本身进入经济的领域,即便仅仅因为质量没有经济的功能。钱也可以通过无质量粒子来实现,比如极化光子。

星号(*)这一符号的双重使用不应产生任何混淆;其主要用途是表示性质实例之间的相互作用,而熔合的正是性质。熔合相互作用是世界的真实特征,而 $[.*.]$ 不是谓词上的一个逻辑或数学操作。谓词的使用只是一个符号方法,它并不代表性质 $P_m^i$ 和 $P_n^i$ 是性质 $[P_m^i * P_n^i]$ 的组成部分。

接下来,我们可以用 $[P_m^i(x_t) * P_n^i(x_t)] \Rightarrow P_s^j(x_{t'})$ 来表示熔合作用,这通常是一个动态过程。导致熔合的原始性质实例之间的相互作用的本质将取决于所涉及的性质。在某些情况下,这可能是因果关系,而在另一些情况下则不然。除了下面形而上学的评论之外,没有一般的熔合理论,且特定的熔合实例的性质将取决于特定现象的特征。一些熔合相互作用是对称的,另一些则不是对称的;有些是结合的,另一些则不是;等等。* 可能表现出阈值效应,因为它在 F 或 G 达到某一值之前不起作用;这样的性质需要使用定量性质,而不是定性性质。在更一般的情况下,原始性质在不同的位置实例化,熔合实例可以用 $[P^i_m * P^i_n](z_{t'})$ 表示,其中 $z_{t'}$ 是通过熔合的性质在 $t'$ 处占据的空间区域。$[P^i_m * P^i_n](z_{t'})$ 的关键特征是它是一个统一的整体,在熔合 $[P^i_m * P^i_n](z_{t'})$ 中,原始性质实例不再作为不同的实体存在。特别是,它们不能为依随性质提供一个基础。

从逻辑上讲,熔合的结果不是一个关系的实体,即熔合操作不会在两个性质实例之间产生出一种关系,因为不再有这样的实例需要关联。正因如此,熔合不同于特勒(Teller 1986,73)所描述的关系整体论:"所谓**关系整体论**,我的意思是,至少在某些情况下,我们可以识别为单独个体的物体具有**内在关系**,其不依随于两个个体的非关系性质。"然而,重要的不是关系,而是动态的相互作用及其结果。

更不用说,熔合不是一种内部关系的一个实例(见第 3.2 节)。相反,它是将两个单独存在的实体转换为一个统一的整体。这也不是语境论的特例。语境论,尽管要求实体因在给定的上下文中出现而被改变,但语境论认为被改变的实体在整体中保持一个独立的存在,而熔合操作的结果则不是这样。然而,熔合是一个有一般特征的例子,即在突现系统中,整体的性质不是由孤立的基本实体的性质决定的,我们所看到的(第 1.1.1 节)正是布罗德强调的这一点。

我们认为突现的标准是什么?熔合的性质满足第一个标准,因为它是由原始性质之间的相互作用而产生的。关于新颖性,熔合实体的新颖性或非新颖性并不是由熔合本身决定的。尽管熔合需要产生一种与进入相互作用的性质不同的性质,但这并不意味着该性质在突现所需的意义上是新颖的;熔合的性质可能发生在原始领域或其他领域。因此,新颖性必须作为一项额外的要求,才能有一个熔合突现的例子。一个整体的元素存在于这样一个事实中,即熔合的性质在没有可识别的组分的情况下形成一个整体。最后,原始性质实例的消失使得熔合的性质独立于这些原始性质。

因此,熔合进路的一些主要结果如下:

(1)熔合表明,由于熔合特征不再依赖于相关特征的存在,因此依随性和其他依随关系无法表示这种本体论突现。

(2)熔合过程有一个动态的或准动态的方面,即熔合是相互作用过程的结果,很少是瞬时的。

(3)熔合的结果是一个不可还原的、统一的、整体性的实体。

(4)突现可能发生在物理领域内。这意味着,虽然最基本的领域并不是因果闭合的,但没有必要因此而违反物理学定律。在下面讨论的熔合突现的量子力学例子中,同样的量子力学定律像控制原始态一样控制纠缠态。

(5)熔合本身还不足以是突现,因为产生的性质可能缺乏突现所需的新颖性。但当新颖性也存在时,它就成为突现了,因为其他三种条件都是满足的。

正如我们在第1.6节中所看到的,物理的因果闭包的很多定义都认为物理领域是因果闭合的,当且仅当每一个物理事件都被先前的物理事件和定律所确定,这就是我所说的"因果完整性"。因果完整性允许有决定性链离开并重新进入物理领域,并且它与熔合和消解熔合(defusion,下文将简称为熔解)的存在是相容的。如果我们用第1.6节所给出的因果闭包的定义来代替因果完整性的定义,那么举证的责任就落在物理主义的捍卫者身上,以证明他们认为构成物理的领域实际上在这一更精确的意义上是因果闭合的。随着对物理的广义理解,物理的上层边界位于精神领域的起点,因果闭包的主张有一定的合理性,但它允许在物理的各子领域之间发生通常所描述的下向因果关系。如果物理主义被认为是基本的物理主义,那么物理基本领域的因果闭包是一种经验性的主张,而不一定是正确的,而且我们应该做好发现它是错误的准备。

## 2.3.4 熔解

我们可以称熔合的相反操作为"熔解"。和熔合一样,对于熔解来说,一般的说法也不多。熔解过程的结果取决于用来消解突现实体的方法。有时原始组分会在熔解中被恢复,有时其他实体会产生。这与原子论的一个重要传统形成了对比,但并不是不相容的。原子论要求,对一个复合实体的分析总是导致同一组独特的原子。分析过程可能有不同的中间步骤,比如当一人把拼图玩具分解成越来越小的元素时,但最终它总是到达同一组原子碎片;对于任何生成原子论的情况,这个过程的结束阶段都应该是相同的——一个原子的集合。① 例如,在恰当建构的形式语言的情况下,句子的分解过程应该是独特的,与生成过程相类似。这就是为什么我们说原子是物体的组成部分。相反,这种独特的最终可分解性并不适用于由非原子合成的物体。在一个连续物体的有限分解步骤的情况下,分解可以产生许多不同的物体集合。因此,考虑一张纸被手撕成大约一半、四分之一,等等。没有两次重复的撕碎过程将导致完全相同的最小的可撕裂碎片的集合。

熔解操作的一个显著特征是,它允许返回到原来的领域,而不涉及下向因果关系。对完全发生在新领域内的熔合性质的操作,可以通过熔解从而在原始领域中出现这些性质。这不是下向因果关系,因为至少在这一过程完成之前,熔解不涉及对原始领域中实体的因果效力;它可以被称为"跨领域的产物"。一个可能的例子是量子力学中的退相干。纠缠态与其环境之间的相互作用导致了在一个过程中将状态分离为两种不同的状态,这可以算是熔解。(详见 Zurek 2002)确实,最好从领域的角度来考虑这些问题,而放弃层级性的观点,因为它起源于对突现的共时描述。

最后一点。突现一直被认为是发生在一个"上向"的方向,但这并不是不可避免的。作为一种可能的情况,一系列无限递减的领域可以满足第一、第二和第三种突现标准。整体性在任何直接意义上都不适用,这一事实揭示了整体性标准是如何依赖于构成本体论的。

王宏宇(Wong 2006)对熔解提出了异议。他的反对意见的依据是:(a)当熔合的性质被消解时,其结果是原来的性质;(b)对此唯一合理的解释是,原始性质一直作为组分包含在熔合中,因此(c)这对熔合的一个基本特征来说是致命的,即熔合中不再存在原始性质。这是一个有趣且有潜力的强有力的观点。我最初对熔合的阐述在这一点上是有误导性的,因为那篇文章(Humphreys 1997a)中使用的示意图表明了一种熔解操作的结果与最初熔合的性质实例是相同的。如前所述,一般来说,这是没有必要的,而且一个熔解的相互作用的结果将是什么,这将是一个偶然的事实。

要了解这一点,请考虑 2.4.1 节中讨论的钱的例子。拿两张 10 欧元的钞票换一张 20 欧元的钞票。10 欧元的两个单独性质实例已合并为 20 欧

---

① 在拼图游戏中,原子可能都是不同的。构图规则很简单:无论是空间上还是图形上,在两块碎片之间必须有一个精确的匹配以形成一个复合块。在高级拼图游戏中,图形方面可以缺失。

元的单一性质实例。现在,"熔解"这 20 欧元的总量,你会得到什么？也许是两张 10 欧元的钞票,但不一定。你很可能得到 4 张 5 欧元的钞票,20 个 1 欧元的硬币,或许多其他的"熔解产物"。因此,熔合的性质"自然地"分解成它们原来的"组分"的性质是不正确的。20 欧元的钞票中是否包含两张 10 欧元的钞票？是的,但只有潜在的,而不是实际的,不同的潜在可能性不能共同实现。因为如果它实际上包含了两张 10 欧元的钞票,那么它也包含了 4 张 5 欧元的钞票或 20 个 1 欧元的硬币,以此类推。如果这些都是真的,我已经发明了一种方法来生成大量的钱。因此,人们很可能需要认真对待潜在可能性,因为它包含在熔合之中,这是一个形而上学的重要特征,但这并不意味着这些潜在可能性已经实现。

现在,考虑另一种情况:以 5 美元为单位的赌场筹码。我用两个 5 美元的筹码换了一个 10 美元的筹码。当我在同一个赌场交易时,我总是得到两个 5 美元的筹码,尽管已经失去了同一性。对此的解释是赌场系统对转换施加的限制。这就是为什么声称"熔合的性质不会因为它们保留了分解为熔合的原始组分性质的能力而失去它们的同一性"的说法是不正确的。在另一个有着不同规则的赌场里,我可以用 10 美元的筹码换 10 个 1 美元的筹码,这些筹码的类型和最初的 5 美元筹码不同。然而,这种异议是很重要的,因为它突出了一些并不经常被提及的关于量子态的东西。为什么纠缠态会返回到在基态中表示的相同类型的测量值？对赌场情况所做的解释显然不适用于这里。因此,尽管我们对此异议有了回应,但对于熔合态来说,这是一个值得提出的普遍难题。

最后,考虑对沙粒($SiO_2$)加热,使它们熔合成纯玻璃。玻璃是 $SiO_2$ 的非晶形态,而沙子是 $SiO_2$ 的多晶形态。(在这里,我们有另一个例子来显示"玻璃仅仅只是 $SiO_2$"这样的说法是错误的。)在熔合之前,沙子总是分解成单个的沙粒,但在熔合之后,你无法事先预测它将如何熔解。例如,这取决于玻璃是被打碎了还是熔化了。此外,如果玻璃破碎了,它可以许多不同的方式"熔解"。和钱的例子一样,人们不能说玻璃已经包含了破碎物的产物,除非以一种倾向性的方式。[①](请注意,粉碎性的"熔解"可以使我们与熔合的物体在同一个领域内,而当我们再加热时,我们可以转移到另一个领域。)

---

① 如果玻璃含有脆弱点,它可能会沿着这些方向破碎,但这并不影响这里的要点。

## 2.3.5 案例

现在可以用两个科学例子来说明熔合突现。首先,也是最基本的,是量子纠缠态的例子。这说明了不变性和可区分性失败导致的极端情况。克朗兹和蒂埃亨(Kronz and Tiehen 2002)详细阐述了适用于纠缠态的熔合的例子。[①] 虽然熔合突现最初是用性质来描述的,但我始终认为它也适用于其他类型的突现实体,而克朗兹和蒂埃亨的文章的优点之一是,它表明必须谨慎地区分性质、状态和物体作为突现的候选。正如许多作者正确指出的,纠缠适用于状态,而且状态是我们首先应该寻找的系统的熔合突现的特征。克朗兹和蒂埃亨还建议我们区分他们所称的"激进突现"(熔合就是这样的一个例子)和"动力学突现"。动力学突现认为,"突现的整体有同期的部分,但这些部分不能独立于它们各自的整体来描述。突现的整体是[它们的]部分由一个基本的、持续的相互作用产生的"。(Kronz and Tiehen 2002, 345)基于上面给出的原因,我认为以这样的方式提及组分的定义是不可取的。

其次,第二个例子是化学中的共价键,这种情况更容易讨论。"分子不过是原子的集合"这一思想的动机是一种合成性观点——分子只是结构上的原子阵列。在殊形层面上,这种观点涉及一个双向的决定:给定适当排列的原子,就必然有分子;而给定了分子,那么必须有原子及其排列。这种构成的观点对于化学分子来说是错误的。

也许所涉及的最简单的例子就是氢分子。当两个氢原子被远远分开时,每个氢原子都可以被认为是由一个质子和一个伴生电子组成的。分开的原子系统中的所有四个实体都是相互区别的——电子与质子的电荷值和质量是不同的,而单个电子和单个质子由于其广泛的空间分离而相互区别。相反,当原子在空间上彼此接近时,由于电子的不可区分性,电子波函数重叠到无法将它们单独化的程度。虽然标准的处理通常讨论的是两个不可区分的电子,但其中真正存在的是一个联合概率分布,在这个联合概率分布

---

① 克朗兹和蒂埃亨认为,在量子力学中,一种更普遍的突现形式是常见的,而且一种更直接的突现的动力学形式比熔合可取。另见赫特曼(Hutteman 2005)对克朗兹和蒂埃亨的回应。

中,用分离的、共存的粒子来说明是没有意义的。[1] 这意味着,如果最初的空间分离的氢原子 1 被识别为质子 1 和电子 1,而原来的空间分离的氢原子 2 被识别为质子 2 和电子 2,那么在键合分子中,不再可能说氢原子 1(或 2)作为一个可识别的亚单位存在。

因此,当存在共价键时,认为分子是由单个原子结合在一起是不正确的;人们必须从一组核子和电荷密度分布的角度来考虑。[2] 这并不是说存在两个电子,也不能说哪一个电子属于哪个原子。考虑到波函数在空间上的巨大重叠,再说电子是由两个质子共享的单一"物体"(保留它们各自的身份)就没有意义了,而只能说其是一个熔合的实体。由于这导致了可区分性原则的失败,即使在氢原子的简单情况下,生成原子论也失败了。当两个原子的外层电子产生共价键时,核子的电荷和质量保持不变,分子的总电荷也不变。与相互作用前的原子的能量相比,改变的是,组合分子排列的能量略有下降,而这种能量的变化是导致与原始原子相比的分子的新性质的原因。[3]

我刚才描述的是价键理论的一个标准解释。更一般地说,分子轨道法认为所有的电子都是属于整个分子的,而不仅仅是一对最外层的电子,但在这种情况下,原始电子和原子的可区分性也就丧失了。量子力学计算表明,使最外层电子的电子密度分散在整个分子上,而不是集中在单个原子周围的区域,降低了分子的总能量,增强了分子的稳定性。然而,这些化学键的理论处理与模型和计算近似值的使用紧密联系在一起,从而间接得出了关于本体论突现的结论。[4] 还必须指出的是,各种类型的键的地位,甚至它们的存在,并不是化学家们已经解决的问题。对于有多少种键,甚至化学键是

---

[1] 例子可参见艾斯伯格和雷斯尼克(Eisberg and Resnick 1985,421)。

[2] 这是当代化学的标准观点。"然而,有机化学家并不认为分子只是由原子组成的。我们常常把它们想象成原子核和电子的集合,我们认为电子被限制在原子核周围的某些空间(轨道)。"(Carroll 1997,4)

[3] 第一个可行的共价键理论是由海特勒和伦敦(Heitler and London)于 1927 年(某种程度上是量子理论中的**奇迹年**)提出的(参见 Masterton and Slowinski 1969)。吉尔伯特·刘易斯(Gilbert Lewis)于 1916 年首次提出电子对在原子之间共享。分子是共价键而不是离子键的结果,后者是正负电荷离子之间静电作用力的结果,也就是从通常的电中性状态中获得或失去电子的原子。极性键和纯共价键之间的差别与这里的讨论不相关。

[4] 关于讨论不同模型对还原的结论的影响,见亨德里(Hendry 2006,181185)。

否是一个合法的概念,存在着相当大的争议,但我们不需要在这里解决这些争议。关于共价键的例子,令人好奇的是,正是具体的量子力学的特征支撑了突现的说法。因此,曾经导致人们拒绝将化学作为突现现象来源的这一进步,现在让我们有理由认为,突现在分子水平上是常见的。这种说法并不是说所有的化学现象都是突现的——例如离子键就不是,但化学最重要的特征之一就是产生可以被认为是突现的现象。

将这一情况与一开始看起来类似的日常例子进行比较。我们将两块油灰揉在一起,得到了一个质量是原来两倍的油灰块。有一种感觉是,我们已经失去了最初的油灰块,但我们相信我们可以识别两个原始块的部分,例如,用不同的颜色给原来的油灰块着色,尽管在寻找这些部分时存在认识论问题,但混合物实际上是由最初的两块组成的。其基本信念是,在原子水平上,每个油灰块的原子被保存下来,原始的"左手边那块"作为一个分散的物体存在于整体中。如果我们允许分散的物体存在,那么这些油灰块仍然在那里——不是作为块状物,而是散落在共同占据的体积周围。当然,油灰块不是任何东西的原子——它们既不是不变的,也不是不可分割的。然而,这些例子表明了一些重要的东西:对于生成原子论物理主义,或者说GAP,为了保留其分体论的基础,必须经常诉诸还原论策略。这反过来似乎意味着,如果你想成为一个GAP的物理主义者,那么你必须在一个层次上或非常接近于目前被认为什么是最基本的层次上,作出你的物理主义承诺。反过来,如果生成原子论在本体论承诺的这个层面上失败了,就像它看起来所做的那样,那么GAP的战略退路就会被切断。[①]

这两个熔合突现的例子已经被研究了几十年,这里给出的解释被科学家们广泛接受。因此,熔合突现虽然是局域的,但是却很普遍,这并不是因为在瑞士加速器中发生了某种奇异的现象,而是发生在我们所遇到的几乎每一个宏观的物体中。

作为一个非物理的例子,考虑一下我们前面的暴民例子的一个变体。以两群结合在一起的暴民为例,他们在意识形态、意图和类型组成上并没有

---

① 这使得夸克和这些更大的物体之间可能存在着一种分体论的关系,也许是一种分体论的依随关系,但这种关系至少要跳过一个层级,而不能为我们提供一个解释,比如当代描述所提供的交换力。

什么不同,这两群暴民在这些意义上是相似的。[1] 暴民的原始群体在他们合并时会消失,不可能说原始暴民 1 在整体中的这里,原始暴民 2 在整体中的那里。现在,假设每一个原始的暴民群体都有亚临界的规模——也就是说,它是难控制的,但不是暴力的——但是两者的熔合产生了一个更大的、暴力的暴民群体。然后,由于出现了新的性质,我们在暴民层面上拥有了熔合突现。接着,考虑到第 2.2 节的观点,如果我们容许在个体层面上进行处理,那么突现的情况可能是虚幻的,但如果以个体的集合(群体)为分析单位,那么就这些单位而言,我们便有了突现的情况。

最后,作为一个更复杂的例子,我们可以考虑 1940—1945 年战争期间英国的联合政府。由于内维尔·张伯伦(Neville Chamberlain)领导的垮台,战时内阁中的保守党和工党政治家人数大致相等,偶尔也有些民族主义或无党派人士。当然,尽管这些人在成为这个群体的成员时并没有失去他们的个体身份,也没有放弃他们先前存在的政治信仰,但在战时的危急情况下,为了一个共同的目标,他们所坚持的这些信念在很大程度上进行了妥协,其结果是以前独立的政党熔合成了一个新的群体,它具有该联盟特有的新特征。[2] 这些内阁成员,在一般情况下不会成为同僚,而且他们之间的相互作用在多大程度上产生了新的解决问题的办法,最好是留给专业历史学家来评判,但这个例子是政治领域熔合突现的一个有趣的可能。这种熔合是在两个从前截然不同的政党之间进行的,可能对组成该团体的个体增加了一些政治上的本质变化。这个例子的基础是将个体视为分析的基本单位。

## ▶▶ 2.4 反对熔合突现的争论

王宏宇(Wong 2006)在他的论文"通过熔合而突现"中认为,以突现的熔合解释作为排除问题的解决方案,在动机上是不必要的,而且受到内部问题的影响。王宏宇有三个反对熔合的主要论点。这些观点是有价值的,因

---

① 这种情况不包括例如两个支持对手球队的足球流氓暴民——暴民们穿着可识别的服装,等等。

② 尽管由于大萧条的开始,英国从 1931 年起就成立了一个国民政府,但许多主流政党的成员都没有参加。1940 年的联合是一个更具有合作性的改组。

为王宏宇的进路使得那些强调构成本体论的人,以及像我这样认为这种构成本体论不足以达到科学目的的人之间的分歧更加明确。[①] 虽然正如我将指出的,王宏宇的论点确实指出了一些可以显示熔合突现的系统类型上的约束,因此是对熔合解释的有益补充,但它们并不表明熔合突现是不可能存在的,也没有表明这是一种罕见的现象。

1.**第一个论点:熔合突现破坏了结构性质**。王宏宇担心的是,熔合会破坏系统作为结构化实体生存所必需的结构性质。他以这种方式论证:

> 考虑一个具有突现性质 E 的系统 s,产生出 E 的那些基础性质也构成了 s 的无数非突现的结构性质。如果这些较低层级的性质真的不再熔合到 E 中,那么,看起来,这些结构性质也会如此。这些结构性质可能包括对系统正常运作至关重要的性质。(Wong 2006,355)

这就是王宏宇所说的"结构性质崩溃"的问题,他认为"结构性质的崩溃威胁到任何涉及多个功能的基本性质的经验情况。这些问题是由于在熔合突现论中忽略了结构性质而产生的"。(Wong 2006,356)这个问题被认为是极端的,因为"在汉弗莱斯的形而上学中,当我们有精神性质时,我们就**没有神经生理性质**——或者至少那些我们认为与精神相关的神经生理性质**不会**同时存在"。(Wong 2006,356)

作为回应,我注意到大多数系统都具有多种性质,其中一些是实现系统功能所必不可少的,而另一些则不是。桌面在仍然提供桌子的功能的同时,不能完全失去其刚性和平整度的性质,但可以改变它的颜色和大小,它仍然是一张桌子。当两个原子的核外电子熔合产生分子键时,这不会改变总电荷。通常,当一个系统的状态由 $<P,Q,R,\cdots Z>(x)$ 以及 $P(x)$ 与 $Q(x)$ 熔合给出时,性质 $R,\cdots,Z$ 将保持不变。在其他情况下,定量性质 $P$ 的一部分和定量性质 $Q$ 的一部分将熔合,剩下的部分将保持状态。当各种性质的量过剩时,就会发生这种情况;许多过程只要求存在某种数量的阈值级别,其余的则不起因果作用。王宏宇确实讨论了多重性质的情况(第 356—357 页,特别是 357 页的注释):"剩下的原有复杂性质的部分可以发挥出与突现

---

[①]  就性质而言,王宏宇并不是构成本体论的捍卫者。

性质完全不同且纯粹的基础因果作用，"并补充说："对汉弗莱斯的挑战是去证明这将**永远**是这种情况。"①但是，只需要有一些熔合突现的例子，就能证明我们世界的本体论并不完全是构成性的。事实上，如果维持一个系统的基本性质在熔合发生时消失了，那么要么由于没有系统可以依附这些性质而不发生突现，要么将由一个不同的物体来实例化突现性质。从这个意义上讲，王宏宇针对何时发生熔合突现提出了一个重要的制约因素。

2.**第二个论点。**第二个反对熔合的论点与第一个相关：我们经常在较低层级上发现与较高层级性质相关联的性质。这一点是正确的，实际上科学家经常能够识别出这些相关联的状态是物理主义背后的主要驱动力。但是，为了使这一点成为反对熔合突现的论据，这种情况必须是普遍成立的。基本的$_s$物理状态是否与每一个物理的和特殊的科学状态相关联，这是一个由经验发现的问题。目前的证据表明，熔合突现和转换突现在物理和化学领域并不少见，但它远非无处不在。这些例子还表明，精神领域目前并不是寻找突现实例的最佳场合。来自神经科学的证据并不表明自主性，以及熔合突现的精神状态和性质是存在的，王宏宇在这一点上是正确的，但熔合突现解释的任何部分都不意味着这类事物应该存在。本体论突现是世界本身所决定的；虽然大多数哲学家发现大脑和信仰比钡和键更有趣，但这是另一回事。

3.**第三个论点：突现基的损失是没有动机的。**与前两个不同的是，第三个反对意见是错误的。王宏宇声称："依随的标准解释不会导致过分决定性，因为基础性质和依随性质并不是截然不同的，因为基础性质（至少）在律则上决定了依随性质，且它们甚至在时空上是同时发生的。"（Wong 2006，358）在依随特征是对基础特征的重新描述的情况下，这是正确的；但当依随中的必然性是律则必然时，依随事件通常会与其基础不同。他确实正确地指出，为了出现过分决定性，引起这一结果的两个候选必须能够产生完全相同的效果，否则我们就不会处于同一事件被过分决定的情况（Wong 2006，358）。

这是一个有趣的观点，但它使论点的辩证性发生了逆转。熔合突现性

---

① 另见奥康纳和王宏宇（O'Connor and Wong 2005, 665），他们指出，由于一种突现状态将随着时间的推移和变化而持续存在，"我们不能将它等同于系统在任何特定时间的总物理状态"。

质不与基础性质发生因果竞争,除非偶然发生的另一种因果影响出现在基础层次上。熔合突现性质可以完全在它们自己的领域内运作,而不直接影响基础性质。此外,一个性质可以有不止一种类型的结果。运动粒子的电荷既能产生库仑力(吸引力或排斥力),又能产生磁力。"如果基础性质不具备突现性质的因果力,那么它们就不能产生相同的结果;因此它们不能作为过分决定者进行竞争",这种说法必须根据这些多重可能的结果加以澄清。使用性质同一性因果标准的一个观点认为(见 Shoemaker 1980),基础性质不能拥有突现性质的全部和唯一的因果力,但如果它们有突现性质的一些但不是全部的因果力,那么它们就可以作为过分决定者而竞争,而不是与其完全相同。

在一项有趣的历史研究中,乔纳多·加内里(Jonardon Ganeri 2011)也认为熔合突现是有缺陷的。虽然他的理由与王宏宇的思路一致,也希望保持突现与依随相一致的立场,但是他所倾向的观点很值得关注,因为在某种程度上,他赞同更一般的转换突现。他认为,古印度哲学家祭主仙人(Bṛhaspati,生活在公元 6 世纪以前,时间不详)预言了英国突现主义者立场的精神和某些方面的依随性解释,而后来的印度哲学家则主张对突现进行"转换性"的解释。① 这一转换性观点的关键要素是:

> 让我们假设元素的混合或组合以这样的方式"转换"它们,在它们的转化状态下,根据同质原理,实例化心理学性质。那么,这样的说法将是正确的,即精神性质确实可以还原为转换的物理基础的性质,但同样正确的是,它们不可还原为未转换的基础的性质。(Ganeri 2011,686)

这一举措虽然在拒绝生成原子论的核心原则方面是重要的,但还不等于是转换突现,因为加内里接着说:

> 这种理念似乎是说,元素本身在某种状态下获得新的因果力,即共

---

① 感谢亚历山大·盖伊(Alexandre Guay)和奥利维尔·萨特纳(Olivier Sartenaer)让我注意到了加内里(Ganeri)的论文。

同构成一个实体的状态,这种力是它们与其他元素结合时事先没有的。……这种观点认为,各部分本身**有条件地**具有新的力,这取决于它们是否作为整体的组分。(Ganeri 2011,686)

相反,正如我们在第 2.2 节的例子中所看到的那样,转换突现并不要求转换的实体成为更大整体的元素。只要物体中的变化是真正新颖的,与其他实体进行动态的相互作用就可以了。

## ▶▶ 2.5 宇宙论证的根源

宇宙决定论常常让哲学新手感到困惑,因为它坚持认为宇宙的现状在几百万年前就已经确定下来了。[①] 这种困惑是可以被消除的,但有一个相关的谜题却不那么容易解决:如何将确定宇宙所有未来状态所需的相关信息编码成一个单一的瞬时初始状态? 当我们考虑宇宙的第一瞬间的状态时,这个谜题就变得更加尖锐。指导宇宙发展所需的一切,怎么能在一个没有历史、没有似律规则的单一时间片中,来指导宇宙后来的发展呢? 这对于任何一种坚持没有相关的定律就不可能有因果关系,且规则是拥有定律的必要条件的观点来说,都是一个严峻的困难。在这一观点上,宇宙之初没有不平凡的规则,因此没有定律,也没有原因。基本的$_d$物理主义将被限制在第一瞬间存在的东西上,而一个完整的理论将是第一瞬间的物理学的完备理论。

你可能会说,通过对算法的类比可以找到一个相对简单的答案。算法过程的每一种状态都是由单个初始状态自动生成的,我们认为这并不奇怪。因此,对于能够引用规则的系统来说,没有任何困难。但这种类比并不令人信服。尽管有人试图主张数字物理学——一种宇宙计算处理信息的立场,但这一观点缺乏经验证据。即使我们假设,从宇宙的一开始,自然的算法定律就独立存在于特定的初始状态——在其一边——指导宇宙的发展,从而我们承认有作为一个单独的范畴而存在的律则概括,它区别于具体细节,并在某种意义上限制和指导动力学。这是一个站得住脚的立场,但它要求持

① 这一论点的一部分是汉弗莱斯(Humphreys 1995)首次提出的。

有者解释这种影响是如何从定律到特定的状态发生的。①

解决这一难题的主要进路有三种。第一种进路简单地说,就是我们最初的问题没有答案,宇宙只有一个接一个的连续状态,只有当规则出现时,第一时间片的一部分才能被归因为因果作用。这种方法的一个问题是,在宇宙初始状态下发生的许多事件(以及在规则模式建立之前发生的其他事件)都会改变它们的状况,即从非原因转变为后来出现规则时的原因。这并不是对这种方法的致命反对,因为在一些反事实的和一些概率因果关系理论适用的不确定世界中,人们必须等到结果事件发生后才能确定一个较早的事件是否是造成该结果的原因。

第二种进路否定了谜题隐含的假设,即在第一瞬间时没有后续瞬间,因此采用了块宇宙模型,并假定所有状态永远共存。第二种方法有一个缺陷,类似于我们注意到的第一种方法。以宇宙的初始部分为例。标准的不完全决定性的论点认为,有不同的规则与这部分兼容,因此不同的宇宙后续历史将产生不同的定律。因为解释为什么宇宙的后期状态有其特征依赖于初始状态和定律,因此宇宙的任何初始部分(本身)并没有决定了后续如何发展,而是宇宙的整个发展进程决定了后续如何发展。这需要高度的时间整体论,才能使解释发挥作用。因果关系已不再是局域的事情了。

这样的代价是很高的,但可以被第三种进路所避免,那就是拒绝定律在宇宙发展中起作用这种观点,并断言只有暂时性局域性质及其关系才能导致未来的发展。宇宙论证的根源表明,最初的时间片的性质——那些内在地决定"宇宙的未来"——以及初始性质之间的相互作用,应该是单一因果理论家最感兴趣的。

---

① 有一点需要简要澄清。我用因果性质而不是因果关系来论证,是因为如果在同时发生的事件之间没有因果关系,那么在宇宙的第一瞬间就不可能有因果关系——那时只有一个或多个同时发生的事件。相反,实体之间的相互作用可以在单个时间点发生。这一点也适用于基于定律的立场。对于这些解释,只有当事件与另一个事件相关,而另一个事件是作为适当规则的一部分出现的,同时这种规则至少涉及由适当的结果类型事件所承接的关系,且规则中所有相关的相似事件也都具有这种性质时,某些事件才具有因果性质。

# 3

# 突现的历史渊源

▶▶ ## 3.1 穆勒和布罗德的突现理论

　　上一章关于转换突现和熔合突现的论述,对早期突现研究的进路做了简单的回顾,我们可以把这些研究放在一个更大的研究背景之下进行考察。其目的是表明,转换突现和熔合突现不仅仅是对越来越多的突现的可能现象的补充;而且,它们还捕捉到了一种原则性的进路,这种进路自最早对突现进行明确研究以来就一直存在。对此,我不打算进行严肃的学术考察,这里提到的哲学家们各自有着微妙和复杂的立场,关于他们立场的诸多方面在此不会涉及。这些早期的学者既无法获得我们今天所拥有的丰富的范例,也没有条件使用现代技术来处理非线性系统和表达可预测性的限制。他们在未知区域进行活动,而这里从来都不是进行哲学研究的好地方。例如,塞缪尔·亚历山大(Samuel Alexander)将现实描述为一系列的层级,从底层开始,它们是空时、主要性质、次要性质、生命、心灵,以及最高层的神①。回想一下,在 20 世纪 20 年代,现象状态的本质并未得到很好的理解,而分子生物学的时代开始于 30 年之后,至于亚历山大的六个层次中的高处笼罩着浓雾,无法得以清晰洞见,也就不足为奇了。

　　人们本来会期望,随着浓雾的消失,突现的领域其实什么也没有。事实上,正如我们所看到的,尽管化学键的量子力学解释以及分子生物学的发现,确实在一开始让突现成为不合理或不必要的理论,但现在情况有所不同。我们已经讨论过一些本体论突现的可能候选者,而且分子生物学也有

---

① 亚历山大(Alexander 1920)。

一些推理突现的例子,例如目前无法精确预测许多蛋白质折叠过程的动态展开。[1] 因此,一个令人惊奇的事实是,科学的发展没有把突现从已经取得巨大进展的科学领域驱逐出去,相反,它提供了确凿的证据表明突现现象存在于各种自然科学中。这一事实表明,从英国突现主义传统的明显失败中汲取哲学教训时应该非常谨慎。[2]

我们对这一时期应该保持谨慎的第二个原因是,尽管一些学者,例如穆勒和布罗德的表达清晰程度是令人敬佩的——尼采(Nietzsche)曾抨击穆勒的令人"难以忍受的清晰",但是这一时期的其他学者,如萨缪尔·亚历山大,表达是非常模糊不清的,导致之后不断的学术争议。[3] 事实上,英国突现主义不受欢迎的原因之一是萨缪尔·亚历山大声称突现是"无法进行解释"的(Alexander 1920,2:47),这是最好要避免的一种失败主义观点。因此,我将集中讨论穆勒和布罗德的立场的某些方面——在阳光下而不是在阴影中进行的哲学思考。基于这样的做法,我所强调的他们立场的一些方面,将不同于布莱恩·麦克劳克林(McLaughlin 1992)对英国突现主义传统的出色研究。[4] 在麦克劳克林那里,突现主义的构型力很强大。这里我将重点关注不变性条件。

我们可以从布罗德对纯机械论的描述开始。尽管布罗德自己的观点属于突现研究的推理进路,但我们将在本章后面从他的研究中引出一些本体论类比。对于纯机械论,布罗德有如下观点:

> 纯机械论的观点认为,所有明显不同的物质都是由相同的东西构
> 成的。它们只是在构成粒子的数量、排列和运动方面有所不同。表面
> 上的不同种类的行为在根本上没有什么不同。因为它们都可以通过成

---

[1] 迪尔等人(Dill et al. 2008)。

[2] 麦克劳克林(McLaughlin 1992)非常清楚,而且也是正确的,即英国突现主义运动被抛弃是因为科学的进步,而不是因为其内部哲学上的缺陷。

[3] 尼采(Nietzsche 1889/1968,67)。

[4] 其他相关的历史,可以参见斯坦福哲学百科中蒂莫西·奥康纳(Timothy O'Connor)和王宏宇(Hongyu Wong)的"突现性质"(Emergent Properties),http://plato.stanford.edu/entries/properties-emergent/。斯蒂芬(Stephan 1992)讨论了1925年之后有关突现的文献的情况。我的结论仅限于穆勒和布罗德的立场,而不是整个英国突现主义。"英国突现主义"运动可能只是历史学家为了便利而提出来的。

对的粒子相互影响的简单构成规则来推断；并且这些相互影响都将遵循单一的法则，**该法则完全独立于粒子随机所在的构型和环境**。如上我们所描述的理想状态可以被称为"纯机械论"。（Broad 1925，45—46，附加强调）

此外，"每个这种[物质的]粒子都遵循一个基本的行为规则，**无论它作为一个组成部分的粒子集合有多复杂，都是如此**"。（Broad 1925，76，附加强调）①

这里我们总结如下三点。第一，纯机械论是生成原子论立场的一个特别明显的例子。第二，构成原则仅涉及成对的相互作用。正如巴特菲尔德（Butterfield 2012，105）所指出的那样，构型力是那些不是由系统元素之间成对的相互作用决定的力。第三，是布罗德的规定，在这些机械系统中，不变性条件是成立的，即要求支配系统组成部分的定律以一种独立于环境的方式运作。这个规定和相关的不变性条件的失败是许多产生本体论意义上突现特征的候选者的系统的特点。

布罗德的描述中，机械论解释要求：第一，在对组分成对的相互作用了解的基础上理解整个系统行为的可行性；第二，知道组分之间的成对相互作用在其他构成中保持不变。② 如果这两项知识能够让你了解整个系统的特征，那么它就不是一个突现系统。

布罗德特别强调了连接不同层级的"跨层阶定律"（transordinal laws）。

---

① 布罗德（Broad 1925）继续说道："有一个关于构成的统一的规律，这个规律把作为整体的粒子集合的行为同粒子在孤立状态下展现的行为，以及粒子集合的结构联系在一起。所有表面上看起来不同种类的东西，只不过是同一种基本粒子在数量上和结构上不同的集合而已；所有那些表面看起来特殊的行为的规律，只不过是一些可以从相关整体的结构的规律、孤立粒子行为的基本规律，以及组合的普遍规律中演绎出来的特殊情况。这种观点认为，外部世界具有可以想象的最大程度的统一性。实际上只存在一门科学，各种'具体科学'只是这种科学的特殊情况。"（Broad 1925，76；O'Connor，Wong 2005 和 McLaughlin 1997，31 也曾引用）请注意这里"具体科学"的用法比福多（Fodor 1974）早了约 50 年，福多关于这些具体科学的不可通约性的论述颇有影响力。

② 根据赫特曼和特尔齐迪斯（Huttemann and Terzidis 2000，271）的观点，一个复合系统的性质是机械的，如果（a）组分以及它们的结构决定了复合系统的性质；且（b）至少在原则上，在以下基础上可以对性质进行推理和解释：(i)孤立的组分的性质，(ii)组合的一般定律，(iii)相互作用的一般定律。

当它们不能从低阶定律中推断(可解释)时,就会出现跨层阶定律。正如他指出的:"[跨层阶定律]唯一特殊的是,在发现这个定律之前,我们必须等待,直到出现一个高阶物体的具体实例为止;而且,我们不可能事先从我们通过观察低阶集合而发现的任何定律的构成中推断出它。"(Broad 1925,79)①因此,如果我们同意层级是由系统组分的数量决定的,那么在某个点上,系统组分之间的相互作用的复杂性程度,将导致无法从描述低层级系统行为的定律推导出下一层级系统的行为,这就是布罗德所认为的突现的例子。

虽然布罗德的方法非常重视复杂性和跨层阶定律的作用,但是不变性的失败至少在他对突现的描述中起着同样重要的作用,正如第一章中所引用的:

> 突现理论认为存在这样的整体,由 A、B、C 三个组分和关系 R 构成;所有由 A、B、C 三个组分在关系 R 的同类关系中构成的整体都具有一定的独特性质……而整个 R(A,B,C)的独特性质,即使在理论上,也不能孤立地从对 A、B、C 或在非 R(A,B,C)形式的其他整体中的性质的最完整的知识中推导出来。(Broad 1925,61)

所以,在我们所考察的例子中,特定的结构 R(A,B,C)足够新颖,以至于我们不能从包含 A、B、C 中的一些、全部或更多组分的不同结构的信息中推导出 R(A,B,C)的性质。这与生成原子论相冲突,因为这里没有从部分构成整体所具有性质这样的定律,也没有一个分析性的程序,可以从大的构成实体推导出 R(A,B,C)的性质。当然,这个例子纯粹是为了说明目的,这个不可推导的结构通常比三元关系复杂得多。

我们可以通过思考原子和分子的简单模型来理解布罗德的方法。假设

① 布罗德有关突现的论述没有使用这个术语,而是建立在依随性上面:"毫无疑问,氯化银的性质完全**取决于**银和氯的性质;从某种意义上说,当这两种元素按照一定的比例和关系组成一个整体,我们就得到具有氯化银性质的东西。"(Broad 1925,64)这里有一个区别:对于依随性,物理的和化学的层级之间的决定性关系既不能被解释也没有解释力(后一点参见 Horgan 1993)。布罗德的跨层阶定律本身无法获得解释,但是一旦被归纳发现,它们就可以作为解释的基础。

我们有一个孤立的氢($h$)原子,我们使用 $R_2(h,h)$ 的关系将其与另一个氢原子结合以形成氢分子。我们假设氢分子的性质可以从其成分的组分中预测,或者从经验中得知。我们还有一个孤立的氧($o$)原子。现在,使用关系 $R_3$ 将两个氢原子和这个氧原子结合,得到 $R_3(h,h,o)$。布罗德的主张是,从完全了解孤立状态下 $h$ 和 $o$ 的性质,$h$ 在关系 $R_2(h,h)$ 中的性质,以及在除 $R_3$ 以外的任何关系背景中的 $h$ 和 $o$ 的性质,是不可能预测 $R_3(h,h,o)$ 的性质。其他情况也不一定更简单;碰巧有一个理论告诉我们为什么 $R_5(h,h,h,h,o)$ 不稳定,同样也适用于 $R_3(h,h,o)$ 情况,但这取决于所讨论问题的性质。如果我们不能通过对更大的单位进行分析,将其分解以得到 $R_3(h,h,o)$ 的性质,那么它与生成原子论的精神也不相容。如果在 $R_3(h,h,o)$ 中至少有一个性质,即使我们了解了这些情况,也无法推导出来,则此不可推导出的性质是突现的。

这种简单化的模型并不能代表我们当代关于原子如何结合形成分子的知识,但它确实提供了一个起点,从中可以看出生成原子论的失败如何导致布罗德提出的突现观点。对于他来说,导致可预测性失败的原因在于,由 $R_3$ 给出的构型中的构成的定律陈述并不能由其他构型中的构成的定律陈述先验推出,而是必须从经验中学习。请注意,无法预测并不局限于无法从那些只涉及成对相互作用的定律预测涉及三个或更多组分的定律。如果无法从一个实体与其他 16 个实体的交互作用中预测它与其他 17 个实体的交互作用的行为,这种情况仍然属于布罗德所讲的突现。

布罗德的不变性观点可追溯至穆勒的"异质效应"(heteropathic effects),这是对突现的最早的明确阐述之一,虽然穆勒没有明确使用突现的概念(Mill 1843,book Ⅲ,第 6 章第 1 节)[①]。对于穆勒而言,违反因果的构成原则会产生突现的性质,或者像穆勒所说的"异质定律"。力的平行四边形是原因的构成原则的一个重要例子——两个力在"机械模式"中作用的

---

① 刘易斯(G. H. Lewes)在他的《生命与心智的问题》中引入了"突现"一词(1874,vol. Ⅱ,prob. Ⅴ,chap. iii,412)。对于刘易斯来说,一个突现的特征只是异质定律的作用而已。加内里(Ganeri 2011)提出了一个有趣的主张,认为亨利·科尔布鲁克(Henry T.Colebrooke)有可能对穆勒的观点有很重要的影响,科尔布鲁克曾同穆勒通过信,并在 1837 年的讲座中,基于古印度哲学家们的思想,提出了一些观点,这可以被看成是英国突现主义者的一些研究主题的先导。

合成效果来自两个力单独作用的矢量和。虽然注意力大部分集中在突现的过程是否违反了多个原因和力的"加和性"原则,而且穆勒也不断提到多种影响的合成作用,但是穆勒论述的中心要点是复合系统的组分,不管是定律、原因、力或其他实体,无论作为一个更大的整体的部分还是孤立的存在,它们的效应都是不变的。因此,因果的构成原则只不过是应用于因果成分的不变性条件。因为穆勒把异质定律的问题看成是因果问题,所以我们谈论此观点时必须考虑他的一般因果理论的观点。对穆勒来说,一个因素只有具有不变性,才能算作原因。

为什么给原因设置这种不变性条件? 对于穆勒来说,在所有原因都是充分因的普遍假设的情况下,必然要求一个原因和结果之间的因果效应具有不变性。如果一个据称是因果因素的 C 在一个环境中产生影响,而在另一个环境中没有产生影响,则必须至少有一个因素需要被添加到 C 中,以准确识别实际的充分原因。[①] 原子论的原因的不可分割性是一个不太简单的问题,因为许多因果因素是连续的,虽然穆勒本人把因果因素视为离散的单位。这种离散的、充分的因果因素一旦分裂,将失去其充分性。因此,对于穆勒而言,它们的因果状况也是如此。关于生成原子论的可区分性特征,穆勒提出,使用发现因果的实验方法允许我们分析并区分单个因果成分,当满足不变性条件时,我们可以使用生成工具重新构成它们。这种不变性还为社会系统中如此受重视的因果因素提供了外部有效性——将研究结果从实验环境扩展到非实验环境的能力。事实上,实际存在的问题不在于实验性和非实验性场景,而是将一个因果因素嵌入一系列新的因果因素时,该原始因素的效应没有任何改变。至于定律,穆勒认为,为了使整体的结果可以从组分中推断出来,"只需要,一个定律能够在每个原因单独作用时表达其结果,也应在结果是由两个原因共同产生的时候正确地表达因该原因而产生的部分结果"。(Mill 1843,第 3 卷第 6 章第 1 节)

当定律的不变性成立时,我们有同质定律,当定律的不变性失效时,我们有异质定律。根据穆勒和布罗德,可以在化学和生物学中找到异质定律的效用特征实例。正如穆勒所说的那样,"在氢和氧的化合物水中,丝毫没

---

① 虽然穆勒的观点是在决定论的假设基础上形成的,但是它可以扩展到非决定论的因果关系。汉弗莱斯(Humphreys 1989,第 25 节)对这个进行了论证。

有观察到氢或氧的性质",而且"[在化学科学中],在氢氧结合时,当分离完全停止时原因所遵循的大多数齐一性也观察不到;至少在我们目前的知识范围内,我们不能预测新的构成会产生什么结果,除非进行相关的具体实验"。(Mill 1843,第 3 卷第 6 章第 1 节)我们可以看到布罗德的很多观点来自于穆勒,包括认识论相关的"知识的现状"的说法,后来变成亨普尔关于突现的中心观点。穆勒的观点不仅限于化学领域。他进一步认为,通过"总结"生物体物理组分的特性,永远无法得到它们的独特性质。(Mill 1843,第 3 卷第 6 章第 1 节)

在推广这些要点时,从这些组分单独的结果或联合结果进行演绎推理时,需要明确三件事情。第一,告诉我们这些组分如何形成一个联合系统的规则;第二,这些组分在联合系统中的值;第三,在现有理论提供的框架内进行演绎推理的能力。如果组分的值在其他因素作用下保持不变,我们将获得第二条必需信息。如果不是,那么需要进一步的实验信息来确定在更大的整体中所取的值。关于第一项,无须要求构成规则是加和的形式。输入的任何可计算函数都足以进行推论,至少原则上是这样。构成规则的形式必须是后验的,但即使形式是加和性的,这也是正确的。因此,如果一个人感兴趣的是产生非突现性质而不是突现性质的系统之间的差异,那么因素的"加和性"就是一种红鲱鱼(不相干)谬误。①

关于最后一项要求,跨层阶定律不能从其他定律中推断出来,必须发现现实实例的知识,这一事实破坏了演绎闭合原则的概念。拉普拉斯(Laplace 1902)的超级智能体,以能够在了解宇宙当前的状态和定律的前提下,预测经典力学宇宙的所有未来状态而出名。但是,如果不事先知道跨层阶定律(**这实际上是不可能的**),将无法预测一个突现现象。这是物理主义坚持物理学是一个因果或演绎闭合的领域是如此重要的一个原因。推理突现可能源于违反了一个领域的演绎闭合,而本体论突现可能是由于违反了因果闭合。

发生预测失败的最直接原因是,某些因素之间相互作用的复杂性超过了我们使用这些因素进行预测的理论和计算的能力。将这种认识论的观点

---

① 麦克劳克林(McLaughlin 1992)断言任何非线性组合原则都同机械论不相兼容。我们承认历史上的人物都赞同这个观点,但是这不能成为强加给生成原子论的一个一般性原则的条件。

扩展到声称纯粹的复杂性可能会产生新颖性的说法并不那么合理。我们都熟悉阈值现象，一旦超过某一点就会产生质的不同效应。例如，当水压达到一定水平时水坝爆裂，当电荷达到给定水平时电容器报警，当酷刑的痛苦超过一定忍受限度时，囚犯崩溃；这些都涉及阈值效应。这些例子是否与复杂性阈值类似，只能通过详细考察具体的突现实例来回答。

▶▶ **3.2 内部和外部关系**

关于英国突现主义运动的文献已经很多了，其中很多都具有启发性。在这里，我将探讨一个尚未得到太多关注的方面：20 世纪早期兴起的逻辑原子论运动对内部和外部关系的争论所起的作用。[①] 这部分历史背景非常重要，有助于理解为什么逻辑原子论传统的继承者反对引入突现的性质和关系，以及如果我们理解了这种传统的局限性，我们如何理解本体论突现。在后来的时代，方法论个体主义者对马克思主义所体现的强制性社会整体主义的强烈反对，也拒绝内部关系，并成为反对突现论的另一个来源。

逻辑原子论是 20 世纪具有决定性影响的哲学流派之一。在其最广泛的形式中，世界被认为是由原子事实构成的，原子事实是具有单一性质的简单的、非复杂实体，或由不可分解的关系构成的简单的、非复杂实体构成的事实。于是，这些原子事实可由具有与原子事实结构平行的结构的原子命题表示。代表分子事实的所有其他命题都是通过逻辑运算从原子命题构建的。现在，这些逻辑运算在基本逻辑课程中是很常见的。在某些逻辑原子论的版本中，从真原子命题可以推导出所有其他真命题。[②] 逻辑原子论过于简单，无法表示世界的结构和内容，而其当今的后续理论则更加复杂。然而，它们中的许多仍然坚持逻辑原子论的两个基本特征，这些特征影响我们对突现的理解。这两个特征是，基本要素的不变性以及对关系的处理。另一个影响是其对于共时关系的强调导致了一些困难，而它们本可以通过采

---

①　在希尔顿（Hylton 1990，113ff）中可以找到关于外部关系在作者所谓的"柏拉图式原子论"中发挥的作用的讨论。希尔顿并没有明确地讨论突现主义，参见第 114 页。

②　对罗素来说，命题最初是作为世界的组成部分，虽然他后来因为假命题的问题而放弃了这个观点。

用一种历时的进路去考察关系,从而避免这些困难。

20 世纪早期有关这些关系的争论,有两个方面与我们的兴趣相关。第一个是关系谓词是否可以完全简化为一元谓词的构成。这个问题被否定了;因为存在一些关系谓词,例如无限域上的算术"大于"关系,不能简化为一元谓词。①

第二个争论,也是我们最感兴趣的,涉及内部和外部关系的范围。我将在稍后更详细地描述内部和外部关系,但目前我们采用摩尔(Moore 1922, 291)意义上的内部关系,即实体因与其他实体的内部关系而发生变化。相比之下,当实体与其他关系项处于外部关系时,实体保持不变。这种区别在20 世纪之交变得重要,这是因为理念论者正在极力推广内部关系的概念,部分目的是建立一种广泛的整体论形式,特别是在认知方面。② 如果一个认知者与被认知的东西之间存在一种内部关系(换句话说,如果它们之间不是存在那种内部关系,那么每个被关系者都将是不同的),那么外部世界将依赖于它与我们思想内容之间相关联的方式。这将导致理念论的一个特征,即现实至少部分取决于人类的认知。

如果一个人要反驳理念论,那么采取许多关系是外部关系的立场是一个明智的目标。③ 在社会领域,内部关系有一个相关的特征。如果一个人与他所生活的社会是一种内部关系,他就会因此而改变,如果社会处于比个

---

① 只包含一元谓词的一阶语言与至少包含一个二元关系的一阶语言之间的一个重要区别是,前者是可判定的,而后者则不是。这种区别源于有限和无限模型之间的差异,而不是与突现的特征相关的东西。

② 同这一观点最为接近的人是布拉德利(F. H. Bradley),尽管在他致力于推动该论证的程度上存在分歧。20 世纪早期的哲学家们倾向于认为摩尔对布拉德利的批评错过了这一点,因为布拉德利最初的立场认为所有的关系都是不真实的,而不是所有的关系都是内部的。(见 Baldwin 1990,33;Hylton 1990,54)这里我感兴趣的是摩尔对内部关系的描述的内在价值,而不是他是否正确地解释了布拉德利。

③ 希尔顿(Hylton 1990,121)写道:"摩尔持理念论的立场,给予关系和命题相同的地位。因此,他认为关系就像命题一样是真实的和非精神的。第二,所有的关系都是外部的(我后面将提到一个例外)。摩尔对逻辑与因果的二分法,直接关系到他对内部关系的反对。如果所有关系都是逻辑关系或因果关系,并且逻辑关系和因果关系都不是内部关系,那么当然所有关系都是外部关系。"正如大卫·桑福德(David Sanford)向我指出的(个人交流),在 1922 年的文章中,摩尔更加谨慎,只认为一些关系是外部的。有趣的是,希尔顿指出的例外是一个复杂整体与其部分之间的关系。(Hylton 1990,143)

人更高的层级,那么这种改变看起来非常类似于下向因果关系的影响。

摩尔早在 1922 年的"内部和外部关系"一文中成熟地阐述这一立场之前,就反对现实的整体性。1903 年出版的《伦理学原理》(*Principia Ethica*)一书中,在讨论具有价值的事物时,他指出:"价值整体的一个部分保留了其作为个体完全相同的价值,就如其不是整体的一部分时一样。"(Moore 1903,30)他后来认为大多数关系是外部的这种预期伴随着一种说法,即"不能假定整体的价值与其各部分价值的总和相同",(Moore 1903,28)并断言这正是黑格尔的"有机整体"(organic whole)所讲的意思。我在这里注意到与"整体不仅仅是其各个部分的总和"的突现传统的联系。摩尔否认,"有机整体"的意思是指各部分的性质"不是它们的性质,而是为了整体的存在"。(Moore 1903,33—34)他还认为所有关系都是逻辑的或因果的,并且两种情况都是外部关系。这不仅仅是对绝对理念论的反击;它是一个长期论点的一部分,旨在使基本本体论不受整体因素的影响。①

空间关系是外部关系的核心例子,它们具有的特征是,空间关系中的变化本身并不会改变这些关系中物体的内在性质。如果我将两张纸分开得更远,它们仍然是具有相同内在性质的相同纸张。(我们必须想到在空间中隔离的物体,它们之间只有空间关系。如果存在其他类型的空间依赖特征,例如静电力,这种不变性可能不会成立,因为关系项的内在性质可能会因这些空间依赖特征而改变。)虽然内在性质的定义存在争议,但这里我将内在性质视为是非关系性的——也就是说,其规范要求不需要参考其他性质或个人的性质。这个说法存在反例,但是不影响我们在这一章的论证。②

关于内部和外部关系的争论仍然很激烈,因为大多数当代形而上学家都遵循分析传统,而拒绝摩尔的内部关系。由于秉承了对摩尔内部关系的强烈反感,当代的休谟依随性传统坚持认为无论涉及何种类型的关系,关系项都会保持不变。因此,内部和外部关系的命名已经改变,经过修订,几乎所有的关系现在都被归类为改良后的定义下的内部关系,并且由关系项的

---

① 关于摩尔何时在关系问题上采取这个成熟的立场,存在一些争议。见鲍德温(Baldwin 1990,第 1 章第 6、7 节)。

② 不能将一个内在性质的实例视为宇宙中的所有其他性质实例都被删除后的单独存在,因为将对象作为一组性质实例将很困难。例如,一个孤立的性质实例,如一个电荷,很少或者从不,孤立地存在于其他性质,比如电荷发生区域的空间延伸。

内在性质决定。在下文中,我将限定对关系的类型的引用,以便明确讨论的是哪种"内部关系"。

拒绝摩尔的内部关系,就要对形而上学进行大量的重建工作,因为拒绝这个概念与我们的日常经验是相冲突的。两个处于相互仇恨关系的人在心理上与他们进入这种关系之前的状态不同。橄榄球比赛中的每个球员都在与其他球员的相互冲撞中改变了他或她的肌肉性质。在红色背景上放置一个蓝色圆圈将导致圆圈的视觉振动,但是如果它与蓝色背景没有近端关系,我们感知到的蓝色圆圈就不会有这种性质。寄生虫和寄主相互依赖,从而改变其个体特征。位于固定距离的麦克风和放大扬声器在接通电源并开始反馈关系时具有不同的特性,如果两者没有处于平衡关系,那么飞扶壁和大教堂墙壁的内应力会有所不同。

我引用了各种各样的例子来证明,在日常生活层面,摩尔的内部关系很常见。这些例子中的一些涉及动态关系,其他例子涉及静态关系,至少在表面上看,各个关系项的变化是在其处于适当关系中导致的直接结果,而不是由于相关项本身的性质而产生的关系本身。因此,必须对这种支持积极内部关系的表面证据进行反证,而生成原子论传统有多种方式可以做到这一点。

### 3.2.1 摩尔

我们可以从摩尔(Moore 1922)对内部和外部关系的著名论断开始,尽管摩尔绝不是唯一想要澄清这两种关系之间差异的哲学家。[①] 例如,罗素拒绝了他所谓的内部关系公理,用异常模糊的术语表达了这种公理:

> "每一种关系都以关联项的性质为基础。"……如果这个公理成立,那么两个物体具有某种关系的事实意味着两个物体中的每一个都具有复杂性,即它暗示了两个物体的"性质"中的某些东西,由此它们具有所讨论的关系。根据我提倡的与此相反的观点,存在这样的事实,即一个物体与另一个物体有一定的关系,这种事实一般不能归结为或推断出

---

① 为了简单起见,我将讨论双方之间的关系。一切都可以推广到高阶关系。

一个物体的事实,以及另一个物体的事实:它们不意味着这两个物体具有任何复杂性以及能够将它们与不存在相关关系的两个物体区分开来的任何**内在**性质。(Russell 1910,139—140)

这里,罗素拒绝了在某种意义上接近于刘易斯(Lewis 1986b)所讨论的内部关系,并将关系限制在刘易斯意义上的外部关系。

罗素否认关系的内在性质是它们之间关系的基础,这体现在关系的集合理论描述中,它将关系作为对象的有序 n 元集合。这些对象的内在性质与 n 元集合是否可以作为给定关系的模型无关;例如,自然数可以作为关系表达式中的关系项,这些关系最初被认为是关于物理、生物或其他方面的关系。例如,基础物理的标准模型理论本质上致力于把被罗素批评的内部关系公理排除在外。举个例子,一个包含三个基本粒子 $a, b$ 和 $c$ 的宇宙,其中 $a$ 比 $b$ 轻,$b$ 比 $c$ 轻。有序对 $<a,b>$ 被定义为无序集合 $\{\{a\},\{a,b\}\}$ 的配对,而"轻于"的关系可以表示为集合 $\{<a,b>,<b,c>,<a,c>\}$。这种表示纯粹是外延的——也就是说,关系由关系所包含的所有粒子对构成。那么,有三件事是重要的。第一,虽然我已经从表征的角度讨论了这个问题,但我们可以简单地通过允许两个集合和作为集合成员的粒子的存在来实在地解释这些关系。[①] 第二,当元素 $a, b$ 和 $c$ 处于 $\{<a,b>,<b,c>,<a,c>\}$ 以及任何其他外延定义的关系中时,它们不变。关于 $a$ 和 $b$ 的任何内容都没有因为它们在"轻于"关系中的地位而被改变。由于集合论的根本重要性,这对本体论产生了影响。如果一个本体论中的原子是一个不纯的集合论的元素,那么无论处于什么关系中,基础都不会改变。第三,$a, b, c$ 的实际质量与它们表现为"轻于"关系的能力无关。也就是说,在这个模型中,$c$ 可能比 $b$ 轻,而 $b$ 又比 $a$ 轻,我们仍然应该有一个令人满意的"轻于"关系的表示。这种对关系的外延性描述没有进一步的限制,导致所有关系都是外部的,像摩尔的内部关系概念就不可能出现。

众所周知,摩尔对内部和外部关系的处理是模糊的,但他试图抓住一个重要的区别;不幸的是,他的进路几乎被抛弃,取而代之的是由大卫·刘易

---

① 允许集合存在于物理世界中是有问题的(参见 Chihara 1982),而且允许具体的实体如粒子成为像集合这样的抽象实体的成员是有双重问题的。这是对关系的外延性描述产生怀疑的两个原因,但我并不主张,只是描述这里的立场。

斯提出的内部和外部关系的描述。为了区分这两种处理方法,我将使用术语"M-内部的"和"M-外部的"来指代摩尔的概念,使用术语"L-内部的"和"L-外部的"来指代刘易斯的概念。

内部和外部关系的这种混淆已经存在了很长时间,尤因(A. C. Ewing, 1934)在对这些概念的调查中,列出了内部关系的十种不同定义。① 我认为,尤因视其中一个定义是主要的,这是正确的。这是被刘易斯遗弃但却被摩尔认可的观点,摩尔认为内部关系是对其关联项"起重大影响的":"在这种意义上,所有关系都是内部的,意味着,当这些项以某种特定方式相关时,如果没有这些现存的关系,它们就不可能成为这样的存在。"(Ewing 1934,131)②在模态动词语义被不当理解和非正式处理的时代,模态动词"不能"(could not)的使用在很大程度上是摩尔立场不明确的原因。

摩尔对内部关系的描述在其他段落中也并非更明确:"设 P 是关系性质,而 A 是其实际所属的词项。P 对于 A 来说是内部的(我们目前所讨论的意义之上),我建议可以这样定义为,从命题如果一个事物没有 P,可以'推出'此事物不同于 A。"(Moore 1922,291)值得注意的是,这里缺少模态主张。那么,对这种主张有一个弱解释和一个强解释,弱主张与内部关系的现代定义相对应,而强主张则完全不同。

弱解释认为:一个实体 a 与 b 具有一种内部关系仅仅指的是,如果 b 和第三个实体 c 之间不具有该关系,那么 a 和 c 之间必须有一些内在的区别。考虑两个带正电荷的物体 a 和 b。将它们彼此靠近放置,从而 a 和 b 具有相排斥的关系。第三个物体 c 在空间上接近 b,但是同 b 不相排斥。我们

---

① 当然,不包括下面讨论的最新类型。

② 关于某些内部关系的极好处理,见邓恩(Dunn 1990),在脚注 10 中,他指出摩尔的定义允许两种不同的解读,这取决于我们如何解读"不同于"(other than)。主要的定义要求 x 不同于 a,x 必须至少有一个不同于 a 所拥有的内在性质。次要定义仅要求 x 在数值上不同于 a。也就是说,当不可分辨性的同一性仅违反了内在性质,主要定义才与次要定义不同,因为对于次要定义,x 和 a 不同,但却共享所有内在性质。显然,由于 x 和 a 在关系性质方面不同,因此不会违反不可分辨性原则的同一性。将摩尔的定义与古德曼的这段话进行对比(Goodman 1951,40):"如果两个实体都不能在不影响另一个实体的情况下被完全摧毁,那么这两个实体有时被认为是内部关联的……在我看来,两个独立个体处于这样一种关系中,只是说它们有一个共同的部分。换句话说,**内部谓词只适用于重叠的个体。外部谓词只适用于离散的个体。**"(有关其他定义,请参见 Ewing 1934;Hylton 1990,54—55。)

可以推出 c 不同于 a。这是对内部关系的弱解释,它涉及可分辨的物体的非同一性原则的应用。摩尔提出的受到其他评论支持的强解释断言,仅仅由于处在内部关系中,实体 a 的某些内在性质会变得不同。也就是说,要么通过与另一个物体相关、要么关系本身,导致 a 的变化。

考虑一下恋爱中的人所具有的某些内在的心理和生理特征——极端的幸福感、白日梦的倾向,以及你认为可以用这种关系描述的另一个人的任何内在性质 L 的集合。① 现在,假设 a 爱上了 c 并且具有性质 L,但是 b 并没有爱上任何人且缺乏性质 L。强解释认为,因为 a 同 c 处于恋爱关系——我们把这种关系称为 R,因此 a 具有性质 L。由于 b 不在关系 R 中,所以 b(至少在性质 L 方面)不同于 a。这里要注意,恋爱关系不是由性质 L 定义的。R 是一个二元关系,它直接指向某些其他个体,而 L 只是由内在性质构成。

强解释非常接近于宣称关系会对其一个相关项产生因果效应。此外,这是否是一个下向因果关系的例子取决于这种关系是否处于比其相关项"更高"的层级。在某些情况下,该关系将是与其相关的同一领域的个体——一对同样带电的物理物体所形成的相互排斥的关系与物体本身是一种物理关系。在其他情况下,这种关系似乎将相关对象嵌入到另一个领域,就像人类进入特定的社会关系时一样。最后,也是额外的一个问题,在强解释之下,当 a 与 c 的关系不再成立时,a 是否仍然发生变化,或者 a 是否恢复到以前的状态。虽然人们可以对 a 的变化采用强解释的方式,但是对摩尔本人观点的本然解释认为它们没有变化。

对 M-内部关系的强解释导致了一种特定的整体论。如果 a 不在与 c 的关系中,那么 a 将是(一个)不同的(事物)。因此,假设 a 存在,而且它本质上与 c 相关,那么 a 必然是相关对<a,c>的一部分。这意味着 a 不可能孤立地存在,因此从 a 的孤立状态下的行为去推断它在某种关系中的行为方式是没有实际意义的。对于许多哲学家而言,这种强解释方式被证明是不可接受的,正如对摩尔的影响一样,促使他们远离存在 M-内部关系的这种观点,并且后来坚决抵制在本体论中使用整体突现的性质。

---

① 自爱(self-love)可能是一种强解释下的内部关系,但这种关系可能涉及自指的复杂性,在这里最好避免。

最后，我注意到，如果原子只有一种类型，就像布罗德的纯机械论那样，在原子级别最多可以实现一种 M-内部关系类型。存在两种不同的 M-内部关系要求在两种关系中各自的相关项是不同的，这在纯机械论中是不可能的。而且，在这样的世界中，如果存在一种不在 M-内部关系中的单个原子，则不会有任何 M-内部关系。①

### 3.2.2  刘易斯的定义

大卫·刘易斯关于休谟依随性的学说的一个重要部分是拒绝突现性质："除了时空关系之外，可能还有额外的、不可还原的外部关系；可能有超过点一般大小事物的突现的本质的性质……但是，如果有这样无意义的东西，那么就必须有不属于这个世界的额外的本质的性质或关系。"（Lewis 1986a,x）②

在这里，刘易斯所谓的外部关系不同于摩尔所指。以下是刘易斯对这两种关系的定义：

> **内部关系**是一种依随于其关系项的内在本质的关系：如果 $X_1$ 和 $Y_1$ 处于一定关系中，但 $X_2$ 和 $Y_2$ 不存在于此关系中，那么在 X 之间或者在 Y 之间必然存在内在性质的差异。如果 $X_1$ 和 $X_2$ 是重复的（或相同的），$Y_1$ 和 $Y_2$ 也是如此，那么成对的 $<X_1,Y_1>$ 和 $<X_2,Y_2>$ 具有完全相同的内部关系……我要说的是，一种关系是**外部的**，当且仅当它不依随于单独的关系项的性质，而是依随于关系项的复合体的性质。

---

① 在此，我假定，如果关系 $R_1$ 和 $R_2$ 之间的关系项在所有情况下都是同一类型，那么其中一个必须是另一个的子关系，只在每种关系适用于多少对关系项上有所不同。可以通过对关系进行一些内涵表征或者通过诉诸反事实的实例来避免这种情况，但我在这里不会这么做。

② 刘易斯允许存在非时空的外部关系，其中一个例子是非同一性的关系（Lewis 1986b, 77），尽管这个例子具有不是自然关系的缺陷。他还认识到，他的观点可能存在一些反例，但他用以下的话予以驳斥："但我并未准备好从当前的量子物理学中吸取本体论的经验。首先，我必须看到，当它从工具主义中净化后是什么样子……当它从双重思维变异逻辑中净化后是什么样子……当它从观察敏锐的心灵之力使事物跳跃的超自然故事中净化后是什么样子。"（Lewis 1986a,xi）

(Lewis 1986b,62)①

　　有人指出,这个定义并不完全让人满意,除非能够在避免循环论证的前提下明确"关系项的复合体的性质"。应用这些定义的一些例子是具有内在相似性的关系,它是一种 L-内部关系;空间距离的关系是一种 L-外部关系;拥有相同所有者的关系既不是 L-内部关系也不是 L-外部关系。刘易斯意义上的外部关系不依赖于关系项的内在性质,这一事实本身就可以是在某些自主标准下考虑 L-外部关系(例如空间关系)作为突现的候选者的原因。事实上,一些哲学家认为在宇宙的初始扩张期间突现出了时空结构,但我不会在此讨论这个问题。

　　刘易斯和摩尔对内部关系的定义之间的关系是直截了当的。假设 a 和 c 处于一个 L-内部关系 R 中。假设 R 的依随基由 a 的内在性质 $F_1, \cdots, F_n$ 和 c 的内在性质 $G_1, \cdots, G_n$ 构成。a 和 c 的关系 R 依随于这些性质,意思是 $F_1, \cdots, F_n$ 和 $G_1, \cdots, G_n$ 是 a 和 c 的关系 R 存在的前提。因此,如果 b 没有通过关系 R 同 c 发生联系,鉴于 c 具有性质 $G_1, \cdots, G_n$,那么 b 一定缺少至少一个 $F_i$;因此根据等式 $(3.1')$ (3.2.4 附录),b 不可能是 a。这说明 a 关于 c 具有弱意义上的 M-内部关系。这里不可能是强意义上的关于 c 的 M-内部关系,因为依随性的方向是从关系项到关系。

　　M-内部关系和 L-内部关系之间的反向蕴涵并不成立。假设 a 和 c 通过 R 具有 M-内部关系,但 b 和 c 不是。a 和 b 之间必须至少有一个区别,但不一定是内在性质的差异。假设 a 是同 c 结了婚的一个人,而且假定如果 a 没有同 c 结婚的话,a 将是一个不同的人。例如有一个同 a 有相同内在性质的人 b(a 是在婚姻关系中的 a),但是 b 没有同 c 结婚。因此,这样的"婚姻"关系不是 L-内部关系。但是因为在没有婚姻关系的情况下,a 是不同的,所以这个关系是 M-内部关系。

　　因为刘易斯的定义要求 L-内部关系依随于关系项的内在性质,如果

---

① 　需要一些相关的定义才能理解上述说法:"两个东西是**完全一样的**,当且仅当(1)它们具有完全相同的纯本质的性质,且(2)它们的各个部分可以这样的方式进行对应,即对应的部分具有完全相同的纯本质的性质,并且处于完全相同的纯本质的关系中。那么,我们可以继续说,**内在性质**是指两个完全一样的东西之间永远不会有区别。"(Lewis 1986a,61—62)

我们使用的关系项实体的性质太少,则关系的给定实例可能不是L-内部关系,但是当性质增加时,又可能变成是L-内部关系。例如,具有相同大小和形状的两个实体之间没有不相似,然而当红色性质被添加给其中一个实体,它们之间就有了不相似性。但是,我们可以采用莱布尼茨定律,即任何具体对象都拥有最大一致性的一组本质的性质,正面的和负面的。因此,缺少性质的这个问题只会出现在我们关于L-内部关系的描述中,而不是在关系本身中。

时空关系和L-内部关系是否足以说明我们世界的所有特征、功能和其他情况?考虑一整套需要组装以充当椅子的部件。椅子配有的环氧树脂胶,需要混合两种液体成分,然后通过化学反应硬化,以黏合椅子的部件。这些部件彼此之间保持合适的空间关系是不够的,因为我可以使用液态胶水小心地将椅子的所有部件黏在一起,而不去触碰它,这个由所有部件黏在一起的东西,在胶水仍然是液态的情况下,看起来是一把椅子。但是,如果真的把它当作椅子用,就会导致灾难性后果。一旦胶水固化,胶水和木材的相同成分就处在完全相同的空间关系中,现在表现出一种新的特性——作为一个功能的椅子的特性,以及整体的稳定性。

这个例子似乎有一个明显的答案,即胶水在固化时与湿润时具有不同的性质,这些性质是局部的和内在的,并且"x与y黏合"的关系依随于这些局部的内在性质。然而,这个答案并不像表面上看起来那么正确。胶水有哪些局部的内在性质?不是简单的与液体(或湿)相对的变硬(或干),因为仅仅将干胶放置在与固化胶相同的空间位置,不会给我们提供部件作为椅子这一功能所需的正确的承载性能。这里必须到微观层级上来考察胶水和木材之间的黏合关系,而这就是反突现论者开始发现困难的地方。这是因为环氧反应在树脂和硬化剂之间形成共价键,正如我们所见,这表现出本体论上突现的特征。这些不适合L-内部关系或M-内部关系,因为共价键合的性质并不具有关系形式的性质。

我刚才描述的例子绝非独一无二。日常经验为我们提供了很多明显的突现现象的例子,而生成原子论的支持者们声称经过细粒度分析能证明这些绝不是突现现象。但是,当反突现论者们对这些例子进行更细粒度的微观分析之后,来试图说明这里讨论的性质不是突现时,并且牺牲日常经验去支持科学理论,那么,反突现论者必须假定生成原子论在微观层级上会再次成为一种有效的方法。而这正是不确定的地方。①

现在将 L-外部关系的定义与刘易斯另一个定义外部关系的标准进行比较,这个定义与刘易斯早期的定义不同:"我认为,外部关系就是那些不受两个关系项的内部性质影响的关系。"(Lewis 1986b,180)这个定义是否与 L-外部关系的第一个定义相同外延,取决于第一个定义"它不依随于单独的关系项的性质,而是依随于关系项的复合体的性质"这句话是否定还是赞成除了复合体的性质之外,还可以取关系项的内部性质。为了保持一致性,我将在前一种意义上解释第一个定义。

对摩尔来说,几乎所有关系都是 M-外部关系,但根据刘易斯的分类,很少有关系是 L-外部关系。那么为什么摩尔和刘易斯之间在如何对大多数关系进行分类方面存在这种差异呢?答案是这样的:生成原子论者不仅需要在概念上,还需要在本体论上保持原子的优先权。首先确定原子基础,然后所有其余的,包括关系,也将被确定。当我们有 L-内部关系时,依随性的构想就是这么做的。摩尔希望避免关系本身影响原子关系项的情况。而这样做的唯一方法就是坚持原子永远不会受到所处关系的影响,因此在强解释的意义上是没有 M-内部关系的,因而所有关系的实例都是这样的,即关系项都不会因所处的关系而发生变化。如此,所有关系都是 L-内部关系或 L-外部关系的候选,实际上,几乎所有的关系都是 L-内部关系。换言之,对于摩尔来说,发生影响的方向绝不是从关系到关系项。

### 3.2.3　关系论、整体论和相互作用

在第 3.2 节中,我们了解了内部关系和突现的整体论进路之间的联系,借助于摩尔对"有机整体"某种意义的否定,在这种意义上,各部分的性质"不是它们本身是什么,而是为了整体的存在"。这里有整体论的共鸣,但整体论的术语不同于转换突现中使用的交互方法。这是因为,在后者中,在非自发的情况下,重要的是同至少另外一个事物发生相互关系的结果,而不是

---

① 休谟依随进路兼容于依随基的元素在关系成立时和不成立时有所不同。因此,当进入语境 C 时,即使 a 和 b 分别变为 a* 和 b* ,只要 a* 、b* 出现在语境 C 中(其中 C 表征为除了 R 之外),R 就可以成立。基本实体将自己安排到适当的结构中,然后 L-内部关系就自然出现。

整体的部分。反过来说,也有可能仅仅因为是整体的一部分,而没有与整体的其他部分相互作用就发生改变。

以一个立法机构为例,它必须有六名法定成员出席,并同时投票决定是否通过一项具有约束力的法律决定。在时间 t,议会有五个成员在场,不包括艾米丽。艾米丽在时间 t′进入议会,没有任何发言,没有同其他五个成员有任何交流,当铃声在 t″响起,所有人投票一致通过这个动议。由于艾米丽是整体的一部分,她获得了在时间 t 时并不具备的性质——帮助通过立法,而如果她不是六个成员的整体中的一部分,她是不可能有这个性质的。

最后,回想一下第 2.3.3 节中讨论过的特勒的"关系整体论"的构想:"所谓**关系整体论**,我的意思是,至少在某些情况下,我们可以识别为作为单独个体的物体具有**内在关系**,其不依随于这两个个体的非关系性质。"(Teller 1986,73)特勒文章中所述的例子可以作为 L-外部关系的附加示例。[①]

### 3.2.4　附录

在鲍德温(Baldwin 1990)之后,我们可以将内部关系的本质主义观点解释为:

$$xRy \supset \square(u = x \supset uRy) \tag{3.1}$$

也就是说,如果 $x$ 和 $y$ 在我们的世界中处于同一内部关系中,那么在任何存在 $x$ 和 $y$ 的可能世界中,$x$ 与 $y$ 具有相同的关系。[②] 也许用下面的等式能够更好地说明摩尔的观点:

$$xRy \supset \square(\neg uRy \supset \neg u = x) \tag{3.1'}$$

---

[①] 特勒本人没有这样说,也没有提到刘易斯的立场,因为他的文章与刘易斯的文章都是在 1986 年发表的。特勒确实单独阐述了一个非常接近刘易斯对休谟依随性的描述(在 Lewis 1986a 中有阐述)的立场,并用他所谓的经典物理主义来确定它:"我早前建议我们把古典物理主义看成局部物理主义,这是所有关于物理对象的非关系物理事实的依随性。"(Lewis 1986,80)特勒引用了艾伦·斯特斯(Allan Stairs)的一篇未发表的论文,以及西莫尼(Shimony 1978)和德斯帕纳特(d'Espagnat 1973)已发表的论文,其中包含了之前关于关系整体论的讨论(76n1)。

[②] 对于一个内部关系是必须改变它的全部关系项还是仅仅改变一些关系,摩尔自己的陈述是模糊不清的。最好采用较弱一点的说法,即至少一个关系项被改变。

其中,我认为换质位在模态运算符中是有效的。注意,为了把握某些内部关系的偶然性质,在某些情况下,将是本质的必然性,而不是形而上学的必然性。

仅使用应用于内在性质的非同一性的可识别性,推广到两个关系项,我们得到:

$$xRy \supset \Box(\neg uRv \supset [\exists S(Sx \& \neg Su) \vee \exists Q(Qy \& \neg Qv)]) \qquad (3.2)$$

其中 $S$ 和 $Q$ 是内在性质。

等式(3.1)与莱布尼茨定律形成对比:

$$\Box(xRy \supset [u = x \supset uRy]) \qquad (3.3)$$

等式(3.1)要求在我们的世界中两个关系项之间存在的任何偶然关系——比如因果关系——将存在于存在关系项的任何其他世界中。相比之下,等式(3.3)仅要求如果在一个世界中存在一个关系,那么在该世界中任何相同对象的替代都不会改变这个关系。等式(3.1′)很好地诠释了 M-内部关系的弱解释。

我们需要采取一些谨慎措施,以防止这种观点变得微不足道。如果我们认为任何一元的或关系的性质在确定一个对象的条件中起作用,那么对于任何关系,仅仅不存在于这种关系中这一事实就足以改变前一个关系项的确证。在剑桥变化的例子中,例如,当我唯一的侄子或侄女去世之后,我作为叔叔的身份就不存在了,这时就发生了剑桥变化,尽管仅仅因为失去这种关系的性质是否能够导致我的改变,这是存在合理性争议的。①

一些分析哲学家坚持与基本性质密切联系的观点。例如这个例子:"大致上……如果一个关系是物体的性质或本质的一部分,那么它就是物体的内部关系;如果它是偶然的或者不是物体的内在性质的一部分,那么关系是外部的。"(Hylton 1990,54)并且"内部关系在某种程度上对于相关物体本身是必不可少的,或是构成该物体的必要成分,因此,没有这个关系就没有

---

① 很明显,"是一个叔叔"至少是一种二元关系,而不是一元性质。(我说"至少"是因为人们可能希望增加第三个关系项,它包括一个合法的原则系统,因为在最后一个侄女或侄子死后,一个人是否保留了作为叔叔的法律地位可能会有所不同,具体取决于这种情况下法律的规定。对于生物学关系,考虑的因素是不同的。)一个定义是:"$x$ 是一个叔叔,当且仅当是 $x$ 是一个男性,并且 $x$ 有一个兄弟姐妹 $y$,使得 $y$ 有一个孩子,或者 $x$ 与一个有一个兄弟姐妹的人结婚,且这个人的兄弟姐妹育有一个孩子。"

这个物体的存在"。(Hylton 1990,121)①这种说法使内部关系的描述具有相对性的风险；"是一个叔叔"这种关系不是对保罗·汉弗莱斯的从物解读的内部关系（在稳定的意义上，我是一个叔叔是偶然的）；但若是从言解读，保罗叔叔不得不与他唯一的侄子有关。关键在于关系项在关系内和关系外是否还是同一个。关于这一点还有很多要说的，但无论如何解读，这个论述都不同于语境论者的进路，在这里我只是注意到对这个问题和类似问题的逻辑处理往往无法将概念问题与本体论问题区分开来。从概念上讲，当然就"是一个叔叔"的定义而言，即使我在一元性质方面保持完全不变，我也失去了关系性质。从因果上讲，我的侄子的去世可能会导致我为死者哀悼，或者不得不离开我已故侄子允许我使用的房子，等等。

关于上面的等式(3.2)，在非本质主义版本中，变化意味着包括个体的至少一个内在性质的变化。在本质主义版本中，我们单独识别实体的本质的性质，因此改变意味着相对于该类型的物体本质的内在性质的缺失。本质主义版本至少可以解释我们之前的一个例子。在暴民行为这个极端的例子中，我们确实认为暴民的成员本质上是不同的，因为他们被卷入了各种关系，并经历了某些相互作用，这些相互作用是因卷入暴民中而产生的。一旦脱离暴民团伙，不再处于这些关系或活动中，他们就失去了暴力的特性，重新获得了正常人的身份。相比之下，熔合的例子，随着实体的消失，不能用等式(3.2)表示，因为 $u$ 和 $v$ 缺乏指示物。

两个实体是否有可能在一个世界中内部相关而在另一个世界中不相关？本质主义解释的意思是，这是不可能的。举个例子，就质量来讲，任意氦原子的质量居于氧原子和锂原子之间。这是一种内部关系，因为原子质量不在氢和锂之间的任何事物不仅不会是氦，而且必然不是氦。这是我们对元素进行概念分类的结果，而原子质量是该分类的重要组成部分。相比之下，这种情况对于非本质主义的解读而言过于强烈。我们之前的一个例子中的两个心理上的对手，无论他们有多强烈的感受，都不必是相互仇恨的关系。关系本身并不是固定不变内部的，因为关系可能对于一组对象是内部的，而对于另外一组不是内部的：处在加拿大和美国之间的位置对于美加边境来说是内部关系，但是对于跨越美加边境的我来说就不是内部关系。

---

① 另外可参考罗蒂(Rorty 1967)。

▶▶ 3.3 *层级*

　　层级这一概念深深地存在于还原论和突现的讨论中,这使得我们常常在字面上理解这个概念。层级让下向因果关系和上向因果关系的想法看起来很自然,而且相关文献大量使用了包含水平层次、向下指向箭头和垂直决定关系的图式。人们可以认为,下向因果关系类似于打电话到地下室让你的配偶知道晚餐已经准备好了。层级的隐喻有一些优点,但它也面临一些困难,其中一些我将在下面描述。

　　即使是在历时性解释中也无法避免层级的概念。进化突现理论适用于不同层级的本体论,生命曾一度被认为是在时间和层级的意义上突现出来的,在从最初纯粹的物理世界发展而来的某个时刻突现而来。对于各种心理现象也持这种观点。这些早期关于突现的立场的核心特征是,最多存在六个层级(物理的、生物的、心理的、社会的,或许是精神的或其他层级),而且每个新层级与其前面的层级完全不同。物理学的最新发展强烈地表明,即使在物理世界的层级内也存在多个子层级,每个子层级依次从较低层级性质实例之间的相互作用中突现出来。层级数的增加与有效场论(EFTs)的使用是一致的,有效场论已经在粒子物理学中产生了嵌套的一系列模型。

　　为了避免谈到层级,我在本书中采用了域的框架而不是层级的框架。域的方法具有重要的优势,即当我们确定两个域的实体如何相关联的时候,我们可以保持中立。层级的图景是通过共时性概念建立的,大多数明显是构成的,并且对于较低层级而非较高层级有一种优先的本体论或方法论上的偏好,这是物理主义在其论证中默认使用的非对称性。对于物理本体论的某些部分来说,分体论解释是非常合理的,但即使我们接受这种局限性,一旦我们触及心理学领域,分体论层级就会瓦解,因为在神经层级的本体论和心理层级的典型心理实体之间没有明显的部分/整体的关系,如认知心理学中的情绪或命题态度。如果我们认为社会行动者具有心理性质,那么层级再次与社会科学相提并论,但是在经济学、社会学、政治学和人类学之间的关系中没有明确的本体论等级,所以我们最多只能有一个部分的层级排序。

相比之下,域的方法允许我们说一个域的元素被还原为另一个域的元素,或者一个域的元素从另一个域的元素中突现,而不需要固定在一个域的全部或部分的排序中。这为突现的历时进路提供了空间,而且它还有一个额外的好处,就是迫使我们解释"下向因果关系"和"上向因果关系"的含义。域之间的关系通常会存在,例如蛋白质 mHtt 的存在,因为某些生物学现象可以预测亨廷顿舞蹈症的一些认知效应——通常被认为发生在与其原因不同的领域的效应,但这些关系往往是零碎的。因此,如果我们想要谈论各个层级,就需要确定是否存在一个区分各个层级的有效标准,以及这种关于层级的讨论是否能够精确代表世界的真实划分,或者它是否仅仅是一个隐喻。可能只有一些层级在客观上存在,而其他的层级只是我们描述世界各个部分的简便方式而已。

共时还原论和突现论文献中最常见的层级划分标准是基于一种简单的构成方法。[①] 物理原子应该包含基本粒子作为其成分,分子应该包含原子,大分子由较小的分子构成,生物实体由大分子构成,等等。这种方法的优点是,如果可以根据对象给出层级的标准,那么性质的层级结构可以通过以下方式与对象层级相关联:如果,在 $j$ 以下的所有层级中,没有出现性质 P 的实例,但是在层级 $j$ 处存在至少一个 P 的实例,那么 P 具有层级 $j$。这种方法要求将对象视为在本体论上比性质更为基本。然而,将定律按层级划分更成问题。性质标准可用于按以下方式将层级归于定律:如果定律 L 分别涉及层级 $l_1, \cdots, l_n$ 所有的和唯一的性质 $P_1, \cdots, P_n$,那么 L 被分配为最大 $\{l_1, \cdots, l_n\}$ 层级。但是,有些定律,例如心理物理学定律,应该有多个层级与它们相关——它们所跨越的层级。也许这些跨层级的定律应该归为一个单独的类别,但是存在很多定律,它们使用其他层级的性质来说明某一层级性质的定律,因此这将把层级限制在纯生理学等学科的定律上。

暂时搁置构成本体论的缺陷——例如分子并不是由原子构成,就像太阳系被认为是由太阳、行星、卫星、小行星等构成的方式——A 的成分包含在 B 中并不能成为 A 处于低于 B 的层级的充分条件,因为这可能产生比自然界中实际存在的层级更多的层级。例如在一堆石头上添加一块石头会把

---

① "赋予这个阵列结构的是**作为其中一部分**的分体的关系:属于给定层级的实体在分体意义上是由属于较低层级的实体构成的,并且这种关系生成一定的等级顺序。"(Kim 1993b,337)

石头堆提升一个层级。作为充分条件，它也导致任意性。以一个由两块石头构成的复合体为例，该对象的层级将高于其任何一个组成部分的层级。假设将其中一块石头打碎成三块，但是我们将其中两块粘合在一起。那么现在我们有三个还是四个组成部分呢？根据不同的答案，最先的两块石头提升了一个或两个层级。

此外，A 将 B 作为组分意味着什么，也是一个微妙的问题。A 和 B 仅仅是空间上的包含关系不足以形成一种构成关系，因为即使我坐在最高法院的构成成员之中，也并不能使我成为这个立法团体的一员。这个例子涉及功能的作用，但许多非功能性实体也使用这样的标准。踢入洞穴的足球不是洞穴的一部分，即便在功能上说也是如此；插入我前臂的静脉导管也不是我身体的一部分，即使它在空间和功能上都是我身体的一部分。

我们可以使用空间上的包含关系作为一个对象构成另一个对象的必要条件吗？遗憾的是，这也行不通。我的车的后座门目前在修车行，因此在空间上与车的其他部分分开，但它仍然是我的车的一部分。若扩大空间区域以包括修车行的空间，则意味着该区域的许多其他东西，例如一个法拉利的发动机，在空间上被包括在内，但它不是我汽车的一部分。最后，空间包含关系对于许多物理系统（如电子）来说并不是一个定义明确的概念。

也许我们可以通过放弃空间包含关系的条件来削弱这个标准：只有当物体 O′ 将物体 O 作为组分时，O′ 才处于比 O 更高的层级。我们可以使用这个条件，但这需要放弃突现总是涉及层级中的变化这一立场。考虑"蒸汽→水→冰"的相变，这通常被引用作为突现的例子。层级的分体方法将具有固体性质的水分子的集合和具有液体性质的水分子集合归为同一个层级。由于相变是可逆的，其中一个可以从另一个突现出来，这表明突现并不总是涉及层级的变化。

因此，分体的包含不是划分层级的好方法。我们可以诉诸新的定律。通过增加要求，即更高层级的实体遵循不同于低级层级的定律，希望构成标准可以转化为识别层级的必要和充分条件。作为一个候选定义，我们说类型 B 实体处于比类型 A 实体更高的层级，当且仅当类型 B 的实体把类型 A 的实体作为构成元素的情况下，至少有一个定律或理论 L 适用于类型 B 实体、但是不适用于类型 A 实体，而且 L 不能还原为适用于类型 A 实体的定律。这里，需要提供某种关于一个定律对另一个定律的本体论上的可还原性解释,因为从一个定律语句到另一个定律语句的可推导性是非常弱的条件——即使潜在定律处于语义依赖关系中,数学上的困难也可能导致推导的困难。这可能是现有的最完善的关于层级的解释,但这仍然取决于构成性标准的有效性。如果没有这个标准,这种尝试就失败了,因为两种类型的简单基本实体,如费米子和玻色子,可以遵循不同定律的支配,这两种定律都不是可还原的,也没有更基本的统一定律,但有关实体不会被视为占据不同的层级。

能量——或长度(等效但相对立的)——被物理学中的有效场论作为将物理世界客观地划分层级的基础,当一个实体只有在能量较低时才占据较高的层级。[①] 这种方法的一个重要结果是,通过将给定长度尺度上的表征限制在特定选择的自由度上,可以忽略在其之下层级的细节。这样做的一种方法是使用密度和黏度等参数,这些参数聚集了较短的距离行为,并使人们有可能忽略微观层级的细节。该方法的缺点在于对模型的依赖。因为在较低层级上忽略了自由度,有效场论也只是近似理论。

最后,我们提出一个充分条件,如果一个实体 A 的存在或性质可以用另一个实体 B 或实体 B 的集合来解释,但反过来却不成立,那么 B 具有超过 A 的本体论优先权。这不是一个必要条件,因为依随关系通常无法给出解释,但是我们一般认为,如果 A 依随于 B,但反过来不成立,那么 B 具有本体论优先权。[②]

值得注意的是,性质的布尔构成永远不会改变性质所处的层级,除非持这样的观点,即存在一个复杂性的阈值,一旦超过阈值,就会发生突现。可能有人会反驳说,这样的原则不适用于集合论运算,集合的形成是标准的集合论层级的基础。但是,这种集合论层级并不是人们在谈论不同层级性质时所想到的。生物性质被认为处于物理性质的上一层级,但是作为集合论的实体,物理和生物性质都在同一层级上,除非将原子视为基本粒子的集合、分子又是一些基本粒子的集合的集合,以此类推。值得注意的是,性质层级的排序同科学上的排序是不一致的。人们曾经将科学进行严格的等级

---

① 见哈特曼(Hartmann 2001)和卡斯特兰尼(Castellani 2002)。

② 这一原则得到了克莱(Klee 1984)的认可。

排序,而且很多人都有自己心目中的排序,通常物理学被排在最基本的层级。[1] 然而,大多数学科都和其他学科共同使用相关的性质;例如,经济学应该在其模型中至少包括来自气候学、社会学、人类学、物理学和化学的因素,以便使用经典的方法对商品期货进行有效预测,而多维度建模在气候建模等领域很常见。[2]

鉴于以上所述,我认为我们最好抛弃已有的明确定义的层级概念,转而使用更加中性的域作为工具。

## ▶▶ 3.4 下向因果关系

我们通常把下向因果关系概念的提出归功于唐纳德·坎贝尔(Donald Campbell)。坎贝尔最初将这一概念应用于有关自然选择的问题:"自然选择通过优胜劣汰在更高层级的组织中进行,高层级自然选择系统的定律部分地决定了较低层级的事件和物质的分布……一个等级较低的层级的所有过程都受到限制,并按照更高层级的定律运行。"(Campbell 1974,180)坎贝尔给出的主要例子是社会性过程在白蚁群体的成功进化中所发挥的作用,即工蚁为兵蚁喂食,而兵蚁的下颚很特别,专门用于攻击目的以致无法进食。这个例子并不完全令人信服,因为除非我们愿意将集体意向性赋予白蚁群体,否则这种所谓建立层次分离的分工只不过是两个不同生物群体的行为的物理分化,这是自然选择的结果。[3]

虽然这个具体例子并不完全具有说服力,但是下向因果关系可以存在吗? 关于下向因果关系的两个问题使得它的假设存在疑问,每个问题都被

---

[1] 参见休厄尔(Whewell 1840)和孔德(Comte 1830)。哲学评论请参见汉弗莱斯(Humphreys 1990)。

[2] 一个既不是必要条件也不是充分条件的标准是:一个层级的特征是:(a)表现出稳定的特征,并且(b)具有新颖的因果力。沿着这些路线的一种方法可以在温萨特(Wimsatt 1994,210—211)中找到。

[3] 关于集体意向性的讨论,见图姆拉(Tuomela 1995)和塞尔(Searle 1995)。坎贝尔的论点依赖于将几代的时间压缩成一个瞬间,因此因果关系主张是一个模型—层级的主张,而不是直接关于世界的。

认为严重到足以排除存在这种因果关系。[1] 令人担忧的第一个原因是,如果一个给定的系统可以通过具有下向效应的整体性质因果地影响其自身的组成部分,则会产生因果循环,而违反因果关系的非自反性质,因为其原因把结果包括在内作为它的一部分。[2] 这种对导致部分自因果关系的整体/部分因果关系的担心是强调共时突现的产物,因为反对的核心是下向因果关系将涉及整体与其至少一个成分之间的同时作用的因果循环。

当涉及历时过程时,下向因果关系并没有明显的问题,因为源于整个系统的因果过程可以在后面的某个时间点影响其组成部分,而并不违反非自反性条件。如果以我作为一个委员会的投票成员的身份,我帮助(通过一次投票)通过一项后来导致我被开除委员会的政策,那么我就是自己通过上级委员会解雇的原因;但是,即使是为了论证而论证,我们允许在这种情况下存在从委员会到委员会个别成员的下向因果关系,这里也不存在概念上的不一致。在这个例子中,可能会出现因果关系同时发生的争论——我最后一个投票,该政策在最后一票完成的瞬间立即生效——但是这也将导致这同一时刻,我既是该委员会的成员,也不是该委员会的成员。

我们可以通过如下的定义理解这种类型的整体/部分历时因果关系:

**定义** 设 S 是一个具有组分的系统。一个性质 D 的发生 D(S,t) 通过整体/部分的因果关系导致性质 E 的发生 E(y,t′),当且仅当 D(S,t) 导致 E(y,t′),y 是 S 的适当部分,t′ 晚于 t,且 D 不是 S 的任何适当部分的性质。

最后一个条件是确保性质 D 是一个"高层级的性质"。在上面的委员会的例子中,委员会的任何成员都不具有委员会成员政策所拥有的性质。

---

[1] 金在权(Kim 1999)和雷迪曼等人(Ladyman et al. 2007)反对在与下向因果关系相关问题的基础上的强突现。马克·贝多在完整性的基础上拒绝强突现:"没有证据表明强突现在当代科学中起到任何作用……强突现始于科学解释的终结。"(Bedau 2002,11)

[2] 例子可参见埃梅切,科佩和斯杰恩费尔特(Emmeche、Køppe and Stjernfelt 2000,14),汤姆森和瓦雷拉(Thomson and Varela 2001,420),西尔伯斯坦和麦克格弗(Silberstein and McGeever 1999,182),耶茨(Yates 2009)也将下向因果关系解释为涉及整体对其部分的因果影响。

第二个对向下因果关系的担忧的来源是,当因果关系来自某些"更高层级"实体时,其结果不涉及原因所在的系统的任一组成部分。举个例子,假设生物域处于比物理域更高的层级,我院子里的橡树根的生长导致房子地基砖块的破裂,这个因果过程源于一个生物过程。这种从域 A 到域 B 的因果关系的问题不是下向因果关系,而是与域 B 因果关系封闭的假设相冲突。我在第1.6 节中表明,因果完整性并不排除域到域的因果关系,并且存在可能发生这种因果关系的情况。因此,我们可以得出结论,假设下向因果关系的历时类似物的存在并不受与该概念的共时性版本相关的主要问题的影响。

### 3.4.1　立方体世界

处理下向因果关系的另一种方法是将其视为一组不在单个层级上起作用的一系列限制,但与低层级的定律是一致的。[①] 我们可以通过一个简单的本体论例子来了解这个方法,以原子是边长为 1 英寸的立方体为例。我提出这个例子,目的不是作为下向因果关系的明确案例,而是旨在说明对下向因果关系进行评价之前有些问题必须解决。

这个世界的定律允许立方体连接在一起形成边长为 N 英寸的实心立方体,其中 N 是正整数,并且还可以形成边长为 2N+1,缝隙为 1 英寸的立方体点阵。这个立方体点阵是刚性的,立方体的材料是不可穿透的,并且没有摩擦力。较大的立方体和点阵由尺寸为 1 英寸的原子立方体构成。我们能否说点阵和立方体处于不同层级或域? 仅仅尺寸的差异不能成为层级变化的充分条件,而且尺寸为 1 英寸和 2 英寸的立方体,两者均满足实心立方体的定律,可能处于同一层级或域中。然而,点阵是不同的,因为它们遵循不同定律;点阵允许一些物体穿过它们,而实体立方体则不是如此。因此,我们可以基于这样的事实,因为点阵和立方体遵循不同的定律,所以我们认为前者比后者处于更高的层级。当我们让立方体垂直于点阵下落时,在点阵的下方仅会发现 1 英寸的立方体。这是一个物体的简单例子,有一个更高的、非原子层级的点阵,以一种完全透明且没有问题的方式对较低层级的物体的行为施加影响。在解释为什么点阵下方仅存在 1 英寸立方体

---

① 例如,坎贝尔(Campbell 1990,4)。

时,较高层级的刚性起着非常重要的作用。① 如果点阵不具有刚性,它可能会变形,或者更大的立方体可以通过,或者 1 英寸的立方体可能受阻。在这个例子中,限制是产生影响的原因,因为与事实相反的说法"如果点阵不具有刚性,只有通过的原子立方体的影响就不会发生"就会成真。因此,更高层级域的这种类型的限制也始终允许"下向因果关系"。

有不是下向因果关系的下向限制吗? 这存在一些潜在的例子。海里津(Heylighen)在 2001 年指出,在一些过程中,如贝纳德滚筒,单个分子被整个滚筒限制在给定的方向上移动,还有在铁磁体中形成的外斯畴,单个自旋的方向受到整个域产生的非局部场的影响。劳克林(Laughlin 2005,66)断言,电子和空穴通过半导体硅的运动是所有电子的集体运动,尽管它们的行为看起来像是孤立的,并且在加速质量和电场力的强度上存在可检测的差异。"金属的行为是一种突现的有组织的现象。电子海之所以有意义,是因为金属相已经形成,而不是相反。"(Laughlin 2005,85)

泡利不相容原理(简写作 PEP)在形式上是整体性的限制的一个例子。这个原理解释了物质的稳定性,因为它可以防止物质塌缩到更小的空间区域。它也构成了一些科学解释的基础,例如两个宏观物体为什么不能同时位于同一位置,还有我们熟悉的元素周期表。② 当作为对电子状态的限制时,PEP 具有整体性,因为添加到原子的新电子被限制在一种状态,该状态取决于所有其他电子所处的状态。PEP 从根本上说是一种非个体的定律或限制;将它应用于实体而不参考其他实体是没有意义的,但它与固定的数量没有关系,因为该原理适用于任意数量的费米子。最后,PEP 起到限制的作用,而不是"下向因果关系",因为它是一项基本定律。


▶▶ 3.5 整体论、语境论和转换


我在第 1.7.1 节中引用的布罗德的话,是许多关于共时突现立场的特

---

① 那些熟悉希拉里·普特南(Putnam 1975)的解释方枘圆凿例子的人会发现,在这种情况下,寻求对更高层级的理论描述进行解释的要求是存在的。这里的例子是本体论的,不支持普特南在他的职业生涯中的某一点所提倡的那种实用的解释理论。

② 关于 PEP 起源的历史性讨论,参见马西米(Massimi 2005)。

征。它表明,当一种关系将共时结构加于一个实体集合而产生无论是本体论还是推理新颖性时,就会发生突现。我将证明,这种共时关系方法,以及涉及整体论和语境论的相关概念工具,不适合去理解突现,因为它将我们的注意力从重要的历时特征上移开了。

现在我们回到律则上的整体性质的定义:

> **定义** P是系统S的一种律则上的整体性质,当且仅当P是S作为一个整体所拥有的,且作为律则必然性,而不是形而上学必然性,P不能被S的任何适当部分所拥有。[1]

一个较弱的、非必然的定义可以只要求P是整个系统的性质而不是系统的组分的性质,但是这样的定义无法解释突现。举个例子,一个摇滚乐队以低于平常100分贝等级演奏。乐队的单个成员都没有产生这个分贝等级的声音,但是,作为一种律则上的可能性,每个人都可以通过将扩音器旋转到11来做到这一点。整个乐队实际上的演奏声音等级不是任何一个乐队成员的性质,但其是整个乐队的偶然性质,因而在整体的意义上与突现是无关的。此外,尽管来自n个声音来源的分贝等级是各个单一声音来源的分贝等级的非线性函数,但是整体的分贝等级的性质缺乏新颖性,并不足以看成是突现的一个实例。非线性本身不能成为判断是否为突现的标准,因为是不充分的。

虽然布罗德并不赞同,但他确实仔细考虑了这一观点,即整体论对于突现是一个充分条件。[2] 很容易证明,这对于我们提出的律则整体论的条件而言是不正确的。考虑一个均匀引力场中的化学平衡的例子,天平的左盘的反应物的重量是7盎司,右盘上反应物的重量为2个5盎司。2个5盎司重量的反应物构成的整体,具有使天平的右盘向下的性质,这个性质是单一的5盎司的部分在律则上所不具有的性质。但是,这种情况在形而上学上是有可能(在物质和重量的关系有不同定律的世界中)存在的,所以,律则必然性不是形而上学必然性的实例。因此,这是一个律则上的整体性质的

---

① 斯蒂芬(Stephan 1999)将这种性质称为"系统的"(systemic)。

② "突现出来的性质大致上是一种属于一个复杂整体而不是其部分的性质。"(Broad 1925,23)与现代作者相比,这一时期的大多数作者对模态特征的关注较少。

例子,但不是一个突现的例子。

整体论的一个相关但具有更强必然性的方面适用于众所周知的认识论的整体论类型:证据整体论(evidential holism)。迪昂—奎因(Duhem - Quine)假设的一个最直接的结果是,证据整体论声称,不是单个句子被证据证实和不被证实,而是整个理论和观察句子的网络。这种证据整体论不是我们假设检验方法的偶然特征,而是从经验证实和证伪的逻辑结构中得出的具有逻辑必要性的特征。一个人不必接受证据整体论的真理,但是可以看到它是一个说得通的整体立场,而且其中有合理的论点。①

鉴于对这种整体论的熟悉程度,为什么当整体论应用于突现现象时会有如此大的阻力?至少有些反对意见是由于整体论被认为与生成原子论不相容,以及随之而来的建议,即后者的显著清晰度在某些情况下必须用一组更模糊的表征来代替。事实上,"整体大于其各部分之和"这一口号的进一步错误在于,它认为作为突现主义者,我们必须找出额外的"某事物"的来源,它的出现给我们带来了超越生成原子论所提供的东西——这是一项并不吸引人的任务。最后,在社会科学方面,历史上关于个人重要性的政治观点在拒绝整体性质的存在方面发挥了作用。

要表明整体论不是突现的必要条件,还有很多工作要做。在开始这项任务之前,我们必须先区分整体性质和语境性质。② 首先,我给出了"语境"(contextual)的定义,其动机是反对不变性:

> **定义** 相对于语境 C 和 C*,一个实体 a 的性质 φ 是不变的,当且仅当 C 中 a 的存在和 C* 中 a 的存在之间是不变的。相对于语境 C 和 C*,个体 a 是不变的,当且仅当 a 的基本性质在 C 和 C* 之间保持不变时。

这里,我认为个体 a 的本质性质 P 是这样一种性质,如果 a 缺少 P,a 就是一个不同类型的个体。这种分类本质主义(sortal essentialism)的版本允

---

① 有人回忆起奎因的第二条经验主义教条是一种认识论形式的还原,但是他作为一个物理主义的倡导者拒绝了这种还原。

② 尽管语境论经常与实用主义联系在一起,但这里给出的观点是本体论的,而不是实用主义的。

许诸如电子、氦原子和**经济人**之类的东西具有本质性质。

**定义** 相对于语境 C 和 C*，一个实体 a 的性质 φ 是语境相关的，当且仅当 φ 因 a 在 C 中的存在和在 C* 中的存在而变化。相对于语境 C 和 C*，个体 a 是语境相关的，当且仅当 a 的至少一个本质性质在 C 和 C* 之间发生变化时。

因此，a 必须至少有一个本质性质；没有本质性质的个体既没有不变性，也不是语境相关的。语境论允许一个性质作为附加到系统的一部分的特征而存在，性质的价值取决于上下文，而律则整体论则否认该性质可以附加到除了整个系统以外的任何东西。

这些定义涵盖了 C 是空语境的特殊情况。因此，如果 a 在孤立时（即在 C 中，空语境）具有性质 φ，并且当 a 存在于某一较大实体（即 C*）中时也具有 φ，则我们通常在原子论中默认这种情况。当一个个体系统中至少有一个构成个体是语境相关的，而且其本质性质的变化是不可预测的时候，我们有第 3.1 节中布罗德所提到的那种情况："整个 R(A,B,C) 的特征性质，即使在理论上，也不能从单独的 A、B、C 的性质的最完整的知识中推断出来，或者从其他不属于 R(A,B,C) 形式的情况下推出。"(Broad 1925,61)[1]这里，组分 A 的语境是由 R 表示的结构中 B 和 C 的存在。

为了使定义简化，我将违反哲学智慧的基本规则之一，而认定存在是个体的本质性质；因此，如果 a 存在于 C 中，而不存在于 C* 中，则 a 与 C 和 C* 是语境相关的。请注意，所说的性质 φ 可以是任意基数——一元的、二元的、三元的，等等——因此关系性质也可以是语境的或不变的。[2]

语境论不需要涉及下向因果关系。在 a 是系统 S 的一部分，并且 C 是由 a 的发生作为 S 的一部分构成的语境的情况下，语境论可以解释系统的其他部分对系统的其中一部分的影响。但这不需要产生循环因果关系或反身因果关系，因此它不受下向因果关系的感知问题之一的影响。一个群体中的一些成员对另一个群体施加的同伴压力是一个常见的例子。

---

① 有关语境特征相类似的方法，请参见斯蒂芬(Stephan 1992,1998)。

② 虽然有些语境可以用关系来表示，但在另一些语境中却没有明确的关系。

律则整体性和语境性质的概念在逻辑上是独立的。假设一个虚拟经济的律则结构部分是由规范社会货币的规则构成的。那么，能够在 Rusty Scupper 购买啤酒的性质是用于购买啤酒的硬币总数的一种律则整体性性质，其总数恰好是合适的金额——其中的任何一部分都不具有该性质——但是，就经济背景和使用相同货币的所有其他同期经济环境而言，硬币的价值并非语境相关的；硬币的价值与任何其他交易的价值，或任何其他硬币和纸币的价值相同。① 请注意，这种特殊的律则整体性并不神秘，这是一个简单的加和过程的结果。这种整体论是一种律则必然性，以及形而上学的偶然性。一个具有不同经济规则的社会可以通过使货币单位具有次加性来造成类似累进税的影响；不断加在总额中的美元的购买力越来越少，而加得越多，其正购买力就越小，这样的价值是语境的，而且总价值具有律则整体性。

相反，语境论可以在没有律则整体论的情况下出现。麻疹病毒的语境性质是造成麻疹的原因，因为这取决于病毒所在的环境是否由已接种疫苗的个人构成；但是，作为致病原因的性质是病毒才具有的，而不是我们称之为人类个体的整个生物系统具有的，因此，不是律则整体的。② 读者可以很容易地构建逻辑独立性所需要的另外两种情况。

### 3.5.1 再谈转换

在区分了整体论和语境论，并继续了上一节的主题之后，我将以一种更普遍的方式探讨，人们可以把原始元素的变化作为理解某些突现情况的一种方式，而不是直接诉诸整体论。在很多情况下，原始元素之间的相互作用是发生转换的原因。我们可以用如下的方法来探索这个相互作用：假设我们有一组基本实体 $e_1, \cdots, e_n$，如果分开来看，它们可以被看成是彼此独立的存在。这些基本实体是动态过程的产物，彼此存在相互作用，并且由于这种相互作用，这些实体随时间发展变为 $e_1^*, \cdots, e_m^*$（其中 $m$ 和 $n$ 可能是相

---

① 当然，硬币只有在经济体中被算作货币的时候才具有购买力，但这并不是我们讨论的那种语境论。而且，非语境论的领域有限。如果流通中的货币数量急剧增加，这些硬币的价值将下降。

② 随意的说法可能将传播原因归咎于整个人类，但是传播模式只需要病毒的存在就可以了。

同的,也可能不是相同的,并且至少有一个 $e_i^* \neq e_j$,其中 $j \in \{1, \cdots, n\}$)。结果是一个可由 $S(e_1^*, \cdots, e_m^*)$ 表示的系统。这个实体集合 $S(e_1^*, \cdots, e_m^*)$ 的性质不由 $e_1, \cdots, e_n$ 或 $S(e_1, \cdots, e_n)$ 共时决定,尽管我们可以假设它们是由 $e_1^*, \cdots, e_m^*$ 和它们之间的关系所决定的。接下来人们可能会倾向于说 $S(e_1^*, \cdots, e_m^*)$ 是"超越"原始元素 $e_1, \cdots, e_n$ 及其关系的东西,正是这一特征促使人们相信 $S(e_1^*, \cdots, e_m^*)$ 具有某些整体的性质。然而,正如我们在暴民的例子中看到的那样,这实际上只是一个原始成分的历时转换。在我们所考察的这种情况中,作为某一部分或全部实体相互作用的结果,至少有一个 $e_j$ 被转换为另一个不同类型的实体 $e_i^*$,并且因此具有与那些孤立的 $e_j$ 不同的性质。由 $e_1^*, \cdots, e_m^*$ 作为组分的系统具有的性质不同于由 $e_1, \cdots, e_n$ 作为组分的系统会具有的性质,这里是反事实意义上的"会",而且有时是反规则意义上的。相互作用的过程是历时性的,并且不能仅通过共时解释来理解。

这种相互作用可以帮助我们理解一些传统的研究突现的进路是如何产生的。举一个最简单情况的例子,通过与其余的未改变的元素 $e_k (k \neq i)$ 发生相互作用,其中一个个体 $e_i$ 被转换为一个不同类型的个体 $e_i^*$,因此 $e_i$ 被转换但 $e_k$ 没有被转换。进一步假设,$e_i$ 的转换是不受 $e_1, \cdots, e_n$ 的定律的支配,不管是孤立的情况下还是在比 $e_1, \cdots, e_n$ 更小的集合的情况下,但是系统 $S(e_1, \cdots, e_i^*, \cdots, e_n)$ 的性质是由 $e_1, \cdots, e_i^*, \cdots, e_n$ 以及它们之间的相互作用决定的。正如我们上面引用的布罗德的话所讲,A、B、C 在系统整体中保持它们的存在,这就把突现发生的原因限制在整体的关系方面,从而忽略了这种情况的关键的历时特征。布罗德对组分的不变性的默认曾经是,现在也是源于对原子论的信赖。这还表明,在这种情况下,突现的关键在于导致新实体 $e_i^*$ 产生的转换过程,或者在于 $e_i^*$ 和其余实体之间的相互作用。

当考察计算模型中的转换时,我们可以很容易理解这种新颖性,尽管这不会产生本体论突现的例子。红色元胞可以在多状态元胞自动机中转化为绿色元胞,而不会出现任何本体论上的突现情况,即使这种转化的结果代表了世界上某种新颖的东西。通过自然系统理解这种情况并不太容易,因为它需要产生某种新类型的基本实体,该实体至少突现出一个新颖的性质,或者同之前存在的性质或其他新颖的性质存在新形式的相互作用。从认识论上讲,主体必须收集关于这种相互作用的重复实例的数据,以便形成一种似律的规则性,但从本体论上讲,新性质的行为和相互作用的方式是系统的一个基本的和新颖的特征,从第一次出现时就表现出来。这种新的似律的规则性可以适用于整个系统,从这个意义上说,它与以下观点有一些相似之处,即认为突现是在达到某种程度的复杂性时发生的,但在其他情况下,它只适用于 $e_i^*$ 的实例。实体 $e_i$ 不需要与整个系统相互作用才可以转换成一个不同的实体 $e_i^*$。与其他的个体或子系统重复的相互作用,有时通过阈值效应,也可以实现转换,或者转换可以是自发的。所有这些情况所表明的立场都是,整体论不是转换突现发生的必要条件。

转换突现还表明我们应该区分两种不同情况下的推理突现。诸如出现交通堵塞的情况,这个系统的组分——汽车、货车、摩托车和其他一些车辆——并没有发生转换。不可预测的是这些车辆运动的模式。在其他的情况下,例如多状态元胞自动机中出现的模式,模式存在的部分原因是基本层级上元胞状态的转变。在后者中,对刚刚提出的那种情况的直接反应是要注意,如果导致从 $e_1, \cdots, e_n$ 到 $e_1^*, \cdots, e_m^*$ 的过程的动力学是可预测的,并且系统由定量关系 S 构成,其价值可以从个体 $e_i^*, \cdots, e_m^*$ 的内在性质以及它们之间的关系(关系元 $t \leqslant m$)中进行预测,那么这就不属于推理突现的情况。这种反应是正确的。但是,如果由于对所涉及的过程缺乏系统的理论,或者由于所需计算的复杂性要求我们必须让物理过程自身发展来展示 S($e_1^*, \cdots, e_m^*$)的价值,而导致这些动力学是不可预测的情况,那么我们将有一个推理突现的情况,这通常是弱突现的形式,在这种情况下,我们需要逐步模拟动力学。

有许多比我刚才描述的简单情况更复杂的情况,但主要的哲学观点仍然存在。在描述律则突现时,作者们头脑中很默契地会想到一个新的定律形式,但这也是不必要的。在新颖的、突现的对象和性质类型之间存在的平方反比定律同样是一个突现定律,就像涉及一种新的特殊函数的定律一样。

### 3.5.2 语境论和构成性

因为语义语境论已经在哲学中被广泛地讨论,所以与这个案例进行一些比较是值得的,尽管我注意到语义的案例是共时的,因此是对历时突现中可能发生的语境论的一种不完美的指导。语义语境论的标准例子是诸如"重的"这种评价性术语,其外延和所谓的意义是随着语境的变化而变化的。一个对于幼儿来说很重的背包,对孩子的父亲来讲就不是重的。只需稍加整理,从很多这些语境论意义的案例可以发现更稳定的内容。"重的"大致意味着"很难或不可能独自举起来",这个定义涉及我、蚂蚁、奥运举重运动员、起重机以及其他一些情况。在这种情况下意义保持不变,但是谓词"重的"的外延取决于具体的语境。如果令人不安的是,这违反了通常认为的"意义决定外延"这种观点,那么人们可以将谓词相对化,使其变为"$x$ 在时空位置 $l$ 处是重的"。

不同的是,当一些句子嵌入更大的单位时,它们的真值可以改变:"这句话是其段落的最后一句话"在孤立情况下总是真的,反之则大多是假的。语义语境是文学比喻中的一个特征,如夸张,不仅是个别的术语,而且整个短语的意义都有许多语境变化的例子。自 2009 年以来,在美国,"徒步阿巴拉契亚小径"这个短语除了通常的意思,还有"拜访一位不是你妻子的女人"的含义。① 哪种意义是合适的,通常取决于它发生的更大的语境。此外,在其较新的用法中,整个表达的意义不再是其成分的意义的函数,无论它们是否有其原始意义。在极端情况下,单个句法可以在两个句子中具有相反的含义,例如"他将木头劈成两截"(He cleaved the log in two.)和"他忠于他的妻子"。(He cleaved to his wife.)②

语义语境论通常被称为"语义整体论",但这仅在这种观点的特定版本中才是正确的。在隐式定义的情况下,语义语境论和语义整体论之间的区别很容易看出,其中诸如"概率"之类的理论术语,只有在其嵌入的整个公理理论的基础上才具有意义。对于不同的概率理论,例如那些支持和不支持可数可加性的理论,由各自的隐式定义给出的术语"概率"一词的含义在两

---

① 这个习语的起源是,2009 年,南卡罗来纳州州长马克·桑福德(Mark Sanford)宣布要"徒步阿巴拉契亚小径"后失踪。几天后,他重新露面,后来被发现他当时在阿根廷偷情。

② 当然,可以说"cleaved"和"cleaved to"只是不同的英语术语,但这些策略很难评估。在美国英语中,"I wrote my mother"和"I wrote to my mother"都被认为是句法上健全的和语义上等价的句子。普通语言不是得出哲学结论的可靠基础。我希望这里给出的例子没有这些问题。

种理论中是不同的,因此是依赖语境的;但意义仍然是"概率"一词的性质,而不是整个理论的性质,即使它是由整个理论决定的。如果不是这样的话,就很难将"概率"和"随机独立性"这两个术语的含义区分开,这两个术语都是由同一理论给出的隐式定义。这就使得隐式定义的术语具有语义语境性,而不是语义整体性。① 与隐式定义相反,为术语提供显式定义的优点之一是它孤立地为术语提供了意义。使用该定义,我们可以不依赖任何语境来确定单词的含义,并且无论其与其他句子中的单词的关系如何,它的含义都是不变的。

最后,在与我们所关注的更直接相关的情况下,元胞自动机的规则是与语境无关的,因为无论自动机的状态如何,它们都是相同的,但元胞将转换到何种状态通常取决于与它相邻的元胞的状态。两个元胞可以处于相同的状态,但由于它们的相邻元胞的状态不同,这些元胞向下一个状态的转换可能是不同的。

突现的共时描述很大程度上依赖于本体论的构成方法。因此,我们现在必须将语境论与构成性的失败区分开来。假设 $\varphi$ 是一些非律则整体性的性质——也就是说,在律则上,$\varphi$ 可以由系统 S 和 S 的组分共同拥有。

> **定义** 假设 S 是一个实体,有 $S_1, \cdots, S_n$ 作为组分。那么,S 的一个性质 $\varphi$ 是构成的,当且仅当作为整体的 S 的性质 $\varphi$ 是由 $S_i$ 的性质 $\varphi_s$ 决定的。

由于很多不同的决定关系,数学、功能、依随性、因果等,都可以发挥这一作用,所以,在这里对于决定的具体含义我不给出明确的说法。构成性的一个基本例子是,当 S 是一个国家,组分是县,$\varphi$ 是面积。即使当 S 是一个分散的对象时,这种构成特征也是成立的,就像一个国家是由空间上不相交的区域构成的,比如一个群岛。构成性与生成原子论的亲密关系是显而易见的。

组分的性质 $\varphi$ 满足组分的不变性原则,这是一个通常隐含的构成性假

---

① 虽然贝丝(Beth)的可定义定理表明,对于一阶逻辑,隐式可定义性包含显式可定义性,但这一结果并不适用于二阶逻辑,这是对概率论等领域进行公理化所必需的。巴特菲尔德(Butterfield 2011a,2011b)认为,贝丝的可定义定理可用于调和理论还原方法中还原和突现的矛盾。

设。也就是说,φ是组分孤立地拥有的一个特征,在由这些元素作为组分构成的较大系统中,φ对于每个组分来说保持不变。然而,正如下面的例子所说明的,构成性可以与语境论结合起来。假设 $a_1,\cdots,a_n$ 孤立地具有性质 $\varphi_1,\cdots,\varphi_n$,当 $a_1,\cdots,a_n$ 发生在构成性语境 $C'$ 中时,$\varphi_1,\cdots,\varphi_n$ 被转换为性质 $\varphi'_1,\cdots,\varphi'_n$。那么,整个系统 S 的性质 φ 可以由 $\Phi(a_1,\cdots,a_n)=f(\varphi'_1(a_1),\cdots,\varphi'_n(a_n))$ 给出,并且当由一个函数给出确定关系时,构成性被保留下来。

对于一个具体的例子,假设两个物体在孤立状态下的长度都是1,当它们在空间中构成一对时,物体的长度就缩小一半。因此,a 和 b,最初每个长度都为1,当组合时具有 $2\times1/2=1$ 的构成长度;当 a,b,c 成对组合时(以任何顺序)具有 $1/4+1/2=3/4$ 的构成长度,依此类推。复合物体的长度仍然由组分的长度决定,即使组分的长度不是不可变的。这不属于突现的情况,因为不涉及新的性质。

在没有构成性的情况下找到不变性的例子比较困难,但有一个简单的例子是 $\sqrt{(2+2)}$,其中两个殊型的组分 2 和 2 的值是不可变的,其结果是 $\mp2$,其值不是由上述函数表达式的组分的值决定的。另外两种情况的例子是,具有不变性的构成性,还有两者联合作用的失败是显而易见的,因此,不变性和构成性在逻辑上是独立的性质。

### 3.5.3  再谈生成原子论

我们知道,生成原子论的核心在于,给定域中的一切都是由不可变的和单独可区分的原子所具有的构成性质所致,并且分子实体是由那些原子构成的。因此,它要求构成性的定律对于性质是适用的,在相关规则或定律作用下产生的系统,不管处在何种语境下,原子都遵循不变性原则。因此,按照当生成原子论失效的情况下就会产生突现这一建议,让我们考虑当系统的构成性或不变性失效时的情况。对于成为暴民成员的个人来说,个体的不变性就失效了。同样地,西洋跳棋世界是一个明显的例子,在这种情况下,白色和黑色棋子的不变性失效了。上面这两个例子都是共时转换的例子。因此,我们有理由认为,历时不变性的不可弥补的失败,加上至少一个本质性质的变化,是在个体层级发生突现的初步充分条件。我们在第 2.3

节中已经看到,构成性的失效——或者,以一种更极端的方式,熔合实体的存在——对于突现来说是充分的。

所有这些都不是作为一个一般概念的突现的决定性因素,但目前我们所研究的各种例子中的情况是,整个系统的性质并不是由选取的孤立的组分的性质决定的,尽管当它们被转换成整体的一部分时,可以由组分的性质决定。在极端的情况下,不再可能识别整体的组分,以至于使整体对组分的依赖失去意义。

不变性原则失效的一个令人关切的原因可能是分析方法不能用来理解系统。虽然该假设通常是隐式的,但分析方法通常假设当一个复杂系统被分解为孤立的组分时,这些组分与它们在整个系统中是相同的实体。这个假设是因果分析和实验分析方法的基础。实验方法旨在分离个体对一个系统的因果影响,除非不变性原则的一个版本被因果因素所满足,否则从实验语境到非实验语境的外推即使在最好的情况下仍然是困难的,并且不具备外在有效性。①

如果我们知道了决定语境 C 和语境 C′之间组分变化的转换函数,就可以对相互作用进行控制,因为可以进行相关的推理。在了解单个橡胶块的压缩程度的情况下,当它们的顶部有类似的橡胶块堆积时,可以从对孤立的橡胶块的厚度的知识中推导出堆积物的总高度。正是缺乏相关的转换函数的知识,构成了复杂系统往往表现出认识论和概念上的突现特征的主要原因。系统复杂的一个标准条件是系统的各组分之间存在很强的相互作用,这往往意味着无法获得转换函数的知识,因此,必须在整个系统的层面上进行理论处理。

---

① 如果一个实验结果在大量的非实验语境中成立,那么它具有很高的外部效度;而如果它只在少量非实验语境中成立,则具有很低的外部效度。

# 4

# 推理突现

▶▶ 4.1 定义

我们已经看到了过程的动力学如何在本体论突现的各种描述中发挥作用。在本章中,我将探讨关于突现的推理进路,以及历时特征在其中发挥的作用。推理进路将那些不属于某些特权理论的演绎或计算范围的系统状态视为突现。这些理论可能具有特权,是由于它们被认为是基本的,或者是非常全面的。例如布罗德所说:"[一个跨层阶定律]唯一特质是,我们必须等到遇到更高阶对象的实例的出现,才能发现这样的规律;我们不可能事先从通过观察一个较低阶集合而发现的任何定律组合中推断出它。"(Broad 1925,79)[1]我们在这里看到了给予完备的理论表征的特权地位。如果一个给定域的所有现象,包括由聚集体或其他复合实体所产生的现象,可以使用这个域的一种综合性的理论进行预测。那么,这个理论在推理上是完备的,而且在这个域中不存在推理上和认识上的新颖现象。相反,如果我们不得不求助于进一步观察或实验来了解要研究的现象,因为这种现象不属于我们以前认为的基本理论的范围,那么就这一理论而言,这种现象是新颖的,有可能作为突现的例子。布罗德的理论是在完备性定理和可计算性的形式理论发展之前提出的,所以,他的理论对于一个理想的综合理论可能是什么的某些方面是不具体的,这是可以理解的。

更精确地描述相关的派生关系是基于计算的突现处理的基础,其中之

---

[1] 另见佩珀(Pepper 1926)。

——弱突现——将在第 4.3 节中讨论。① 虽然推理突现通常被认为是一种研究突现的自足的认识论进路,但我认为它是不能令人满意的,除非能够说明相关系统的本体论结构是如何导致缺乏可预测性的。这可以通过较近的弱突现理论版本来实现,也是这种进路的一个重要优点。

掌握推理进路的一种方法是:

**定义** 一个状态、定律或实体 Z 对一个具有域 S 的理论、模型或模拟 T 来说是推理突现的,当且仅当(a)Z 的状态使其成为包含在 S 中的初步候选者;(b)T 具有表征 Z 的方式;(c)T 包含对于域 S 来说最基本的规则或规律陈述;(d)在 T 的基础上,加上表示域 S 的基本事实的特定条件 C,不可能有效地推导或计算 Z 的表征,也就是说 C 不蕴涵 Z 的存在或不存在。

注意,这个定义涉及非表征性的事项,如状态和理论的域,因此我们已经与本体论有了一些接触,但重点是在理论工具 T 上。术语 T、Z、S、C、"不可能"、"有效地"作为这种方法中的参数,当被指定时,就会产生特定的推理描述。要求 T 包括被认为对该域是基本的定律陈述是强加的,因为突现性质的一个共同特征是它是一种非基本性质,只能通过实证调查才能被发现,而且它在认识论上不是完全可以通过从一些被认为对该领域是基本的定律陈述和事实中推导出来。对于 T 来讲,性质的后续实例可以在其第一次被发现之后使用归纳推理进行预测,这一事实与实体是突现的是兼容的,因为所使用的归纳总结将不是 T 的原始基本定律之一。除了理论之外,我们还允许模型和模拟,因为人们普遍认为尽管在这些情况下,这两类可以产生推理突现的特征与本体论突现的联系更难建立。

可推导性及其缺失的问题比关于系统未来状态的推理问题范围更广。因为人们常常认为当不可能将一种理论共时还原为另一种理论时,会导致突现。我们应对这种可能性持开放的态度,至少在内格尔还原论的传统之

---

① 沙利兹和克拉奇菲尔德(Shalizi and Crutchfield 2001)在确定计算系统有效预测因子方面的工作也符合这一传统。

内是如此。① 因此,推理突现具有共时和历时的变体。

为了避免推理解释太容易被满足,应同时伴随其他的条件,即 S 和表征工具 T 具有一定的推理优先权(例如,S 是物理域)或者全面的范围和闭合性(S 是诸如分子生物学等公认的科学域)。一种常见的方法是把 T 限制为系统的各个部分、它们的内在性质,以及各个部分之间的相互作用的表征。

有效预测的不可能性可以通过两种方式来解释。第一种方式是将有效预测的不可能性视为在仅使用 T 的资源情况下原则上的不可能性,就像当 T 有不可判定的系统状态的描述一样。这是古等人采取的进路(Gu et al. 2009)。第二种方式是将有效预测的不可能性视为不能得到的计算上有效的推导,例如弱突现中采用的模拟的计算的不可压缩性(例如,Bedau 2002),或者像古和阿尔瓦拉多(Gu and Alvarado 2011)所说的高度的计算复杂性。在第一种方式中,基于理论表征的共时性和历时性生成规则,系统的某些状态是不可推导的,因此生成原子论传统的生成部分被打破,即使当本体论是整体和部分的,也是如此。在其他类型的例子中,比如复杂适应系统,其中系统的组分本身由于它们之间的相互作用而发生改变,通常在实践中从延伸的一系列相互作用是不可能预测基本组成元素是如何变化的,这就是把突现状态归因于系统的原因。在这两种情况下,所讨论的主要是一种认识论突现,其中一些知识项超越了一个在其他方面很强大的理论的表征和预测范围。

在我们有充分的理由相信 T 是 S 的正确表征的情况下,可以与本体论突现建立更紧密的联系。例如,如果在 S 的某些或全部动态发展过程中,S 的原始定律不足以预测 S 的所有未来的方面——它的状态、性质、对象或者规律——那就需要借助新的经验证据来预测这些方面,可能只是反映了我们的数学表征无法充分涵盖 S 的内容。但是,如果出现新的、基本的本体论特征,如定律,预测的不足将反映本体论历时突现特征的出现。

如果 T 是与极限科学有关的那种讨论的最终理论,这可以算作是将不可推导性说成是绝对的一个理由,但是从逻辑上讲,突现的归因仍然是关系性的,存在于 Z 和 T 之间。这一关系方面意味着,即使在非极限的情况下,

① 内格尔(Nagel 1961,367)将突现的一个特征描述为从较低层级性质到较高层级性质的不可预测性。在第 5 章中,我们会详细讨论内格尔还原。

它也可以是 Z 和 T 之间关系的一种客观特征,即 Z 是从 T 中推理得来的,即使后来的理论发展可能会产生一个更加复杂的理论 T',Z 也可以从中推导出来。

第一个条件,Z 是包含在 S 中的初步候选者,这是为了防止突现关系在互相独立的域之间产生——我们不会希望汉语普通话的性质从电鳗的域中突现出来。微观物理现象不是根据具体的生物学理论预测的,但这并不能使自旋从生物学的性质中突现出来,因为我们不期望微观物理现象可以从生物学中推导出来。也许这种诉诸初步候选者的做法可以通过恢复到层级来消除,但是我们在第 3.3 节中看到,层级的方法有严重的缺陷。而且,我们这里谈论的是有关突现的认识论解释,知识的状态通常规定了什么是可能的还原对象,以及什么被认为是基本的东西。最后,演绎推理可能会失败,因为域 S 的理想理论不包含用来进行相关预测的演绎资源。原因之一可能是没有 D 的完备的理论,这里完备指的是如果可以从 T 推理出关于域的所有真理,那么理论 T 是一个域的完备理论。[①] 完备性和不完备性在这里是逻辑和数学上的意义,与玻尔和爱因斯坦关于量子力学的完备性分歧中所谓的“完备性”有很大的区别。(Bohr 1935;Einstein, Podolsky, and Rosen 1935)在他们的争论中,不完备性同非决定论是一致的。

该定义涵盖了非决定性系统的情况,因为在这种情况下,系统的状态只决定结果的概率分布,而不是单个结果。因此,概率小于 0.5 的非决定性事件的发生,如镭—223 原子在下一秒内的衰变,并不是推理突现,因为它可以从放射性衰变模型中导出衰变和不衰变的概率。

该定义将推理突现相对于一个理论或模型 T,但要求 T 包含基本的规则或定律。这是由这样一个事实驱动的:如果一个定义,仅仅是因为我们还没有足够聪明来发明一种理论来预测一些东西就说它们是突现的,则这样的定义太弱了。[②] 在牛顿的天体力学出现之前,定义允许彗星的运动是突

---

① 例如,加强的有限拉姆齐定理在皮亚诺算术中是不可证明的。这一定理可以解释为组合决策理论的一部分,这一主题会使人们期望相关的句子应该是可推导的,但未使得突现的第一个标准——突现现象是从其他事物发展而来的——得到满足。

② 在形成某些理想化的公理化理论的基础上,我们可能想要区分诸如经典力学这样的系统,对于这些系统,存在一组公理,但在实践中有些预测是不可能的,而另外一些系统,它们甚至不存在基本定律——但我不会在这里探讨这一问题。

现的,在这之后则不是。这种理论相对性是亨普尔和奥本海默(Hempel and Oppenheim 1948)对突现的态度的基础,他们声称所谓的突现是相对于我们现有的知识基础而言的。这种扎根于认知缺陷的方法也是心理学术语中描述突现特征的基础,其根源在于这样一个事实,即突现现象通常是令人惊讶的。(参见 Edmund et al. 1999)这种令人惊讶的研究进路因为过于主观,因而很难有超出实际应用的价值,但是在某些情况下是可以使用的。回顾我们采取的一般策略,当一个通常情况下都成功的生成方法失败了,突现就产生了。这种失败往往是产生惊讶的来源,特别是当生成手段被认为是基本的时候。在其他情况下,正是由于理论上不可预测的状态或模式的出现而产生的认知上的新颖性,心理意义上的惊讶背后的原因。

亨普尔和奥本海姆对突现的看法在认识论上陷入了一个公认的怀疑的传统,而且我们必须承认,总是有可能发现新类型的表征理论而破坏目前的不可预测性论断。因此,不指明理论工具的推理突现的主张总是不可行的。

最后,区分两种主张是重要的:第一,形式上的主张认为,对于某个表征工具 T 来说是 Z 是突现的;第二,现实主义的主张认为,T 是相关域的真实和完整的表征。我们可以有形式的理由坚持第一种主张,同时接受第二种主张总是容易出错的。两者都构成了突现的推理进路,但如果有实质性的证据支持第二个主张,我们可以一种有用的方式将突现的本体论进路和推理进路联系起来。

从我们关于突现的四个标准来看,一个实体的新颖性被解释为它的不可预测性,而要求从其他事物产生的突现特征的标准在 Z 和 T 之间的关系中得到满足。推理进路中没有任何东西需要整体论。突现的状态处于 T 的范围之外,因此在这个意义上是自主的。

▶▶ **4.2 模式突现**

推理突现分为历时突现和共时突现两种形式。作为一种普遍现象,可以从产生突现现象的模型的角度考察历时突现,这些模型通常是一些计算模型;或者从真实系统的角度考察历时突现。在本节中,我将自己的思考限制在计算模型中,因为计算模型的结构通常比那些现实世界中的生成过程更好理解。实际上,正如在第 2.2 节讨论过的,模型的一个优点是无需猜测有关这些例子的细节。模型背后的算法被明确地给出,这样就避免了心灵哲学在讨论突现时面临的猜测性的迷雾。这个优势同时也是一个缺点。模型是计算的,这里的"计算"是在通常的数字意义上进行的,这一事实意味着最终输出是由生成原子论驱动的过程的结果,即使是在非线性起着核心作用的情况下。这使得从计算模型的特征中得出的本体论结论不令人信服。因此,在寻找推理突现的例子的计算模型时,我特别强调由这些模型生成的突现模式,而不仅仅是考虑生成这些模式的过程。

明确自然系统和计算系统之间的区别也很重要,因为在计算模型中关于因果关系的问题通常是不合适的,除非采用极端的休谟式方法,在我看来区分因果联系的事件和那些仅仅是关联的事件是不可能的,充其量是非常困难的。当有必要讨论现实系统时,在大多数情况下,语境将有助于明确我们是在讨论模型还是物质系统。

许多被用来展示突现模式的系统的标准例子,例如 B-Z 反应(参见第1.8 节),由于系统的时间演化发展了这些新的模式。筑巢、蜂房的温度调节、形成孢子结构和聚扰捕食者都从终端状态模式产生了新颖的有益于相关生物种群的生物功能,包括减少被捕食的可能、群体警惕性以及捕食者无法在视觉上锁定群体中的一个目标。[①] 在复杂性理论文献中,人们普遍认为这些和类似的模式和结构可以算作是突现现象的例子。虽然不应不加批判地接受这些说法,但它们可以作为哲学分析的一个合理的起点。

我将在这里论证有关历时推理突现的两个论点。第一,系统动态的历史发展对于给定模式是否是突现的至关重要。也就是说,仅仅通过考察模式本身或其同期的微观状态,是不可能确定一个给定的殊型模式是否是突现的。完全相同的模式可能有两个实例,其中一个是突现的,另一个则不是,区别仅仅在于它们产生的方式。这表明,突现的共时性描述是不完整的,因为在给定状态的时间上的发展往往是该状态是突现的或不是突现的核心。这种历时元素并不是时间过程所涉及的一个微不足道的结果,而是历时和共时突现在概念上相互分离的证据。虽然木材中的湿腐病涉及一个时间过程,但其存在可以根据在某单一时间点的特征来确定,但仅通过检查

---

① 参见帕里什和埃德尔斯坦-凯谢(Parrish and Edelstein-Keshet 1999)。

这个过程的最终产物来决定一个性质是否历时突现并不总是可能的。这里要论证的第二个论点是,历时推理突现是关于更高层级模式的殊型,而不是类型。

突现模式所涉及的结构不需要是空间结构,因为有一些基于个人主体的模型,其中只包含抽象空间,而突现出的社会结构是非空间的。一个例子是社会和智能网络的出现,在这种网络中,由于远距离通信的便捷,成员的地理位置在很大程度上是无关紧要的。正因为如此,先前引用的鸟群的例子和许多经常被用作突现例子的元胞自动机模型不一定代表模式突现。一旦我们包括了这些更抽象的模式,由于系统的动力学而导致的结构的发展,是许多科学领域计算模型的共同特征。

我们将一个计算系统或现实系统中的结构化模式的历时发展称为系统"模式突现"的一种动力学结果。

**标准** 在系统中,存在模式突现状态的一个充分条件是,由于自组织过程而产生的稳定的、非随机的结构或模式。①

### 4.2.1 非随机性

现在我们逐一讨论这些条件。要求模式是非随机的有两个原因。考虑一种模式,它通过某种过程从一个随机构型转换为另一个随机构型。这一过程违反了突现的新颖性标准。虽然随机模式,由于其随机性,在殊型上是各自不同的,但它们是类型同一的,因此在转换过程中没有产生新的性质。强加这个条件也有助于避免淡化突现的定义,因为随机模式的生成太容易实现了。例如,通过运行坐标并随机地分配网格的每个单元的颜色,可以在有限网格上生成二维模式;随着过程的继续,有非常高的概率将出现一些随机模式。但是,如果这些东西都算作是突现的,那么几乎任何随机过程的结果也是如此,这过于宽泛且违反了稀有启发原则。

现在考虑一个系统,使其从有序过渡到无序。这是否因为它满足了性

---

① 这只是一个充分条件,其中一个原因是,被认为是突现的稳定结构可能是由不属于自组织领域的过程产生的。

质上的新颖性标准,就应被视为突现? 拒绝将从有序到无序的过渡作为模式突现的情况,但却接受相反方向的转变为突现的原因之一是,后一种情况与热力学第二定律产生的总趋势明显是背道而驰的。从无序到有序的过渡产生了初步的新颖性。从无序中突现出的有序是不寻常的,因此在某种意义上是新颖的,它产生了解释的初步要求;从有序中产生无序就很常见,所以尽管从有序到无序发生了历时的变化,但很多人却不把这看成是新颖的。从本体论来看,这个论述并不令人满意。即使在推理层面上,我也不认为它完全令人信服,所以这种区别对待也许反映了一种认知偏好。

第三种可能性,即一个最初的结构状态演化成一个不同的结构状态,这就需要逐案处理,因为许多系统不会产生新的东西,但有些系统则产生了真正新颖的特征。这就使得第四种可能性,即从一个最初的无序状态发展到有序的结构或模式,成为我们研究的主要对象。[①]

### 4.2.2  自组织

自组织背后的基本思想是,除了一些数量的流动之外,一个动力系统的结构在没有系统外部的干预下得到发展,这种结构完全是系统的组分的局域性规则的结果。这种结构并不是偶然的,因为如果系统恢复到其初始状态,并且在微观动力学的基础上重新运行,类似的大规模结构将以很高的概率再次出现。[②] 通常存在大量初始条件,从这些条件中可以突现出相同的最终结构。

---

[①]  要求模式是非随机的有时是由这样一种信念驱动的:突现现象发生在介于完全随机行为和完全结构化行为之间的区域,这一区域包括广为宣扬的"混沌边缘"。这里我将忽略这种想法。可以通过一些客观的计算复杂性的度量来掌握非随机,例如柯氏复杂性(Kolmogorov complexity)。这一度量应该被称为 Kolmogorov-Chaitin-Solomonoff 复杂性,因为它是由安德烈·柯尔莫哥洛夫(Andrei Kolmogorov)、格雷戈里·柴廷(Gregory Chaitin)和雷·索洛莫诺夫(Ray Solomonoff)独立发现的,前两位的技术贡献至关重要。为了简洁起见,我将把这一度量称为柯氏复杂性。

[②]  自组织和相关特征通常是系统的统计性质,在许多模型中,不寻常的初始条件将导致寻常的结构无法突现。自组织的特征与哈肯(Haken 1988,11)说的相一致:"如果一个系统在没有外界特定干扰的情况下获得了空间、时间或功能结构,我们就说它是自组织的。"

自组织系统无需具备的一个特征是，能够根据外部条件的变化改变其结构。相反，人们可以将**自调节系统**视为那些（结构）系统，这些系统不需要外界干预，但为了应对外界环境的变化，可以对自我进行重组，以提高它们适应这些外部环境的能力。自组织和自调节系统的性质是各自独立的，但理解两者之间联系的一种方法是要注意到，如果稳定状态受到干扰，那么导致自组织的原始机制仍然存在，并且能对结构进行恢复，除非系统被从一个吸引盆推入到另一个吸引盆里面。例如，如果人们被迫进入一个取消隔离的状态，但是人们接下来又可以自由地再次移动，那么，谢林的隔离模型（参见第 1.8 节）会导致重新隔离。

外部扰动下结构的不变性可以通过保护系统不受干扰的边界条件产生，就像在一个有边界控制防止移民的社会中一样。更有趣的是，在没有这种屏蔽的情况下，系统可以保持其结构。因此，我们不把炎热的一天中不断变化的风算作是自主的物体，但我们确实把龙卷风算作是一个自调节的系统，因为它在与交互的侧风以及房屋的相互作用的影响下，仍在时间进程中保持着它的结构。自组织产生的结构有时是整个系统的一个适当子系统的性质，因为自组织可能需要系统的其余部分来表现出来。例如，贝纳德不稳定性中的对流滚动（见第 1.8 节）只有在流体静止部分的背景下才有意义，因此，与其他耗散系统一样，熵必须从有组织的子系统转移到环境中。在自组织的一个阶段形成的稳定结构可以作为自组织的另一个阶段的基本单元，从而产生对象的层级结构。

自组织系统有一个不同的方面——在轻微的内部扰动（损害）下的恢复力。在这里，系统的时间发展也很重要。一旦其最终结构到位，该系统在小扰动下可能是稳定的，但在其发展初期环境中的小变化可能会阻止该结构进一步发展。例如，胎儿在发育过程中对低水平的汞很敏感，而成年人却可以在这种水平下存活。但是，正是遍布系统的机制的持续性维持着整个系统的功能。

### 4.2.3　生成和稳定性

关于标准的生成条件，微观过程的动力学在模式突现中有两个非常明显的作用。第一个涉及导致形成结构化模式的动力学；第二个涉及当系统的微观动力学继续时,提供宏观模式的稳定性的动力学。这种稳定性导致了微观模式的三种不同的自主性。

在第一种模式中,随着时间的推移,在涉及相同组分的动态微观过程中,突现的宏观结构保持稳定。我们可以称之为**再循环自主性**(recirculating autonomy)。这种类型的两个被广泛引用的科学例子是贝纳德对流元胞和库爱特流(参见第 1.8 节)。再循环自主性的显著特征是,存在一种结构,它由一个固定的实体集合所拥有,固定实体的稳定周期远远长于构成模式的实体完成一个循环所需要的时间周期。纯静态模式是再循环自主性的退化情况。

在第二种自主性模式中,虽然有微观组分的变化,宏观结构持续存在,这种情况适用于河流中的驻波,在某些情况下,也适用于如蚂蚁和白蚁等具有社会性的昆虫,其成员不断死亡并被其他成员替代。尽管无数不同的水分子移动通过包含波的三维区域,但是驻波持续存在;昆虫的巢穴经过多代之后仍然保持相同的建筑结构。第二种自主性模式的区别性特征,我们可以称之为**替代自主性**(replacement autonomy),这是一种稳定结构的持久性,因为原始的微观组分被同一类型的新个体替代,这种替代通常是由于微观层面的动力学而发生的。再循环自主性是替代自主性的特例。

一些替代自主性的例子可以作为忒休斯之船问题的动态版本。① 大学里的本科生和研究生每隔几年就会完全更新一次,他们的教师、工作人员以及行政人员则在较长的周期会全部更换,但在某些情况下,特别是当大学文化保持不变时,我们认为一所大学是一所在所有这些人员变化中保留其同一性的机构。对于一些其他类型的实体,如摇滚乐队,当一个成员被另一个成员替代时,他们是否保留其身份这一问题更难回答。

当从一个特定集合的等价类型中替换微观组分时,宏观结构依然是稳定的,第三种系统就出现了,我们称这种模式为**等价类自主性**(equivalence class autonomy)。第三种类型的模式突现的一个例子是市场的"看不见的手",市场上的最优定价是由经济主体之间的许多局部相互作用引起的;只要坚持所有经济主体都是理性的,这个优化过程在许多不同类型的经济主

---

① 本科生形而上学课程中的一个经典问题——忒修斯之船(The Ship of Theseus),提出了这样一个疑问:如果你逐一更换木船中的木板,那么最终这条船还是开始的那条船吗?

体之间就是不变的。股票现在更多的是通过算法进行交易,而不是人工交易,但是受到某些限制,股票市场的统计规律仍然稳定。[①] 第二个例子是神经网络中的激活模式,其中人工网络和天然网络具有相关的功能结构。对于具有再循环自主性的系统来说,具有等价类自主性虽然不是普遍的,但却是相当常见的,而替代自主性是等价类自主性的特例。[②]

　　因此,微观过程的动力学在模式的形成和持续中发挥两个不同的作用。第一个作用涉及导致结构化模式初步形成的过程。这是产生稳定模式所涉及的所有内容。第二个作用是随着系统微观动力学的持续,结构是如何保持的。这一特征(通常在第一个之后)存在于所有三种结构不变性中。第一种作用对于纯粹历时突现的研究是很重要的,而第二个作用引入了历时突现的一个不同方面——一个突现模式在时间上的持续性——这需要借鉴历时和共时突现中的概念。

### 4.2.4　模式突现无需是非连续的

　　根据我们提出的突现模式的标准,我们可以观察它们如何应用于特定的例子。为了进行说明,我将采用一个稍微复杂的案例,但是评估应做相应调整。这里要举的例子是格林伯格—哈斯汀斯(Greenberg - Hastings)模型(简写作 G - H 模型),这个模型可以用来模拟基本的 B - Z 反应,以及神经激发和弛豫模式。我们考虑一个具有冯诺依曼邻域的二维 $256 \times 256$ 的 14 态元胞自动机。简单提示一下——元胞自动机是由一个 N 维元胞阵列组成的动力系统,这些元胞可以处于 M 种不同状态。任何给定元胞的状态在每个时间步长上都会通过规则更新,这些规则只取决于该元胞的状态及其近邻的状态。G - H 模型的更新规则是:

　　　1.如果目标元胞处于状态 m,有一个相邻元胞处于状态 1,则目标元胞进入状态 1。(元胞被相邻的兴奋元胞激发)

---

[①]　有关解释和例外情况,请参见汉弗莱斯(Humphreys 2014b)。

[②]　在本节前面讨论过第四种稳定性,这有时被认为对自组织系统很重要,其中模式在外部扰动下是稳定的。例如,这是雷诺德的 boid 模型中鸟类集群行为所体现的特征。有关 boid 算法的详细信息,请参见 http://www.red3d.com/cwr/boids/。

2.如果目标元胞处于状态 m,有一个相邻元胞处于状态 m+1,且 1≤m≤13,则目标元胞进入状态 m+1。（元胞弛豫状态）

否则,目标元胞将保持其当前状态。

从图 4.1 中左图显示的初始随机状态开始,系统经过 500 次迭代后演变为右图所示的模式。

**图 4.1　G‑H 模型。具有冯诺依曼邻域的二维 256×256 的 14 态元胞自动机。左图:初始随机状态。右图:500 时间步长后的平衡态。**

直到大约 200 时间步长完成之后,才开始出现该模式,而完整的模式大约需要 500 步长才能完成。发生哪种初始随机状态与最终模式的出现无关。这个例子说明了两点:第一,一些有关突现的文献给我们传达了一种印象,即一旦达到复杂性的临界水平,就会突然出现一种突现现象。当然,一些突现现象确实是由非连续性引起的,如一阶相变,但螺旋迷宫模式只是随着时间的推移而逐渐出现。上述印象是强调少数非代表性的例子,即突现似乎是一个系统的全部或全无的性质的产物,这一观点是由对意识、生命和其他被认为是非此即彼的现象的讨论所促成的。① 在一个渐进的现象中,突现类似于自我意识,这应该是一个程度的问题,意识也是如此。

为了评估这一点,我们需要区分一个突现状态是否可以从一个连续的

① 温萨特(Wimsatt 2007)的文章中包含了一个持续的观点,即突现不属于一种非此即彼的性质;详见第 6.5 节。

过程中产生,以及最终状态是否可以到达突现的程度这两个不同的问题。
B-Z反应表明,第一个问题的答案是肯定的。为了解决第二个问题,如果
不讨论突现的程度,我们可以询问是否一个系统的某些状态可以是部分突
现的,而其他状态是完全突现的。考虑上述 G-H 过程的初始状态和最终
状态之间的 500 个状态的集合。由于人们坚持认为一个描述模式的谓词在
成为突现的候选模式之前,在描述给定模式的特定元语言中该谓词必须已
经存在,因此人们可能会否认这一点,即在 500 个步长中显示的所有模式都
对应于部分突现性质。初始状态和最终状态分别具有简单的知觉和语言上
的概念化——随机的和螺旋的;中间阶段则没有,因此,试图在概念化的宏
观层面来明确推导过程的所有阶段,将无法获得推导所需的概念来源。然
而,这个论点受到任意性或人类中心主义的指控,因为一个谓词可以作为一
种原始语引入到语言中,以指称任何任意选择的模式,而那些碰巧在语言中
已经发生的往往是我们人类认为重要的模式。因此,这种否认突现的渐进
主义的尝试并不成功。

另一个观点反对瞬时模式是突现甚至是部分突现的,要求包含在我们
的自主性标准中的稳定性条件被一个完全或部分的突现状态所满足,从而防
止过程中的大多数中间状态被认为是部分突现的。这即使不是压倒性的,也
至少是令人信服的论证。如果我们接受这一论点,在这个例子中导致模式突
现的过程是渐进的,但是在通往(完全)突现的最终稳定状态的路上,没有部
分突现的状态。这不能排除在其他例子存在部分突现状态的可能性。

关于这个例子,还有最后一点值得一提。虽然人们经常声称,突现是一
个系统日益复杂的结果,但在这个例子中正好相反。从模型的输出可以看
出,元胞自动机的初始随机状态比最终的模式化状态更复杂。这个说法确
实取决于所使用的复杂性的定义,但关于我们采用的复杂性的度量,柯氏复
杂性对于生成的模式是低的,而对于随机初始状态是高的。这个特征同突
现主义传统是一致的,其中复杂性产生了突现特征,但突现特征本身可以是
简单的。

### 4.2.5  模式突现是具有历史性的

我们现在可以看到,为什么一个模式的历史发展对其作为突现的实体

来讲至关重要。突现的一个最基本的特征是,突现的实体是从其他事物中产生的。我们来考虑一下在 N 个时间步长上运行元胞自动机所产生的螺旋模式的殊型。生成该殊型的过程涉及规则的 N 次迭代,正是在这个过程中突现出新的模式。现在,假设我使用螺旋图案的橡皮图章完全复制了该图案。它是相同模式的另一个殊型,但该殊型却不是突现的模式,因为它是即时生成的。事实上,这种橡皮图章复制的殊型在任何意义上都不是突现的,因为它没有从任何东西之中产生;有的只是图案本身,是在一个瞬间被复制出来的。如果对此的反应是,这种图案是从橡皮图章和纸张之间的因果相互作用中产生的,这将导致允许大多数因果相互作用的产物作为突现实体,因此对大多数人而言没有什么吸引力。这也违反了稀有启发式。

这揭示了三件事。模式突现是一个历史性的现象——一个模式的实例是不是突现的,基本上取决于产生它的过程。仅通过考察模式与构成该模式的元素的空间排列之间的共时关系,无法确定一个排列是不是模式突现的。将这一点与所谓的共时关系,如依随性或可实现关系进行比较。对于这些关系,人们应该能够通过检查系统的瞬时状态来确定较高层级的性质是否来自较低层级。之所以如此,是基于这样一个事实,即依随关系是关于类型、性质和共相的,因此它们必须获得比还原论者和反还原论者都认同的,存在于依随关系所涉及的层级之间的殊型—殊型同一性更多的东西。此外,正是在依随关系中嵌入的必然性关系之基础上,相同的基础产生了相同的依随特征。因此,没有一个基于我所知道的依随关系的突现的共时性描述能够区分模式的两个实例。① 这表明模式突现的历时元素是必须的。

此外,该观点表明模式突现是关于模式的殊型或实例的突现,而不是类型。在许多有关突现的讨论中,有一个观点是,如果一个给定的性质在其任何实例中都是突现的,那么它在所有的实例中都是突现的。正如我们刚才所见,这是错误的。完全相同的模式类型可能在一个实例中是突现的,而在另一个实例中却不是突现的。

## 4.2.6　模式突现的性质

模式突现是否通过其对宏观结构和微观过程等事物的指涉而隐含地诉

---

① 第 6.2 节给出了历时依随性的定义,但这无助于避免我们论证的结论。

诸层级？答案是否定的,因为这里的"宏观结构"意味着一个全局模式,与诸如单个元胞及其状态的局部实体相对立。模式在本质上是一个系统的整体性特征——螺旋迷宫的性质是整个网格或其重要部分的分布性质——但正如我们在第 3.5 节中所看到的,整体性并不是改变层级的充分条件。因此,这里不需要讨论层级,除非在隐喻意义上导致没有本体论上的区别。

因为任何可以通过局部性质进行清晰定义的模式都被还原了,因此,历时模式突现和共时还原是兼容的。由于本体论突现的例子更有争议性,因此,寻找伴随着共时本体论突现的历时模式突现的例子就不太容易了。此外,这第二种可能性只能出现在非计算系统中,在这些系统中,真实的而不是模拟的相互作用导致本体论突现,在这些情况下,模式往往不是本体论突现的产物。我试探性地提供了铁磁性的例子,在这种铁磁性中,磁矩的排列被认为是一种历时突现模式,这是局部能量交换相互作用的结果。

### 4.2.7  多重实例化与多重可实现性

多重可实现性通常被认为是伴随着突现现象的一个特征,为这些现象的自主性提供了基础。在这里,我将论证参与再循环自主性或替代自主性的结构的微动力学的稳定性涉及多重实例化,而不是多重可实现性。我们可以在元胞自动机模式的背景下讨论这一点,但结论是一般化的。回想一下,当一种特定类型的元胞参与了突现模式的实现时,替代自主性就会发生,但只要它们是适当的类型,那么涉及哪些个体就是无关紧要的。考虑一下在具有二进制元胞状态的生命游戏中出现的稳定模式,如图 4.2 所示。

在这个例子中,当滑翔机沿着网格移动,模式由不同的成对的元胞在不同的时间步长实例化,这时我们就有了替代自主性。即使涉及不同的元胞,它们也总是相同的类型,因此不涉及多重可实现性。这表明类型—类型同一对于替代自主性是可能的。一个稍微不同的观点涉及一个在两组元胞之间振荡的模式,为再循环自主性建立了相同的结论。这个观点依赖于一个关于模式同一性的关键假设,当我们考虑等价类自主性时,该假设就变得明确了。假设我们有一个 14 态的元胞自动机,由 14 种不同的颜色表示,而不

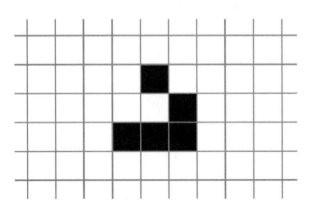

**图 4.2 生命游戏中的滑翔机**

是只有黑白元胞。那么,我们需要找到例如以下问题的答案:"不论滑翔机模型中出现的单个元胞的颜色如何,是否存在滑翔机模式?"如果模式不是特定于颜色的,那么对于等价类自主性,我们不仅有多重可实现性,而且位置也可以被忽略。

现在我们把滑翔机模型放在一边,思考一下在蝴蝶领结模式中的四个单元格的元胞,比如位于滑翔机模式顶部的模式。任何随机的元胞排列都会实例化大量的蝴蝶领结模式,这很容易从 G - H 算法的初始随机(左图)状态中看到。除非我们在有两个元胞在红绿色布局和蓝黄色布局之间振荡的情况下,可以确定绿红蝴蝶领结的形状的构成与蓝黄蝴蝶领结不同,否则就不可能有一个客观的标准来判断是否存在再循环自主性或者等价类自主性。蝴蝶领结的例子过于简单,不能代表大多数模式突现的情况,当然,在其他例子中,如 G - H 案例,关于模式同一性的情况要糟糕得多,一个重要原因是我们没有混成词术语——没有清晰的"领结"这一专门术语——来涵盖这些情况下的模式。

我们现在正处于一系列熟悉的问题的缠绕之中,其中每个问题都不容易解决。当我们说一个模式是真实的,我们需要有一个标准,我们是否可以确定模式同一性的客观标准,一个模式什么时候算作是稳定的,等等。有许多人试图解决这个问题。丹尼特(Dennett 1991)做了一些说明,通过设计立场去解决如何使模式成为现实,模式识别领域致力于这类问题,复杂性理论一直在努力解决这个问题,从一开始,统计学领域就已经制定了客观标准,以取代我们对什么是规律性的直观判断。① 如果我对这种模式持久性在历时突现中所起的作用的看法是正确的,那么不管模式同一性的标准是客观的、主观的、实用的,还是基于其他一些基础,这一特征将自动延续到计算的历时突现本身。

到目前为止,我还没有明确地说,这些模式的例子在何种意义上是突现现象。我们通常有四个特征:最终模式的新颖性,它通过自组织过程从最初但不同的状态发展而来,模式是构成它的实体的整体特征,以及前面所提到的三种意义上任何一种模式的自主性。第二个原因,除了满足这四个标准,模式突现的许多案例符合弱突现的定义。我们将在下一节讨论弱突现这个问题,但是弱突现和模式突现之间存在着非常重要的区别。虽然对于后者,导致模式发展的历时过程很重要,但重点在于最终状态的模式是否具有适当类型的结构。相反,在弱突现中,允许任何类型的最终模式,无论是随机的还是结构化的。使最终状态出现在弱突现中的是产生它的过程的本质,而不是最终状态本身的特征。

▶▶ **4.3 弱突现**

假设我们把在离散时间步长中根据确定性算法操作的任何解释后的形式系统作为计算系统。处理过程可以是串行的,也可以是并行的,但是量子计算和联结主义网络被排除在外。② 那么,任何试图理解计算系统会产生突现现象的人都会立即面临严重的困难。这些系统中的计算在根本上是组合的,一切都是根据明确的规则从原子性原语中建立起来的,所以它们是生成原子论的简单例子。它们是如何产生任何真正新颖或突现的东西呢?我们已经将模式突现作为一种可能发生的方式进行了讨论。属于弱突现的一

① Li 等人最近在信息理论方面进行了一次特别有趣的尝试(Li 2004)。在状态空间中出现的模式和动力系统理论中处理的模式,比在这里讨论的几何模式出现在更高的抽象层级上。关于这种模式如何与历时突现相关的有趣论述,参见鲁格(Rueger 2000a,2000b);另见史特罗加茨(Strogatz 1994)。

② 为了避免不必要的复杂性,这个定义还排除了其他一些计算系统,例如概率自动机。有关可计算性理论的出色研究,见沙格里尔(Shagrir 2016)。

般分类方法也有可能解决这一问题。

首先是术语问题。遗憾的是,"弱突现"一词在哲学文献中常被用来表示那些不涉及下向因果关系的任何类型的突现。也就是说,只有当一个实体的因果效应与实体各组分的结构化组合的因果效应相一致时,该实体才是弱突现的,而这些组分存在于较低的层级上。① 缺乏下向因果关系本身对我们定义弱突现没有任何积极作用,这种定性显得太粗糙了。而且,由于它只给出了弱突现的一个必要条件,因此,即使在弱意义上,没有出现突现特征的系统也可能缺乏下向因果关系。我将重点关注马克·贝多(Mark Bedau)有关弱突现的论述。我在此指出,贝多本人明确否认存在下向因果关系(Bedau 2008,450),尽管这并不是他的论述的核心特征。②

贝多对弱突现的定义(Bedau 1997,2002,2008)断言,如果系统的状态 S 可以从状态 I 中预测,但只能通过一个再现系统在 I 和 S 之间的所有中间状态的推理过程实现,那么 S 就是从该系统的状态 I 中弱突现出来的。对这种系统进行预测性的研究同我们对其他类型系统(例如太阳系)的未来和过去状态的研究形成了鲜明的对比。由未来的日食组成的状态并不是从太阳系当前状态中弱突现出来的,因为使用经典力学就可以推导出对日食的预测,而不需要知道太阳系的任何中间状态。

贝多的解释这些年一直在发展。在其最初的形式中,由于诉诸非模拟不可推导性,似乎完全属于突现的推理进路。在最近的提法中,贝多(Bedau 2008,2012)强调了不可压缩的解释的思想,并提出了某些自然系统表现出弱突现的论述。在这个版本的论述中,弱突现包含同推理方面相平行的本体论突现的因素。由于计算模型中弱突现的实例比非计算系统中的例子更容易理解,所以我将从前者开始,然后转到其中一些计算系统所代表的系统。通常用二维元胞自动机的规范系统来说明弱突现,但最好是用更广泛类别的模拟系统来思考,因为元胞自动机的标准表征中存在的空间关系可能是误导性的。

---

① 这种替代意义的一个代表性用法是:"强突现主义者坚持认为,宇宙中的进化产生了新的、本体论上不同的层级,其特征是有自己独特的定律或规则以及因果力。相反,弱突现主义者坚持认为,随着新模式的突现,基本的因果过程仍然是物理学的因果过程。"(Clayton,2004,9)

② 贝多的研究进路的前身可以在达利(Darley 1994)的文中找到。

　　表现出弱突现的系统的核心特征是,导致系统最终状态的过程是计算的,因此也是在预测上不可压缩的。也就是说,预测一个系统的行为的唯一方法是使用导致突现状态的动力学过程的逐步迭代进行模拟。粗略地讲,这个想法是,许多传统的理论预测可以"跳过"系统的所有或者大多数中间状态,以获得感兴趣的状态,而逐步模拟必须经历所有这些中间状态。接受这一突现的标准的哲学动机基于这样的传统,即在理想理论的基础上强调突现现象是不可预测性的。作为一个历史的观点,拉普拉斯对决定论的著名描述似乎否认了存在弱突现性质,因为拉普拉斯的理想智能体在任何给定时刻有这样一个特点:"未来,就像过去一样,将会出现在它的眼前",而不是必须等待进行各种长度的计算。① 人们可以原谅拉普拉斯曾认为所有系统都会遵从类似于牛顿天体力学所例证的可压缩计算。

　　我们可以把交通作为典型案例。假设你正行驶在一个交通管制的道路上,路面上交通顺畅。你确切地知道你在哪里,你要去哪里,你的巡航控制保持稳定的 60 英里/小时。因此,现在你可以使用一个基本的运动模型进行预测,除非发生一些异常情况,否则在一小时内你就会进入弗吉尼亚州的夏洛茨维尔。此外,进行预测所需的计算步骤的数量,在很大程度上与预测事件在多久的将来会发生无关。

　　把这种情况与另一个语境相比较,你在一辆车上,正想要离开摇滚音乐节上作为停车场的草坪。只有一个出口,车辆以走走停停的方式向前移动,你必须时不时插入其他的车道,所以需要其他司机让你进入这些车道,而且有些司机处于走神的状态。在这种走走停停的情况下,有明确的时间步长,并且在每个时间步长,与至少一辆其他车辆发生相互作用。从现在起一个小时后你所处的状态——状态是你的位置和速度——(从你在系统内部的角度来看)只有完成经历现在到之后的一个小时后的所有中间状态才能知道。而且更不用说,对于整个系统的状态来说,都是如此。(我们假设这是一个决定论的系统,所以有一个关于未来状态的事实存在。)如果试图使用交通模型去预测未来的状态,则通常通过使用基于主体的模拟来连续计算

---

① 更全面地说:"只要有一种能理解自然界的所有动力和组成它的生物的各自情况的智能体——一种足够广泛的智能体,可以将这些数据提交分析——它就会在同样的公式中包含宇宙中最大的天体和最轻的原子的运动;对它来说,没有什么是不确定的,未来,就像过去一样,将会出现在它的眼前。"(Laplace 1902,4)

迭代交互中的每个阶段来生成预测。在系统及其任意模型中，正是这种需要经历系统状态的逐步的运算表征，构成了弱突现的特征。[①] 弱突现说明了历时突现的重要性。传统的数学模型必将被在具体的计算设备上运行的分时计算机模拟取代，以复制系统的时间发展。

贝多最初是以如下方式定义弱突现："对于一些局部可还原的系统 S，假设 P 是其名义上的突现性质。P 是弱突现的，当且仅当 P 是仅能通过模拟从 S 的所有微观事实中推导出来的。"(Bedau 2002,15)根据这一定义，正是系统的性质而不是其状态是弱突现的，但为了说明方便，这里我将使用后者。一个状态是一个性质的实例，而相关联状态的可推导性是弱突现的真正焦点。

这里有一些进一步阐述：一个名义上的突现性质是宏观层级上的，但原则上在微观层级上不构成突现性质。微观层级和宏观层级的划分在很大程度上是约定的。一个名义上的突现性质就是布罗德(Broad 1933,268)所谓的一个"系统的(systemic)性质"。[②] 作为一个名义上是突现的例子，元胞自动机中单个元胞所能拥有的形状只能是方形，因此性质"是 L 形"在名义上是突现的，它可以被元胞簇而不是元个细胞所拥有。在弱突现的语境中，我们可以把这两个层级之间的性质的关系看作是以构成性标准为基础的。名义上的突现并不总是涉及概念突现，例如在"是 L 形"谓词的情况下，名义上突现的谓词有时可以用低层级的谓词和关系来定义。

尽管名义上的突现被切克兰德(Checkland 1981)用作突现的标准，而且人们经常会遇到一些不经意的评论，大意是突现特征是那些在较低层级的系统不太可能拥有的特征，但它太弱了，以至于无法捕捉到有关突现现象的重要意义。原因之一是，生成原子系统的原子是非构成的。这就使得"是构成的"这一性质相对于基本层级来说是名义上突现的。因此，如果名义上的突现是突现的充分条件，这将自动赋予任何聚集体以突现的性质，而仅仅因为它是构成的。这个标准太宽泛了。

接下来讨论局部可还原性，局部可还原系统是一个所有宏观性质都是结构性质的系统。这意味着一个微观实体的状态由它的位置和内在性质构

---

[①] 这个例子不是那个我们经常引用的从以前的自由流动的车辆中突现出交通堵塞的例子。

[②] 参见斯蒂芬(Stephan 1999)对这个观点的讨论。

成,而宏观实体的状态只是其微观组分的状态及其(通常是空间上)关系的集合。① 因此,弱突现与共时还原是兼容的,因为一个局部可还原的宏观系统在本体论上可以还原为其组分以及它们之间的空间关系。这就把弱突现归为与共时还原相兼容的一类,这一类别包含了温萨特(Wimsatt 2007)的非聚集体进路。

弱突现所使用的特殊意义上的模拟——这是一种特殊意义——是一个在微观层级复制系统的时间发展的逐步过程。拉斯穆森和巴雷特(Rasmussen and Barrett 1995)对这个方法进行了改进,弱突现的计算的不可压缩性方面可以用以下方式表示:②考虑一个系统 $S$ 的运动学,该系统被建模为一个时间离散的过程。一个更新函数 $U$ 取进程的当前状态,并将其转换为一个未来状态。因此,这两种情况之间有着根本的区别:

$$S(t+T)=U[S(t),t+T] \ ,\text{对于任意 } T \tag{4.1}$$

并且

$$S(t+T)=U_T[U_{T-1}[\cdots[U_1[S(t),t+1]]\cdots]] \tag{4.2}$$

其中 $U_i$ 是在时间步长 $i$ 的更新运算符。在通常情况下,$U_i=U$ 是固定的,我们有 $S(t+T)=U^T[S(t),t+T]$ 。

等式(4.2)所表示的是完全的计算的不可压缩的情况,而等式(4.1)表示的是完全的计算的可压缩的情况。应该明确的是,在(4.1)和(4.2)所描述的情况之间有很多不同程度的可压缩性,因而弱突现也是有不同程度的。(Bedau 2008,447,另见 Assad and Packard 1992)这就提出了对所涉及的可压缩程度进行测量的问题。一种选择是采用柯氏复杂性,但这个方法描述了计算的不可压缩性的错误一面。要看到这一点,要区分两个逻辑上独立的测量方法:产生给定序列状态的最短算法的长度,这正是柯氏复杂性测量方法的特征;需要计算的在初始状态和最终状态之间的中间状态的数量,这是同弱突现相关的特征。用一个非常短的算法就可以计算所有这些中间状态是可能的。相反,可以用一个非常长的算法直接从初始状态得到最终状态。柯氏复杂性方法并不能很好地测量弱突现,因为导致弱突现状态的过

---

① 结构性质的其他限制性较小的定义见第 6.6 节。
② 另一个需要注意的是:一些物理文献使用"不可判定的"作为"计算的不可压缩"的同义词,前者的使用可能导致熟悉递归理论的人产生严重歧义。所以,最好是使用"计算的不可压缩"。

程可以具有非常低的柯氏复杂性,同时具有高度不可压缩性。① (其他的替代性测量方法,参见 Hovda 2008)

### 4.3.1　例证:鸟群和交通堵塞

鸟群和交通堵塞的发生经常被引用作为突现现象的例子。但对它们为什么可以算作突现的解释却不太常见。虽然鸟群和鱼群的形成有很多令人感兴趣的方面,在这里我将只讨论鸟群在一段时间内的空间聚合的性质。由个体的鸟儿组成的鸟群具有不随时间推移而分散或崩溃的显著能力。在鸟群的计算模型中,这种空间聚合是鸟儿个体运动满足分离、排列和吸引三个简单规则产生的结果。这些原则是:个体的鸟儿与最近的邻鸟保持最小的间隔,转向最近的邻鸟的平均方向,而且不超过与最近的邻鸟的最大间隔。满足这些规则导致个体鸟儿的运动产生了空间聚合的性质;它是具有整体性的,因为这是作为一个整体的群体(也是一些子群)性质,而群体中的个体成员是没有这个性质的。聚合是鸟类聚集产生的一个新颖的特征。最后,同一种类个体鸟儿的替代使群体的性质得以保存下来,这就引出了替代自主性,从而满足了我们关于突现的所有四个一般标准。

这在什么意义上可以算作弱突现的一个例子? 在个体鸟儿的运动层面上,只有通过在模型内模拟鸟儿之间在时间离散的相互作用的迭代序列,才能预测每个鸟儿在时间 T 处的确切状态,并聚集到 T 处的鸟群的特定状态。在这个表征的层面上,除了通过逐步模拟来预测鸟群的状态之外,没有捷径可走。当然,一旦引入鸟群的新概念,并且在许多模拟运行过程中建立了不同的初始条件,即鸟群的形成和维持是该模型的一个稳定特征,那么就可以使用一种新的理论表征来进行这些预测,从而可以对稳定性进行可压缩的预测。

在第 2.1 节中,我认为暴民行为可能并没有表现出本体论突现的特征。然而,暴民行为或他们的模型,确实导致了弱突现和概念突现。由于没有逐步模拟,无法预测暴民的某些未来状态,如其暴力程度,因此在暴民模型中

---

①　一个序列的柯氏复杂性的确切值是一个不可计算的函数,这给证明给定过程是否不可压缩造成了困难。

出现了弱突现。其中一个原因是,作为组分的主体的快速变化的性质,这个特性可以采用复杂适应系统的方法进行建模,还有一个原因是,缺乏一个关于导致暴民成员变化的转化函数的综合性理论。个体的变化在整个系统中传播,在本质上是历时性的,一旦发生了这种变化,组合性就足以实现群体暴力的整体性。正是在与同类的人的互动中,使得愤怒从少数人传播到暴民的大多数成员。一旦发生这种动力学,整体论就没有什么神秘之处了:这是因为暴民的个体成员发生了变化,而构成性可以将个人愤怒的增加程度聚集到整个群体的高水平上。这里没有神秘的"下向因果关系",只有在主体的层级上的简单的相互作用和构成性。这里还会有概念突现,导致形成群体层级的制度条文,即"暴民"这个术语在社会理论中被用作一个独特的谓词。

从分类学的角度来看,如果没有使预测过程可压缩的更有效的函数,那么计算状态完全可以归类于第 4.1 节中给出的推理突现的定义。因此,即使定义本身同认知无关,P 是一个弱突现性质的说法也包含一些认知因素,因为我们不知道是否存在更有效的预测技术的知识。在某些情况下,可以证明这样的方法是不存在的,但在许多情况下,我们无法证明。我们可以通过下面的例子看到这一点。

我们来思考一下计算超越数 π 的第 N 位数字。几个世纪以来,任何 π 的有限起始段都被认为是计算的不可压缩的,因为计算 π 的第 N 位数字的唯一方法是,首先计算前面的 N−1 位的数字,这使该序列在计算上是不可压缩的。然而,在 1995 年,西蒙·普劳夫(Simon Plouffe)发现了一种直接计算第 N 位数的算法。[①](这种算法被称为"Spigot 算法")这立即使序列在计算上可压缩。

### 4.3.2  评价

弱突现简洁地捕捉到了在动力系统理论和复杂性理论领域中被认为是

---

① 该算法现在被称为 Bailey‐Borwein‐Plouffe 算法。有关算法的详细信息,请参见贝利、博温和普劳夫(Bailey,Borwein and Plouffe 1997)的文章,有关与此示例相关的哲学问题的讨论,请参见杜布茨(Dubucs 2006)的文章。杜布茨强调,在弱突现的情况下,关键的不是"提前"预测,因为在许多弱突现系统中,计算机模拟可以比现实系统更快地完成这一点;这是所涉及的步骤数。

突现的很多内容,但其中一个方面值得检验。西里尔·因伯特(Imbert 2006)所指出的,贝多的定义对模拟中可能弱突现出的最终状态的性质没有任何限制。因伯特认为这是该定义的一个缺陷,然而应当指出,贝多已经意识到这个定义的这种后果,并且在1997年的一篇文章中加以论述。他写道:

> 人们可能会反驳说弱突现**太**弱了,不能被称为"突现",理由要么是因为它的应用太广泛或太随意了,以至于无法区分开一类有趣的现象,要么是因为它适用于某些根本不是突现的现象。例如,许多特别设计的生命游戏的宏观状态是(就我们所知)非模拟不可推导的……但这种例子的广泛性,包括那些对"突现理论家"来说是随意的或无趣的例子,并不是弱突现的问题或缺陷。(Bedau 1997,394)①

这里的问题是,我们是否应该区分弱突现出的新颖的未来状态,以及没有任何趣味的新颖特征的弱突现状态。因此,我们是否需要通过要求弱突现状态具有某些可识别的共时结构来进一步完善弱突现的概念,这一点值得深入探讨。我要在此指出,我们需要严格区分突现的历时概念和突现的共时概念,因为弱突现的历时性动机与推动共时性突现的大多数哲学描述的动机有很大的不同。

回想一下我们关于突现的标准,如果一个性质是突现的,那它必须是新颖的。在突现的不同的说明当中,对新颖性的理解各不相同,但有一点是相当清楚的:无论给定的性质实例 E 是否新颖,都必须根据导致 E 的过程中发生的性质实例来作出决定,而不涉及在任何其他过程中是否发生了类似的实例。要求一个性质实例是绝对新颖的是过于严格的,因为这样的话只有第一次出现的性质实例才能算作突现。注意到这一点后,我们可以给出第二个观点来支持我们之前的结论,即模式突现关注的是殊型而不是类型(见第 4.2.5 节)。

我们思考一下在最初 N 个时间步长出现弱突现的过程,第(N+1)个状态是一个新的性质类型 P 的殊型,其中 P 具有一些可识别的结构。该系统

---

① 贝多已经证实(私人通信),他在撰写1997年的论文时意识到了弱突现这方面的情况。相比之下拉斯穆森和巴雷特(Rasmussen and Barrett 1995)认为更高层次的突现需要新的结构。

的规则将以一种高度压缩可预测的方式,对无限数量的进一步时间步长保持该状态。在这种系统中,第(N+1)个状态是弱突现的,但没有更多的 P 的实例可算作是弱突现的,因为有关它们的预测涉及可压缩的过程。与此形成对比的是,一个具有一组不同规则的系统,通过一个长度为 N 的计算的不可压缩过程演化为类型 P 的一种状态,而性质类型 P 的另一个殊型是由另一个 M 时间步长之后的另外一个计算的不可压缩过程生成的。第 N+1 和(N + M + 1)个时间步长之间不存在类型 P 的状态。在这个例子中,P 的两个实例都是弱突现的。重要的是产生的突现状态及其整个历史过程,在这些例子中,我们必须检查整个跨时间的过程,以便判定状态是否为突现的。

这强化了我们之前的结论,即确定历时突现实例的标准是部分历时性的。然而,这些考虑并不能解决这样的一个问题,即是否应该以某种方式限制弱突现状态的类别,以力图将突现的历时进路和共时进路结合起来,这在历时弱突现中仍然是一个悬而未决的问题。

### 4.3.3 作为解释的不可压缩性的弱突现

尽管弱突现最初是根据计算模拟来定义的,但是被建模的系统自身当中也存在突现。[1] 其思想是,在组分通过局部因果关系反复交互的自然系统中,计算机模拟直接模拟逐步过程,通过这种过程,自然系统产生了被认为是具有突现特征的最终状态。贝多引用的例子包括交通堵塞的状态、蛋白质折叠过程中的状态,以及某些类型的人工生命系统的状态。[2]

在这里我想说,虽然他认为弱突现并非“只是在头脑中”是正确的,但某些弱突现的概念性内容是无法消除的。在他 2008 年的表述中,贝多并没有依赖除模拟之外的不可推导性,而是将弱突现现象描述为那些具有解释的不可压缩性的宏观状态的现象。“如果 P 是某个系统 S 的宏观性质,那么 P 是弱突现的,当且仅当 P 可以从 S 的所有先验微观事实中解释,但只能以

---

[1] 正如贝多所说:“‘模拟推导’这个词似乎表明,弱突现只适用于我们通常认为的模拟,但这是一个错误的说法。弱突现也直接适用于自然系统,无论是否有人构建了它们的模型或模拟。”(Bedau 2002,17),另见(Bedau2008)。

[2] 由于这些系统涉及连续变量,“除模拟外不可解释”必须用到近似的方法。

不可压缩的方式解释。"(Bedau 2008,442)

为了理解贝多所声称的是什么,区分两种计算机模拟是有用的。在我们所称的**直接模拟**中,模拟模型的结构和动力学类似于,甚至可能是同构于建模系统本身的结构和动力学。基于主体的模型通常属于这种类型。在我们所称的**间接模拟**中,这种相似性是不存在的;该模拟中的表征使用的是数学句法,这可能是由于使用近似、理想化和极限,而不直接反映现实系统的结构和动力学。

贝多关于解释的不可压缩的解释这一概念似乎最容易应用于直接模拟,并且正是这一概念构成了关于弱突现作为自然系统的一个性质的基础。其思想是,在组分通过局部因果关系反复相互作用的自然系统中,计算机模拟直接模拟,而且必须模拟离散的、逐步的过程,通过这些过程,自然系统产生被认为是具有突现特征的最终宏观状态。

这种表征内涵不能从弱突现中消除,即使是在弱突现的客观形式上。[①]思考本节开头提到的两个交通堵塞的例子。在现实世界中,你的汽车必须通过每个中间时间点才能在高速公路场景和停车场场景中达到最终状态,对于任何现实系统都是如此。只有从理论或建模的角度来看,压缩才有意义。除开相对论所说的时间膨胀,你不能消除时间步长或压缩在时间上扩展的具体因果过程,这与我们对过程的表征是不一样的。那么,一个主要的问题是,对于一个弱突现过程,我们如何能够排除有一个可压缩计算的替代表征的可能性。在数学领域中,通过前面提到的 Spigot 算法,说明发现一种允许在初始输入阶段和所期望达到的阶段之间的中间阶段的替代方法是可能的。更一般地说,除非有证据表明弱突现主张所依据的算法是最优的,否则我们必须屈服于这一事实,即弱突现的判断是可能需要修正的,并且依赖于使用的表征方式。

### 4.3.4　弱突现和解释

算法信息理论的发明者之一格雷戈里·柴廷(Gregory Chaitin)曾写

---

① 　贝多(Bedau 2008,15)同意这个评价。

道,理解就是压缩。① 如果这是正确的,那么我们对弱突现的实例并没有理论上的理解。再思考一下停车场的场景。在那种情况下,最大程度的不可压缩的解释是由于每个时间步长都涉及汽车之间的相互作用,并且每个这样的相互作用都必须进行建模,以便捕捉系统中预测相关的因果相互作用。这一需要综合模拟的过程可以从萨蒙(Salmon 1980)的解释的因果过程模型来理解。在这种方法中,我们通过对导致最终结果的因果相互作用和传播的知识获得理解,为我们提供理解的是对世界本身结构的认识而不是关于它的理论。在诸如停车草坪等极端情况下,不仅在每个时间步长都有相互作用,而且每个因果相互作用都只能通过亲知它来了解,而不是从同一类型的其他相互作用中预测。唯一的因果传播是汽车的单个时间步长运动。几乎所有这些解释都是如此复杂,以至于人类无法理解,除非能够对宏观性质层面上的动力学进行重新概念化。把这个例子同高速公路上的情况进行对比。初始状态和最终状态之间只有很少的因果相互作用,这种简单的因果结构允许我们直接获得我们需要理解的系统的知识,而无需再现整个因果过程。

在一些系统中,上升到宏观层级确实能使预测和解释的经济性明显增加。以计算机元胞自动机的生命游戏为例。其中,宏观层级模式的出现是复杂的微观层级相互作用的结果,例如 R－Pentamino 模式,只有通过运行模拟才能进行有效预测。但是,一旦确定它们的存在,这些模式就足够稳定,以至于描述其后续行为的规则可以通过使用描述宏观模式的新概念,简单地用宏观层级的归纳过程来描述。

弱突现状态还存在其他意义上的解释吗?想想菲利普·基彻(Philip Kitcher)关于解释的论述。虽然他以促进科学解释的统一性描述而闻名,但在基彻的理论中有一个有趣的区别:

> 亨普尔关于解释是论证的建议体现了视论证为**前提—结论**对的观念。但是,在系统化论述中,一个论证被认为是一个推导过程,它是一系列的陈述,其状态(作为一个前提,或根据某一特定规则从先前部分接续而来)是被清楚指定的。一个理想的解释不是简单地罗列前提,而

---

① 柴廷(Chaitin 2005,6)。

是说明从前提是如何得出结论的。(Kitcher 1989,431)

这种区别很重要。由于弱突现过程的计算的不可压缩性,与演绎解释的具体序列对等的计算只能直接再现物理过程中的步骤。在许多情况下,理解所有这些中间步骤对人类来说是不可能的。我在其他著作(Humphreys 2004)中把这个特征叫作"认识的不透明性"(epistemic opacity),它解释了为什么有些物理状态被看作是推理突现,尽管它们在原则上和实践中都是可预测的。

在从初始状态到最终状态的推理步骤相对简单的情况下,一旦引入了适当的概念工具,对于理解某一需要被解释的句子为什么是正确的而言,中间步骤的细节就是不必要的。在停车草坪的例子中,你知道你不会在五分钟内出去,或许也不会在超过 12 小时后才出去,但在这两个极端之间,出去的时间是高度路径依赖且不可预测的。相反,人们并不需要知道导致铁磁性相变的确切热力学路径,就可以解释为什么会发生相变——一个关于随着温度接近临界值,自旋翻转如何发生在晶格中的通用描述就足够了——描述这个路径对于解释会适得其反。与此类似,一旦基于案例的证明作为四色定理证明的一部分被提出,每个案例的计算机化检查背后的组合细节,就与人类对其总体结论正确性的理解不再相关。重要的是,相关引理确实适用于每种情况,而算法可靠性的问题才是最重要的。

# 5

# 概念突现

　　如果你知道水分子的一切,同时,拥有一台足够强大的计算机来追踪一杯水中的每一个分子是如何在空间中移动的,那么你将面对堆积如山的电脑磁盘数据。你将如何从如此多的电脑磁盘数据中提取出你感兴趣的有关水的性质,如涡度、湍流、熵还有温度? 在哲学文献中有一个术语"突现",被用来描述当一个事物进入越来越高层级的组织时,理解该层级的行为所必须的新概念是如何出现的。

——斯蒂芬·温伯格(Stephen Weinberg 1987,434)

## ▶▶ 5.1 概念创新

　　本体论突现和推理突现往往伴随着概念创新。当一个构成系统状态的纯粹复杂性迫使采用一个新词汇来重新描述这些状态时,这是特别常见的。我要在此指出,概念创新在关于突现思想的发展中发挥了重要的作用,仅仅概念创新本身并不构成突现的一种独特形式,而且同我们已经探讨过的其他主题一样,概念创新的作用因强调共时情况而被扭曲了。

　　我们可以从 20 世纪最有影响力的一篇关于突现的文章开始,就像穆勒在 19 世纪的工作一样,这篇文章从来没有提到"突现"这个词。菲利普·安德森(Philip Anderson)在他的文章"More is Different"(Anderson 1972)中所提出的最有洞察力的见解是,当我们试图实际使用一些倾向于较低层级的理论和概念资源来建构一个更高层级的理论工具时,会发生什么。安德森已经意识到,即使本体论还原是真实的,在这个意义上,世界所包含的一切都是一个极其复杂的受基本定律支配的相互作用的实体集合——安德森坚持说,"我们都必须从还原论开始,这是我完全接受的"(Anderson 1972,394)——从控制其组分的理论中建构一个可用的大规模系统理论的科学项目,通常在实际上是不可能的。① "可将一切都还原为简单的基本定律的能力,并不意味着能够从这些定律出发重构整个宇宙……当面对规模和复杂性的双重困难时,建构主义者的假设就不成立了……在每个阶段,都需要全新的定律、概念和概括。"(Anderson 1972,393)因此,必须为新领域引入新的概念,以便有效地预测和表示该领域的现象。安德森在凝聚态物理学领域工作并不是巧合,该领域研究大型聚合体的集体行为。正是违反对称性原则的现象引起了他对突现的兴趣,而对称性原则在更基本的层级上是普遍适用的。② 在其间的几年里,安德森的见解的正确性得到了充分证实。

尽管安德森的这篇文章有着广泛的影响,但对安德森的思想并不能直截了当地进行解读,因为这篇文章出于可以理解但令人遗憾的原因,往往在内容和语言表达方式之间、在谈论性质和概念之间、在讨论定律和定律的理论描述之间游移不定。③ 通过考虑他在定律上的立场,或者更准确地说是定律陈述,最容易看出安德森在提倡什么。对他来说:"还原论者假设……[是这样一个论点]对于所有我们拥有任何详细的知识的有生命和无生命的物质,都被认为是由同一套基本定律控制的,除了在某些极端条件下,我们觉得我们很了解这些定律。"(Anderson 1972,393)虽然"受……定律控制"的提法表明了对基本定律的现实主义态度,可以说是指导系统的发展;但非基本定律,如果有的话,似乎有不同的地位,诸如上面提到的"全新的定律、概念和概括……需要灵感和创造力"。这些提及的概念、概括、灵感和创造性表明,这些更高层级的"定律"实际上是定律的表述。在这些较高层级中

---

① 安德森对还原的态度是保罗·狄拉克(Paul Dirac)所预料的。狄拉克在他1929年的论文《多电子系统的量子力学》中写道:"因此,很大一部分物理学和整个化学的数学理论所必需的基本物理定律是完全已知的,困难只是这些定律的精确应用导致方程过于复杂而不可解。"(Dirac 1929,714)狄拉克不同于安德森,他认为未来在于发展近似方法,而不是发展自主性层级理论。感谢约翰尼斯·伦哈德(Johannes Lenhard)提醒我注意狄拉克的论文。

② 在关于是否建造超导超级对撞机(SSC)的辩论中,安德森和温伯格对于该工程的成本是否是科学资源的明智投资持有相反的观点。就还原论而言,安德森和温伯格的观点,至少根据他们关于这一主题发表过的明确论述,分歧并不是很大。

③ 我在文章(Humphreys 2015)中对安德森的文章做了详细解释。在这里,只给出了概括性阐述。

没有新的律则影响产生作用,但必须引入概念和理论上的创新,以便我们理解和处理发生在基本层级之上的现象的复杂性。在后来的一篇文章中,安德森证实了这句话:"那么,这就是 20 世纪科学的基本哲学洞察力:我们所观察到的一切都是从一个更原始的底物中产生的,在'突现的'一词的确切含义中,指的是服从更原始层级的定律,但在概念上不能从这个层级来导出。"(Anderson 1995,2020)

这是一个一贯的立场——一种特定类型的基本物理主义支持律则实在论者的主张,即只有基本物理学的定律作为世界的特征而存在,概念论者对于在基本领域之外的预测和组织规则所持的态度认为,这些规则可以被解释为表征工具的人工产物。

可以提出各种论点来支持这一立场的概念部分:不可逾越的计算困难涉及三个原因,即从头计算法、对称性破缺以及在 $N→∞$ 极限上存在奇点,但是,这个结论在本质上显然是概念性的:"人类行为学和 DNA 之间的组织层级肯定比 DNA 和量子电动力学之间的更多,而且每个层级都需要一个全新的概念结构。"(Anderson 1972,396)新的表征工具使预测和理论的整合更加容易,但在本体论上,在突现的层级上并没有什么新的东西。

因此,对安德森立场的合理解释是,将其视为提议所有物质的行为都受到基本定律的约束,但是为了实现预测效率,建构主义的方案需要在各个阶段引入新的概念和定律陈述,其中的概念是性质的表征。表征模式可以有所不同。通常表征将是语言的,但新的工具可能包括图形表征。

安德森的研究转向的重要性是相当大的。在强调还原而不是建构时,大多数有关理论还原的哲学讨论都是在两个假设下进行的:假设还原域和被还原域的概念和语言资源已经存在;假设还原涉及原则上的推导,而不是实践中的推导。对于建构主义的方案,我们需要放弃这两个假设,至少是部分放弃。在宏观经济学、凝聚态物理学、社会学和许多其他领域中存在许多情况,需要特意引入一些新的概念词汇以便更有效地处理研究的主题,而不是依赖适合于手头现有实体的组分实体的概念词汇。发明一个有效的框架往往需要相当的独创性。对于原则上的还原,任何关于还原或建构的主张,如果并未获得在实际的还原或建构中取得的至少是些许成就的支持,那么这些主张只是一种信仰。

虽然安德森的建议很有洞察力,但它们仍然是在层级图景的约束下运作。在一些历时情况下，也会发生无法建构非基本的$_d$（和基本的$_s$）状态、性质，或其他实体的描述；跨时间预测可能需要一种能够超越弱突现的逐步模拟的方法的表征工具。如果模拟过程的计算复杂性和实现该过程的可用的计算工具的能力不相容，或者需要预测的状态相对于控制初始状态的理论是不可判定的，那么，预测的有效性就要求引入一个新的表征工具，或者将测量值或观测状态引入预测过程。在接下来章节中，我们将看到这种向共时还原和建构的倾向是如何影响对概念突现的态度的。

## ▶▶ 5.2 还原与建构

　　还原可以发生在**科学领域**之间，如社会学向社会生物学的还原；可以发生在**理论**之间，如热力学和统计力学；可以发生在理论中的**术语**之间，如"水"和"$H_2O$"；可以发生在**对象**之间，如社会群体及其成员；可以发生在**自然类**之间，如氢和特定的原子结构；可以发生在**性质**之间，如贫血和血红蛋白缺乏。① 在还原域是物理学的特殊情况下，还原论成为一种物理主义，无论是基本的还是非基本的。在性质还原和对象还原的类别中，我们进一步区分了类型—类型还原，这里的还原是在性质类型或者对象类型之间的还原；殊型—殊型还原，这里的还原关系存在于性质实例之间或者特定对象之间。即使当类型—类型还原失败时，殊型—殊型还原也可以成立，这一特征同性质的多重可实现性紧密相连。

　　突现通常被认为是与还原不相兼容的，因为 A 不能还原为 B，是 A 从 B 中突现出来的必要条件。不可还原性不可能成为突现的充分条件，因为两种不同类型的基本实体彼此是不可还原的，但二者之间没有突现的关系。我们对突现的分类中的每一个类别都有其对应的不可还原的类型——本体论不可还原性、推理不可还原性，还有概念不可还原性——具体来说，正确的说法是本体论突现与本体论还原不相兼容，其他两个类别也是如此。另一方面，本体论还原性与推理突现和概念突现是兼容的。在考虑理论还原时，所涉及的理论的真实性并不是成功的理论还原的要求。因此，如果我们

---

　　① 我并不是声称这些还原是正确的；不过，它们是科学家尝试去还原的实例。

不坚持要求理论还原关系所持的理论真实性，或表征的概念正确性，那么从类型 A 实体到类型 B 实体的本体论突现，既与从关于 A 的理论到关于 B 的理论的理论还原相兼容，也与从 B 的表征到 A 的表征的概念还原相兼容。其他兼容也是可能的；重点是明确我们正在处理的是分类中的哪一部分。

我们还必须区分本体论还原和本体论取消主义。为了使本体论取消主义对某些实体 E 是正确的，我们必须在承认 E 曾经是存在的情况下，任何曾经被用来支持 E 存在的证据都可以用其他实体来解释，随后的证据已经证明这种信念是错误的。取消主义的一个著名例子是亨利·柏格森（Henri Bergson）的生命冲力（élan vital），这个力量被认为是进化的动力，但其功能现在已知是由分子生物学的对象、自组织过程和自然选择来实现的。相反，当发生本体论还原时，被还原的实体和还原后的实体是同一个实体，因此与还原实体一样存在，尽管通常是在不同的描述模式下。假设说我的自行车可以被还原为一个结构合理的机械零件集合是合适的，那么我的自行车没有被消除；它只是被证明与那些结构集合是相同的。继续提及被还原的实体只是为了方便而言。①

无论是好是坏，关于还原的相当一部分哲学文献是对欧内斯特·内格尔还原的论述的回应。在内格尔的论述中，如果一个更高层级理论的定律陈述不能通过使用"桥接原理"（bridge laws）——此处的"原理"一词可能具有误导性——连接两个层级，从一个更基本的理论中推导出来，那么我们说这个理论不能还原为另一个理论。因此，如果一个理论 T′ 不能内格尔还原为理论 T，那么，结合 T 的定律陈述和使用桥接原理将 T′ 的词汇转化为 T 的词汇，是不足以允许 T′ 的每一个陈述在原则上都是从 T 的陈述中推导出的。任何仅包含观察术语的定律陈述在理论上都是中立的，因此不需要被还原。在实践中实现这一点通常非常复杂，而且往往不切实际。内格尔的进路中，还原和突现是联系在一起的，因为他将推理突现理解为高层级性质的陈述语句从低层级性质的陈述的不可推导性（Nagel 1961,367）。当研究对象是定律陈述时，他的进路也适用于律则突现。

---

① 还有其他类型的消除性还原，例如，当一个模糊的分类被细化成为一个更精确的分类。这方面的一个例子是，用创伤后应激障碍的概念替代了弹震症的概念。这里我们不讨论消除性还原的这种形式。

内格尔还原的一个主要约束是执行所需推导的计算复杂性。通常情况下，在实践中完成从头计算还原的计算所需要的计算资源远远超出了可行的能力范围，以至于在标准计算设备上永远无法完成。一个例子是从其构成原子的量子态计算一片宏观不锈钢片的精确性质。这一约束的第二个原因是，对于连续状态变量，通过有限近似引入的误差，通常需要不切实际的计算能力，才能降低到可接受的水平。在考虑这些约束时，需要注意一点：计算中涉及的计算复杂性的程度，是相对于特定类别的计算设备来定义的——这些计算设备相当于图灵的可计算性。如果量子计算或其他一些完全不同的结构形式可以大规模使用，某些棘手的问题就会变得可行。这些关于计算复杂性程度的考虑似乎只与应用科学的具体实践有关，但是了解到理论还原的现实后将很快缓和这种观点。

内格尔还原分为同质（homogeneous）还原和异质（inhomogeneous）还原两种。同质还原涉及两种理论的词汇相同的情况，而在异质还原的情况下，被还原的理论含有在还原理论中没有出现的术语。概念突现主要发生在内格尔异质还原失败时，我们将关注的正是这种类型的还原。

异质还原基于两个思想。首先，当我们面临将一个理论还原到另一个理论的任务，并且这些理论使用不同的词汇时，成功的还原必须告诉我们这些词汇是如何互相关联的。内格尔建议通过建构桥接原理来实现这一点。一个有所争议的例子是温度（用于宏观物理学、化学、生物学和其他方面）与分子平均动能之间的桥接原理：如果 x 是热力学平衡中的一种理想气体，那么当且仅当 x 的分子具有平均动能 E 时，x 具有温度 T。[1] 如果不能为这两种理论的不同词汇建构桥接原理，且因此一些包含特定于 $T'$ 的谓词的 $T'$ 的句子不能完全从 T 的词汇中推导出，那么这就有可能出现概念突现的情况。

这些桥接原理的一个主要优点是，如果它们能够以刚才给出的方式表示，并在较高层级术语和较低层级术语之间提供等价性，则可以从理论语言中取消较高层级术语。这种语言上的取消并不涉及上面提到的本体论取消主义，即使各自的理论是真实的。与适当的推导相结合，它仅给出我们理论还原。温度仍然存在，但现在已被看成是分子的平均动能。

---

[1]　有关此案例的详细讨论，请参见斯克拉（Sklar 1993）。

### 5.2.1 转向本体论

到目前为止,我们所讨论的概念工具反映了在理论还原和层级间决定性关系(例如依随性)之间发生的共时或非时间性语境,主要关注的是在本体论上的优先层级内,对同一组实体的重新表征。内格尔还原的一个核心问题是,桥接原理是否必然是真定义,而不是非必然的同一性断言或规则。回顾布罗德(Broad 1925,77—78)对跨层阶定律的论述,我们看到跨层阶定律是一些只有后验才能知道的规则,即使在原则上也不能从其他域的定律推导出来。因此,在布罗德的进路中,这就排除了突现域和其他域之间的先验概念或演绎关系,无论是基于定义还是基于直觉等其他认知来源。

无法从关于域 A 的理论中推导出关于域 B 中现象的一些主张,这证明了在 B 中存在一些对于 A 来说本质上是新的东西正在被描述,而 A 对于 B 的现象来说是演绎不完整的。关于域 A 的理论和概念资源,无论是明确的还是隐含的,都不包含有关新现象所需的内容。

考虑一下这种理论还原是如何支持第 1.4 节中的西洋跳棋世界。在这个模型中,层级并无特别作用,而适合使用历时进路。蓝色棋子已经从白色棋子中历时突现出来,而为了描述蓝色棋子的行为,就需要使用不适用于白色棋子的概念,例如"向后移动"和"吃掉红色棋子"。但是,这些概念不涉及不同的"层级":第一个概念是几何学的,而红色棋子的概念和蓝色棋子的概念可以一起被定义。此外,将一个位于棋盘最顶端边界的白色棋子与随后出现的蓝色棋子联系起来的定律,只能通过归纳来学习。在支配白色和黑色棋子的理论工具中,没有任何东西可以导出这个定律。

在还原方案中,我们从更高层级的理论工具开始,在这时候往往不知道较低层级还原实体的性质。还原主义的方案要求我们发现这些实体,并提供一个合适的理论工具,以适合还原方案的方式对它们进行表征。对于建构主义来说,我们从较低层级的概念开始,有时并不知道较高层级的特征是或应该是什么,必须为建构主义计划的实施开发适当的词汇。因此,在这两种情况下,桥接原理或跨层阶定律有时需要发明新的概念,而不仅仅是发现现有概念之间的联系。

作为内格尔还原的一种替代方法,凯梅尼—奥本海默还原(Kemeny-

Oppenheim 还原,简称 K-O 还原)与本体论突现相兼容,但与推理突现和概念突现不兼容,在应用上也作出了妥协。理论 $T_1$ 可以 K-O 还原为 $T_2$,当且仅当通过 $T_1$ 解释和预测的所有可观察的数据,同样可以通过 $T_2$ 进行解释和预测。任何可内格尔还原的理论都是可 K-O 还原的,但反之则不然,这是因为 K-O 可还原性不需要存在桥接原理。这里有一个基于 K-O 不可还原性的本体论优先原则:如果一个实体 A 的存在或性质可以通过另一个实体或实体的集合 B 来解释,但反之则不然,那么 B 比 A 具有本体论优先。这是本体论优先的充分条件,但非必要条件,因为依随关系通常不允许解释。但是,一般认为,如果 A 依随于 B,但反之则不然,那么 B 具有本体论优先。

## 5.3 对建构主义的哲学回应

如果我们要选择一个能够体现 20 世纪分析哲学精神的原理,罗素的逻辑综合准则将是不二之选:"科学化的哲学的最高准则是:在可能的情况下,逻辑建构物必须取代推断的实体。"(Russell 1914,section VI)

罗素是通过感觉资料(对罗素来讲是物理实体)来描述建构物的,但是当逻辑建构物被数学建构物补充时,他认可的方法被扩大了。① 下面我将从广义上解释罗素的准则。罗素的建议表明,只有有限地使用最佳解释的论证才是合适的。此外,在本章所讨论的建构主义的情况下,我们并不关心从可观测域到不可观测域的推理。这是因为我们已经接受了更基本实体的存在,并希望在此基础上建构其余不可观测域。我们主要关心的是基本实体和非基本实体是如何联系在一起的。因此,我们不受传统经验主义认知基础的约束。

罗素也采用了奥卡姆剃刀的形式,这句谚语说的是"如无必要,勿增实体"。在使用奥卡姆主义原理时,有不同程度的限制,但在建构主义传统中,我们的想法是:如果我们能够通过使用最小的首选本体(如物理状态)和其逻辑数学的建构,来完全地得到一个具有明显自主的本体(如精神状态域),

---

① 由于使用逻辑重建数学的逻辑程序未能完全实现其目标,因此扩大化是必要的。

那么，我们就可以，而且应该放弃对过剩本体的任何承诺，以避免错误地断言存在一个单独的实体域。因此，这里我们得出罗素的第二个准则："这就是奥卡姆剃刀的优点，它可以降低你犯错误的风险。"（Russell 1918；另见Russell 1956，280）这是合理的建议，但是剃刀，尤其是 14 世纪的类型，是有风险的。通过将我们的本体论承诺保持在最低限度，奥卡姆剃刀有助于阻止我们断言不存在的实体的存在，但极简主义可能会导致另一种错误——即拒绝承认事实上确实存在的本体论事物。这些是类型 I 和类型 II 错误的统计学概念的哲学类比，当存在本体论突现时，生成原子论的朴素传统可能导致第二类错误。正如罗素最重要的准则中"在可能的情况下"的附加说明所指出的那样，实际情况有时需要扩大我们的本体论，并认识到逻辑建构是不够的。在转换突现的情况下，突现实体不可以从先验实体中共时建构出来，通常使用归纳方法对新实体的性质作出推断。

然而，承认本体论上只有一个域，而不是两个或更多的域，给建构主义者留下了安德森提出的问题：我们是否需要引入一种新的概念工具，以便于预测和描述，来促进整个建构过程？律则上的整体性质通常需要概念上的新颖性。回顾一下，一个律则上的整体性质是一个不能被具有该性质的物体的组分所具有的性质——在律则上这种情况是不可能发生的。虽然这一点与性质及其相应的谓词有关，但它仍然适用于定律陈述。作为一个律则突现的可能例子，系统的性质可以在产生新规则方面发挥作用，贝利坎普、康威和盖伊（Berlekamp，Conway，and Guy 2004）证明，用生命游戏规则编程的元胞自动机可以作为一种通用的图灵机。由于主要的计算是由被称为滑翔机的结构化的元胞集合完成的（参见第 4.2.7 节），而不是单个的元胞；所以元胞状态的域不是正在运行计算的域。因此，正如罗斯·阿伯特（Russ Abbott 2006）所指出的，由于元胞自动机的原始编程规则不包括滑翔机之间相互作用的规则，滑翔机所表现出的规律性，为律则突现提供了机会。此外，"做加法"的概念在元胞的层级上并无有意义的内容；相反，它只是在诸如滑翔机等突现形式的层级上才有意义，因此，需要新的表征内容来捕获图灵机器的计算。

概念创新并不总是涉及新的术语。弗里茨·罗利希（Rohrlich 1997，S347）指出，诸如"金"这样的术语可以出现在两个不同的理论领域，并且在每个领域具有相当不同的含义。① 这一事实有三个具体的哲学结果。

第一,它对希拉里·普特南(Putnam 1962)所使用的例子的一般有效性提出疑问。普特南认为不可能有特定的观察谓词,如"红色",因为"红色"也可以应用于不可观察的实体。对于金而言,已经验性地确定,在纳米粒子的层级上,金具有与宏观层级不同的性质——在宏观层级,金是化学惰性的,而在纳米层级,它作为催化剂将一氧化碳和氧气转化为二氧化碳。(实在论者断定存在纳米级金这样的东西,而且可以通过汉弗莱斯 2004 年著作中的第 2 章中的稀释论据来证明。)如果我们使用性质同一性的因果标准(Shoemaker 1980),在分子域中使用的谓词"金"就与在宏观域中使用的谓词"金"的性质不同。所以,只有在琐碎的句法意义上作为多义词(或可能是同音异义词)的情况下,它们才是相同的谓词。

第二,由于"金"在两个域中具有不同性质,这也引起人们对在某些情况下,应用内格尔同质还原的适当性提出疑问,因为内格尔还原仅仅使用句法标准来识别跨域的术语。而我们所讨论的问题是在不同的域中,从"金"一词中挑选出来的各种性质,因此,我们无法仅仅通过局部的句法来进行识别。

第三,这一事实表明,对于术语"水"来说,当它指称水分子时,"水 = $H_2O$"很可能是正确的,但是当它的同形异义词指的是宏观液体时,却是错误的。更确切地说,这种同一性对于该术语经常所使用的普遍范围来说不一定是正确的。②

▶▶ 5.4 功能还原

一些作者提出了一种不同的还原方法,作为内格尔还原的更有力的替代方法,我称之为"功能还原"。③ 我将主要讨论金在权(Kim 1999)给出的

---

① 斯蒂尔斯也提出概念突现。(Steels 1994,89)

② 参见约翰斯顿(Johnston 1997)对相同结论的不同论证。

③ 莱文(Levine 1993),麦克劳克林(McLaughlin 1997),金在权(Kim 1997,1999,2005)等人也探讨过这种方法。例如,麦克劳克林写道:"在物理的和主题中立的术语中,易受功能分析影响的性质是可还原的,"(McLaughlin 1997,36)"但是,英国突现主义传统的成员显然没有认识到,功能上可分析的倾向和能力当然是可还原的。"(McLaughlin 1997,36)关于对金在权版本的这种方法的反驳,可参见安东尼(Anthony 1999)。

版本,因为它是最全面的。根据这些作者,如果我们采用正确的方式处理还原,那么大多数性质都是可还原的。然后,如果可还原性排除了突现,则只有少数几个不能在功能上被还原的性质,才有可能是突现的。其中包括感受质和意识等特征。[①]

对于金在权来说,有三个与突现性质相关的核心思想:新的因果力、不可预测性、相对于系统微观结构性质的不可解释性。系统总的微观结构性质是由以下方面的描述决定的:(a)构成该系统的基本粒子,(b)这些粒子的所有的内在性质,以及(c)将粒子构成结构的关系(不一定只是空间关系)。[②] 因为总的微观结构性质属于整个系统,所以是一个宏观性质。功能还原的核心思想是,在域 B 中找到域 A 中的某个给定性质的实现者,目的是使用域 B 的预测能力及其根据实体的微结构性质来解释现象的能力,因此,假定的突现性质是冗余的。

更具体地说,构成将一个性质 E 还原到其他性质的集合 B 的联合充分条件和单独必要条件,需要三个步骤:

1.**功能化** E。也就是说,将 E 解释为由其还原基 B(或直接的或通过进一步还原)中的性质的因果关系或规范关系所定义的性质。通过功能定义提供了两个域之间的概念联系:

> **定义** 具有 E＝在 B 中具有一些性质 P,使得:(1)P 通常由 $C_1, \cdots, C_n$ 实例化,而且(2)P 通常导致 $F_1, \cdots, F_m$ 被实例化,其中每个 $C_i$ 和 $F_j$ 都在 B 中。无论是(1)还是(2)都可能被虚泛地满足,这样 P 是 E 的"实现者"。[③] 因此,如果我们知道 P 的这样一个实例已经存在,那么不需要进一步调查,我们就知道 E 的实例也是存在的。

因果继承原则在这个过程中发挥了一个重要作用,它断言:如果一个功

---

① "一个性质的功能化对于突现是充分且必要的(至少作为第一个概念步骤,其余的就是科学研究)……它解释了为什么可还原的性质是可以预测和解释的。"(Kim 1997,13)

② 金在权(Kim 1999,6—7)。

③ 金在权声称这种方法可以追溯到阿姆斯特朗(Armstrong 1972)和刘易斯(Lewis 1966)那里,但是,阿姆斯特朗和刘易斯都不持还原论立场,而且多数功能主义者的立场都不是还原论的。

能性质 E 在给定情况下,因自身的一个实现者 Q 被实例化而得以实例化,那么 E 的这个实例的因果力与 Q 的这个实例的因果力是相同的。这一原则允许我们解释,为什么因变性质被归因于最终由基础特征造成的因果力。这个原则是必要的,因为因变性质的功能化自动要求它具有因果力,因此,根据亚历山大的名言,这是真实的。① 最后,最初的论述假定我们能够解决区分层级的问题。

2.**找出 B 中 E 的实现者**。这一步对于成功地进行还原至关重要,需要科学研究的介入。

3.**找到一个 B 层级的理论,来解释 E 的实现者如何执行 E 的本构因果任务**。例如,一个基因在功能上被描述为"生物有机体中负责将遗传特征从双亲传递到后代的机制。"②在人类和其他物种中,基因是通过 DNA、RNA 和相关实体实现的,分子生物学中的系统理论解释了这些实现者是如何工作的。金在权指出,功能还原通常是碎片化的工程,由于实现者的异质性,我们应该对局部的还原感到满足,比如将人类的疼痛还原为人类神经生理学,而不是在一般意义上疼痛的还原。

尽管功能化方法在功能还原中具有相当重要的意义,然而,这一描述同早期的但基本上被放弃的内格尔还原方法的关键区别在于,两个域之间的联系的性质。金在权对内格尔还原的主要反对意见是,内格尔桥接原理本质上是延伸了还原基的语言或概念资源,并且桥接原理自身就需要被解释,这就使得内格尔还原与身心之间的解释鸿沟问题无关。在内格尔的方法中,连接域的桥接原理是依情况而定的,必须通过科学中的经验或理论探究来发现。

---

① 亚历山大的名言(Alexander's Dictum),以英国突现主义者塞缪尔·亚历山大的名字命名,它断言一个性质当且仅当具有因果力时,它才是真实的。亚历山大写道:"心灵只是一种副现象的理论……不能因为它假设某种存在于自然界中的东西,没有什么可做的、不服务于何种目的、如同一种依赖于其下级的工作的**贵族**,就简单地拒绝它,但可能为了展示而保留下来,而且毫无疑问在将来会被废除。"(Alexander 1920,8)这是对罗素关于因果关系的下面这段话所做的令人不安的即兴发挥。"我认为,因果律,就像在哲学家们之间代代相传的很多东西一样,是过去时代的遗物,它像君主制一样存留下来,只是因为它被错误地认为是无害的。"(Rusell 1912,1)

② 参见金在权(Kim 1998,25)。

相比之下,功能还原的独有特征之一是,这些桥接原理被在功能化过程中发现的 E 和 B 中的性质之间的概念联系取代。正是这种概念联系允许我们从首选域中的性质转移到因变域中的性质,并且,功能性定义允许我们将科学解释完全保留在首选性质 B 的范围内。这就是为什么对于内格尔还原只有归纳预测是可能的,而当功能还原已经完成时,完全基于域 B 定律的理论预测是可能的。因此,对突现(在它存在的罕见情况下)的功能—还原进路正好在我们讨论过的概念传统中,其中必须引入新的逻辑独立的概念来表示突现实体。①

极少数的性质,诸如金在权认为可能是突现的意识,在理论的基础上是不可预测的。如果每当给定的微观结构性质存在时,新的宏观性质的重复出现允许我们发现一个规律性,并使用它来预测该宏观性质的下一个情况,这种方法在收集数据之前是不可能做到的,那么这些性质可以通过归纳来预测。相反,根据适用于该层级的相关理论,系统的物理性质在微观层级上是可以从头开始预测的。不能根据适用于微观层级的理论陈述来预测突现性质,正如感受质的例子,可能是因为它们的内在性质超出了任何主体间的表征工具的范围。② 微观和宏观域里的规范可预测性之间的差异,导致跨层阶定律或联系的独特的认识论上的不可还原性。

功能还原可能失败的最直接的方式,发生在那些更高层级性质不能被功能化的情况下。这并不意味着更高层级的性质在因果关系上是孤立的——就像一个挂件——因为它仍然可以作为具有自己独特因果力的突现性质而进入因果关系。这不是反对这种方法;它只是意味着不可还原的性质的类别,在很大程度上取决于功能化方法的适用范围,而且对于这个世界有多少性质不能进入功能化的程序是很偶然的事实。例如,不可能对西洋跳棋世界中的蓝色棋子的作用进行功能化,因为唯一可能的实现者是黑色或白色棋子,而它们没有正确的因果特征。

---

① "能够从还原基上升到更高层级性质的,是由更高层级性质的功能化产生的概念联系。这与把桥接原理作为辅助前提的内格尔还原形成鲜明对比。"(Kim 1999,14)

② 金在权否认预测的实际困难是相关的:"但显然,这种计算的容易和简单性在这里并不相关;如果必须使用计算复杂的数学/逻辑程序,可预测性并不会因此丧失或降低。"(Kim 1999,7)这种对"可预测"的非常强烈的意向性理解,确保了我们将与许多激发了推理突现立场的例子失去联系。

　　金在权的观点是,在物理领域中,不存在他所谓的突现性质:"因为可能没有任何突现性质,所有的性质都是物理性质,否则都是可功能化的,因此可还原为物理性质。"(Kim 1999,18)他后来的主张(Kim 1999,20—21)强化了这种观点:"一个典型的突现理论,通常会有这样的思想,即这些复杂系统的某些性质,虽然具有物理基础,但却是非物理的。"鉴于这种观点认为突现是罕见的,默认的立场必须为功能化是迭代的。在任何给定步骤中的实现者的性质本身是可以被功能化的,并且这个过程是重复的,直到我们得到它们自身没有实现者的基本性质为止。[①] 在功能化步骤中使用的概念过程是共时的(或非时间性的),因此它与明晰的历时突现形式相兼容。它也与弱突现兼容,为转换突现和熔合突现留有余地;而且在共时领域,也为概念突现留有余地。

---

① 假设这些性质没有无限回归。

# 6

# 与突现相关的哲学话题

▶▶ 6.1 物理主义

与数学家和逻辑学家不同,哲学家对他们所使用的技术词汇没有严格的控制。一个数学家若反常地使用"连续可微的"一词,将会被其他同行悄悄地贴上无能的标签,并对其置之不理。相反,哲学家使用的术语往往没有明确的适用条件,通常没有明确的定义,如果哲学家使用了一个词的变体,则很可能被誉为做了一些有创造性和信息丰富的事情。很遗憾,这就是物理主义的情况。在过去 20 年中,尽管作出了重大努力,但物理主义仍然缺乏一个标准定义。①

即使如此,我们还是可以区分两大类物理主义——**基本的物理主义**和**非基本的物理主义**。基本的物理主义,在通常解释下,总是一种共时的形式,所以不需要标注下标。它认为某些物理实体和性质是基本的,无论粒子、力、空间、场或其他目前物理学所考察的物体,或在可预见的探究范围内被如此考察的物体和性质,都被认为构成了最终的物理本体论。那么,它必须解释物理学的其余性质和物体,以及化学、生物学和其他本体论上可接受的科学的性质和物体。当明显的还原或建构变得不可行时,基本的物理主义常常诉诸一种或几种决定关系。决定关系可以是依随关系(在下一节中更多讨论)、实现关系、确定的和可确定的关系、抽象关系、二阶性质构成关系、奠基关系中的一种或任何数量的相似的决定关系。所有这些关系的基

---

① 关于物理主义不存在真实的、非空的特征的有说服力的论证,见克兰和梅勒(Crane and Mellor 1990)。

本特征是,一旦物理域中的实体是存在的,所有其他域中的性质就由此确定。确定了大脑的状态,就会得到心理的状态(依随性);确定了计算机的状态,就有了在功能上等效的信念(实现);确定了烧赭石的颜色(确定的),就会认识到棕色这种颜色(可确定的);确定了旋转对称性,就会得到一个群(抽象)。

在形式上,刻画决定性的相关手段很大程度上是逻辑的。例如,在依随关系中,基本性质的布尔或集合论组合以逻辑的、形而上学的,有时是律则的必然性提供了适当的决定关系,从而构成了依随基。从取消主义到坚定的实在论,虽然对于因变性质的本体论地位有一系列不同的立场,但为了使基本的物理主义发挥其基础作用,任何不属于基本域的实体都必须具有次要的本体论地位。

这种观点已被证明对许多现代哲学家是有吸引力的:世界只不过是基本的物理物体和基本的物理性质,这里的"只不过"指的是根据所选择的决定性关系来赋予实质内容。① 在这些物理物体和性质中,某些东西是基本的,因为它们共时地决定了所有其他东西。哲学家的一项任务是提供一种能捕捉这个物质世界的最基本结构的表征手段,如果真有的话,还要评估在物理对象和性质领域内已经包含的手段之外,能从中得到什么本体论承诺。

如前所述,在刚刚描述的意义上,基本的物理主义与推理突现和概念突现都是相容的。如果存在的实体仅限于基本域,则它与共时本体论突现是不相容的,但正如我们在第 2 章中所看到的那样,它与某些版本历时本体论突现是相容的。

更自由的物理主义——非基本的物理主义,将更广泛的实体域视为可接受的,这通常与物理、化学,或许是生物学的某些部分的结合领域相联系。可接受域的边界差别很大;对于一些人来说,地质学、气象学、冶金学、天体物理学、宇宙学等学科,即使它们不可还原为上述三个领域的范畴,也还是被包含了进来。但是,心理学和社会科学的意向性实体,却总是被排除在物理域之外。

非基本的物理主义与三种类型的突现都是相容的,但由于许多关于突

---

① 可能存在本体论上不同的探究领域这一论断,与某些科学大一统的立场是不相容的,特别是那些需要统一本体论基础的科学立场。相反,它在原则上与方法统一观点相一致,例如在复杂性理论中所显示的,突现的领域是由一组方法所统一的。

现的当代哲学文献都集中在非基本的物理与精神的划分上,从而将突现现象的可能性仅仅限制在精神范围的几个方面,如感受质和意识,它在很大程度上未能解决可能发生在非基本的物理域内的丰富的突现特征的集合。①本书所采用的是一种非基本的物理主义的本体论立场,但我留下这样的可能性:本体论突现现象在不属于广义物理的范畴,特别是在社会科学范围内,也会发生。

### 6.1.1 物理主义的动机

物理主义有不同的动机。有一种是方法论的愿望,即在我们的本体论中,只存在通过科学方法才能建立其存在和性质的事物。对许多物理主义者来说,我们无法以第三人称来接触大多数精神实体,这是至少采用非基本物理主义的有力理由。两种物理主义都从物理域的特定现象中排除了比如色彩感知、痛苦、笑话等具有主观内容的特征。它们的主观性质被认为与物理主义的方法论动机不相容,比如在颜色等情况下,已确定了如电磁辐射的波长这样的物理相关性,而与此相联系的感受质则不同于那些物理相关性。② 虽然我不会去探讨这个问题,但以第一人称接触到这种感受质,不应自行排除对这些现象进行科学处理的可能性,也不应排除这些现象被视为本体论突现。除非我们赞同各种各样的唯我论,否则我们确实相信有证据表明,人类的感受质经验是有规则的。色盲测试并不是符合一种共同语言的结果;我们把石原氏色盲板的彩色点叫作什么并不重要——重要的是,在彩色点本身之间是否可以观察到一个空间图案。

这种方法论的动机类似于自然主义立场的动机。与物理主义一样,对于什么是自然主义也有一致意见。一种常见的变体将自然与超自然对比,并且将这一对比作为前者优先于后者的基础,理由是前者适合于科学方法,而后者则不适用。这意味着任何超自然的事物都将被排除在外,不仅是神学的和精神的实体,还特别是形而上学实体。因为生物实体是完全值

---

① 相比之下,科学哲学的文献确实包含了对物理的突现的系统化讨论。

② 与信仰等精神实体不同的是,经验丰富的感受质通常具有可辨认的空间和时间位置,因此至少有可能与物理实体进行识别。例如,泰伊(Tye 1989,133)声称,这可以通过识别具有物理和化学特征或功能性质的感受质来实现。

得尊敬的自然实体,而通常认为它们并不是基本的物理实体,因此自然主义与非基本的物理主义是相容的。一些早期的突现主义者,如亚历山大(Alexander 1920)的那些著作,对超自然主义表示赞同,并且有一些当代的突现进路依然持赞同态度,例如克莱顿(Clayton 2004)和墨菲(Murphy 2006),他们认为突现允许超自然实体的存在,如人的灵魂。这里所持的立场是,目前所有明确的突现实例都来自科学调查,没有证据表明有超自然突现的证据。尽管目前被认为是超自然现象的东西,例如鬼魂,是有可能有科学证据支持的,但目前没有任何有说服力的证据,而且灵魂甚至比鬼魂更难以捉摸。

本书中的论点赞同自然主义,但是任何通过命令来否认抽象实体的存在和意识经验内容的自然主义都受到了太多限制。我们不必一定是二元论者才能把自己的意识经验的内容看作是真实存在的,如果这些经验是突现的,那么至少一种类型的突现特征只能是第一人称的。而且,如果证明存在抽象物体,那么它们的存在不应仅仅基于方法论的理由而被否定。

物理主义可能有第二个动机。即物理学是最一般的科学,物理学之所以重要,不仅是因为它在最基本的领域中研究物质,而且还因为至少它研究的一些性质,如能量,发生在所有被认为是自然主义合法的领域,因此,这些性质构成了我们本体论的特权部分。没有其他科学具有这种普遍性,因为只有物理学才能获得最基本的层级。① 这种动机不能为非基本的物理主义辩护,除非它可以证明所有真正的性质都是领域中立的,然而这是不合理的。

有一种观点不能作为物理主义的动机,但对于许多人来说这似乎是一种动机,这种观点认为精神实体、活力论等必须被拒绝为是真实的,因为它们太奇怪了。这种立场立即受到了嘲讽式的回应:当前基本的物理学和天体物理学的实体甚至比通常的心理现象更奇怪,并且极限物理学在这方面不太可能变得更好。当代物理学的本体论奇异性不需要进一步评论,也没有明确的理由认为数字物理学应该优先于精神实体,数字物理学认为信息是物理学的基础,因此从物理实现中抽象出来。概率,无论是被理解为理性

① 未来有可能发展出一些不属于物理学领域的基础科学,但目前似乎不太可能,因为物理学的特权领域相当强大,并且往往包含具有广泛应用的非物质本体,如信息。

信仰的程度还是更客观地看待,在物理学中发挥着基础的作用,但它与信仰一样神秘——甚至是能量也不能被排除怀疑。

### 6.1.2 极限物理学

关于物理主义的讨论有时会引用极限物理学的观点。物理主义,无论是极限物理主义还是其他类型,就像突现主义一样,都应该是由经验证据支持或削弱的偶然命题。这一特征强烈表明,任何关于什么属于物理学领域的讨论都必须局限于当代物理学的范畴。这是因为,任何对极限科学的呼吁都缺乏可知的内容,其中,极限科学指的是科学探究采用其方法得出一套最终的、无法修改的科学理论。我们知道数学序列 $1/2, 1/4, 1/8, \cdots,$ $1/2^n, \cdots$ 的极限是什么,因为我们可以先验地推导它,但我们不知道极限科学的全部真理是什么,部分原因在于,随着物理理论的变化,需要具有创造性的概念发生不连续的变化,还有部分原因是新的证据将被发现,而这是从当前理论无法预测的。[①] 如果我们确实拥有这些知识,那么我们应该已经达到极限,因此,我们应该已经有了科学实在论的证据,并且已经解决了悲观归纳的问题。[②] 这一论证预设科学是一种寻求真理的活动,其中真理是符合真理论中的解释。尽管某些版本的极限科学对极限理论采取工具主义或实用主义态度,但由于物理主义是一种本体论主张,这些版本在这里并不相关。

任何声称我们已经获得极限物理学内容的说法都是难以置信的——想象一下 1687 年的物理学家试图预测:21 世纪的物理学会是什么样的。虽然牛顿应该会被这些问题吸引,而且如果他遇到现代物理学,给他一些时间他应该能够理解,但是他无法在自己的时代预见到如量子场论这样的发展,因为他不能得到可以形成这些理论的实验证据。在未来的数十万年后,我们在物理学方面将处于更加糟糕的地位,并且有理由认为,人类将无法理解许多未来物理理论的详细内容。最后,对极限的诉求是无济于事的,因为没有一个名单能够穷尽所有的物理性质;如果当某物是物理学范围的一部分,

---

① 这个论点可以在贾丁(Jardine 1980)中找到。
② 悲观归纳是这样一种论点,即科学史表现出周期性推翻已经得到充分证实的理论,并且没有理由认为这种历史模式将来会发生变化。

我们就将它描述为是物理的,这几乎可以将任何东西都视为物理的。物理学家目前正在研究复杂系统、生物物理学、天体物理学和其他领域,在基本的物理学家意图的意义上,这些领域都不是明显的"物理学"。事实上,极限科学的想法可能没有任何明确的意义,除非我们确定什么可以算作是可能的观察。如果,正如我在其他地方所建议的那样,可观察的领域不断扩大,那么对于可能进行的观察的类型可能没有限制。① 即使是作为一个纯粹的存在主张,极限科学的概念也是可疑的,因为我们没有证据证明极限是存在的。可能存在一个无限序列的替代理论,每一种理论都在库恩(Kuhn 1962)所声称的不可通约意义上无法比较。

最后,"极限物理学"并不意味着"极限基本物理学",因此,必须抵制这样一种倾向,即在极限时,物理学将完全还原为基本物理学。不这样做,就是直接否认了物理学中存在突现现象。极限科学也应该与整个科学区分开来。对于一个科学理论 T 来说,如果关于理论主题的每一个真命题都是 T 的逻辑结果,那么科学理论 T 就是完全的;而极限科学的理论在这个意义上不需要是完全的。当代科学使用的数学理论是不完全的,这种情况很可能会持续到科学的极限。此外,已知存在具有不可判定状态的物理系统模型。这些问题不会影响本体论突现,但它们是关于推理突现和概念突现的核心主张。


## ▶▶ 6.2 作为依随性的突现

有一种基于依随关系的方法被认为是涵盖了突现的特征,而且它是由物理主义驱动的。② 尽管在叙述中存在内部差异,但这些进路的一个共同点是得出了一个结论,即突现现象是罕见的,并且仅限于感受质和意识精神

---

① 见汉弗莱斯(Humphreys 2004)。

② 例子可参见范克莱夫(van Cleve 1990)、特勒(Teller 1992,142)、麦克劳克林(McLaughlin 1997)、金在权(Kim 1992)、查尔莫斯(Chalmers 1996)和耶茨(Yates2009)。巴特菲尔德(Butterfield 2011a)将依随性作为一种还原论的形式,允许无限长的定义。在某些哲学领域,依随关系已被奠基关系所取代。我已经根据前者进行了讨论,部分原因是,目前的关于突现的文献没有广泛使用后者。这里所说的大多数都可以用其他本体依赖关系来重建。

状态的相关方面。因为我们已经看到了在物理域中本体论突现的例子，尽管这种本体论突现并不常见，但也不像这些进路所声称的那样罕见，所以重要的是，要理解为什么这些依随性解释太弱而不能为本体论突现提供解释，即使它们可以提供一种表征概念突现的手段。我将在稍后给出一个关于依随性的正式定义，但是目前，一般的想法是，当一个性质 B 的存在是由一组性质 A 的成员的存在来确定，并且这种确定关系是必然的而不是偶然的，那么性质 B 依随于一组性质 A。类似的方法也可用于物体或概念，而不是性质。

依随关系发挥作用的原因各不相同，最常见的并不直接诉诸突现。支持在各种科学域内使用依随关系的论证中，有三个占主导地位。首先是内格尔还原的失败。因为依随性是一种比内格尔还原要求更低的条件，以前者代替后者将更容易对物理主义进行辩护。正如我们所看到的，内格尔还原的困难可能是由于句法复杂性和演绎复杂性引起的，或者因为在较低域内缺乏推导较高层级所需的一些概念，并且不能建构令人满意的桥接原理。因此，不再要求句子之间明确的演绎关系，而说更高层级域的概念依随于较低层级域的概念。这使得更高层级的概念处于一种依赖的、从属的，同时符合非消除主义倾向的地位。

采用依随的第二个观点在于某些领域中性质的多重可实现性，特别是在精神领域。据称（通常没有太多实质性证据）可以通过不同生物体内完全不同物理系统来实现诸如痛苦之类的性质。因此，虽然将"处于疼痛中"这一概念还原为单一的神经生理学概念是难以置信的，特别是通过明确的定义，但处于疼痛中仍然可以被解释为是由物理性质确定的，因为在没有相伴随的某些基本物理性质变化的情况下，处于疼痛中的精神性质是不会发生变化的。由于较高层级对较低层级实现的细节缺乏依赖，多重可实现性为较高层级开辟了某种类型的自主的可能性。

关于依随性的第三个观点是不同层级的定律中出现的自然类的不匹配；虽然说，心理学中用来描述情绪的性质，与情感神经科学中使用的性质完全一致，这在逻辑上是可能的，但却是不切实际的，因此难以进行内格尔还原。即使是更细粒度的功能还原，也很难保持更高层级概念统一的方式实现。这种不匹配通常是由于更高层级性质的多重可实现性，但即使在单独可实现的情况下也可能发生。①

初步声明：当依随关系是性质之间的关系时，它们既不是共时的也不是历时的，因为性质是非时间的。然而，通常将它们作为表示突现的共时案例的尝试，因为在依随性的标准定义中，任何突现性质的实例与依随基性质的实例是同时发生的。

### 6.2.1 律则依随性

因为它是依随性进路中最清晰的解释之一，所以我将把布莱恩·麦克劳克林(Brian McLaughlin)的突现分析作为我讨论的重点。麦克劳克林的解释与通常的依随性解释一样强调精神性质，并受两种意愿的影响。首先，将精神性质是否是突现的作为一个悬而未决的问题留下来；其次，确保如果突现论是正确的，那么还原的唯物论就是错误的。

麦克劳克林的定义是："如果 P 是 w 的一个性质，那么 P 是突现的，当且仅当：(1)P 在律则必然性但不在逻辑必然性的意义上，依随于关于 w 的部分的已经单独地或以其他组合形式拥有的性质；(2)将 w 的部分的性质与 w 具有 P 联系起来的一些依随性原则是基本定律。"(McLaughlin 1997, 39)对于麦克劳克林来说，基本定律是指，无论是否有初始条件，都不能由其他定律在形而上学意义上所决定的定律。②

关于这个定义有一些注意事项：它似乎假设部分是适当的部分，因此突现性质的拥有者是构成的。因此，它并不将西洋跳棋世界的例子或熔合作为突现的例子。这样做时，它遵循了一些英国突现主义者的进路，既指代其他构型中的组分的性质，又要求各层级之间的律则联系是基本的，但可预测性已经被依随性的诉求所取代。在麦克劳克林的方法中，自然律不是依随性基础的固定部分，而允许在可能世界中变化。最后，如果没有任何相反的证据，该定义是一种共时突现的定义，因此不包括转换突现发生时的情况。

来看麦克劳克林的定义是如何操作的。考虑一个例子，P 是刚性的性

---

① 关于这一论点的**经典篇章**见于福多(Fodor 1974)的著作。

② 麦克劳克林的文章的一个重要方面，是他对还原的一种功能驱动方法的游说，这与金在权对还原论的解释有着重要的相似之处。我不会在这里讨论这个方面。我还注意到麦克劳克林并不主张他所建构的突现解释。

质,并且基本性质是一种铁原子量子态的特定组态。① 为了便于说明,假设原子是宏观铁片的一部分,我们可以看到在这种情况下这个定义是如何发挥作用的。在相同的基本状态下,一组重复的原子也会在律则必然性方面表现出刚性。因为这在逻辑上是可能的,即这样的原子排列在物理学定律不同的世界中可能缺乏刚性,所以刚性的性质对原子的性质不具有逻辑必然性。然而,在我们的世界中,组分的微观性质与整体的刚性之间的从属关系通常不被视为基本定律,因此这不会被视为依随突现的一个例子。这种定义的要求未能得到满足,因为引起金属刚性的铁原子之间的长程相关性,是量子力学基本原理的无限极限的结果。因为在麦克劳克林看来,突现很可能仅限于精神性质,所以这个结果是人们应该期待的。

我们关于突现的四个标准中的三个,将通过适合麦克劳克林定义的示例得以满足。在未出现在依随基层面的性质集的意义上,突现性质 P 是新颖的,并且 P 将从作为桥接两个领域的一系列基本定律的依随基性质中产生。最后,依随性质作为一个整体附加到 w,而基本性质附加到其部分。因此,整体性的要求得到满足——意识通常被认为是整个神经系统的性质,而不是其部分的性质。因为依随关系与多重可实现性是兼容的,所以在某些情况下,尽管不是全部,自主性条件也可以得到满足。

麦克劳克林定义有三个核心特征。第一,该定义将依随关系作为性质之间的关系,而不是谓词之间的关系。第二,使用律则必然性而不是逻辑必然性。第三,是定义中对基本性的诉求。这里的每个特征都需要详细讨论。前两个特征将在下一节讨论,第三个特征将在第 6.3 节讨论。

### 6.2.2  为什么使用依随性?

最初,引入依随关系用来表示非自然的道德性质与自然性质之间的关系。一般的想法是,如果你在重复的环境中选取两个在身体和行为上均无法区分的个体(也许某些动物,例如大象有资格作为类似人类的道德主体),那么他们的道德品质就会在以下这个意义上依随于身体和行为品质:即任何属于一个人的道德品质都必须属于在身体上和行为上无法区分的另一个

---

① 严格地说,依随性性质将是宏观可观察量的概率分布,但我将忽略这种差异。

人。这种对道德性质的应用,以及后来对审美和精神性质的应用,产生了一种不幸的效果,即在某种程度上存在较高层级的性质,而这种性质不同于形成依随基的物理性质,尽管前者依赖于后者。① 原因是,与物理性质不同,道德性质不能归因于纯粹的物理物体。对于奶酪三明治来说,即使能够确定其生产以及在社会中地位的道德相关方面,虽然很让人向往,但它却没有道德品质。

第二个例子可能会有所帮助。如果 B 是 1966 年大众甲壳虫的性质,而 A 是这种类型汽车的完整部件的性质,那些部件以适当的空间构型进行组装,那么 B 依随于 A。选取另一个关于 A 的实例,你将必然得到 1966 年的大众甲壳虫。换句话说,当 B 依随于 A 时,B 在以下意义上不能独立于 A 变化:如果 A 中没有变化,那么 B 中将不会有变化。换句话说,一旦 A 被确定,B 也就确定了。

甲壳虫汽车不会从它们的组件共时突现出来——相反,它们是这些组件的结构化聚合体,因此这个例子与属于麦克劳克林定义的案例类型之间存在重要差异。在大众甲壳虫汽车的例子中,涉及的必然性是概念性的,而不是律则性的。其中一个原因是,这种必然性源于我们对 1966 年大众甲壳虫的概念与基础集合 A 中涉及的概念之间的关系。实际上,依随性方法的优点之一是,它们迫使我们清楚了解依随性质的核心内容。在大众甲壳虫汽车的例子中,我假设"1966"是指组分的型号和制造年份,而不是实际组装的时间。这些部件必须在适当的时间制作,因为完全由 2015 年制造的部件构成的仿制品"1966 甲壳虫"并不是真正的 1966 年的甲壳虫。这一结论基于汽车类型识别的实用标准,类似于许多人对绘画真实性所要求的出处条件,并且在这些标准上存在合理的分歧。这些分歧并不影响依随性的定义——只影响性质 A 的集合中必须包含的内容。对于原子,我们并不坚持类似的历史条件。任何锂原子的实例都算作锂原子,无论它是何时形成的。

下面是一个测试案例,供读者参考。即使分散的部件没有正确的空间关系来组装成汽车,那么当部件分散在车库地板上时,我们就说有一辆1966 年的甲壳虫汽车,这种说法正确吗? 世界上没有一个能够决定什么才

---

① 作为这种分离的一个例子,我们有:"非还原的物理主义……由两个特征论点组成……[其中之一]是心理性质与潜在的物理和生物性质不可分割的主张。"(Kim 1993b,339)

是这个问题的正确答案。关键是我们认为什么才是 1966 年甲壳虫,而这个决定是基于概念的实用性选择,而不是事实。如果我在互联网上看到一则售房广告,而到手的却是一堆砖块、砂浆、窗框等,我很可能会抱怨它是虚假广告,但是如果我在 1911 年从希尔斯·罗巴克公司的购物目录上订购了一所房子,那么当到货时我应该有不同的反应。

这些关于概念的判定,以及改变它们的能力都是可能的,因为甲壳虫的性质实际上只是其部件适当排列后的性质。没有新颖的本体论实体"超越"其组成部分的结构化组合。这种概念解释是在使用依随关系方面存在深刻分歧的第一个方面。另一方面,也可以说明有不同于依随基中的性质集合,因此依随性质是真正新颖的,并且可能是突现的。我这里的观点是,当依随实体和基本实体之间是概念性的关系时,当我们处于第一种情况时,对依随性的诉求是有用的,这是由于表征的差异,以及在依随层面上没有本体论区别的实体所导致的。"A 依随于 B"是(在本体论上)"A 只不过是 B"的这种用法,在阿姆斯特朗的著作(Armstrong 1989,56)中可以(明确地)找到:"我建议,如果它是依随的,那么它与其所依随的没有区别。"刘易斯认为:

> 点阵图片具有全局性质——它是对称、凌乱的,诸如此类——但是对于图片中的所有内容来说,都是矩阵的每个点上的圆点和非圆点的排列。全局性质只不过是点状的图案。它们具有依随性:如果没有在某处是否有圆点上有区别,……则没有哪两张图片在其全局性质上会有所不同。对称只不过是点阵排列的一种图案。(Lewis 1986b, 14—15)

道德性质的例子是与此不同的本体论观点的一个可能的例子,特别是,如果道德性质是非自然的性质,那么在某些情况下将存在一个采用性质方法而不是概念方法不容忽视的论证。假设你正在与一个异想天开的对手玩战舰游戏。① 你不知道的是,他把自己的船只排列成一个看起来像船的图

---

① 战舰是一个双人游戏。每个玩家都有一个 10×10 的正方形网格,他可以放置各种大小的战舰。玩家都不知道对手战舰的位置,每个玩家轮流在对方的网格上占据一个方格的位置。当它所占据的所有方块都被"击中"时,一艘船就会沉没;当一个玩家的所有船都被击沉时,游戏就结束了。

案。在网格上,代表他的船只的正方形图案可以被描述为具有船的形状(称之为性质 B),或者可以通过指定每个正方形的坐标来描述(称之为复杂性质 A)。在这种情况下,B 不仅仅是 A 的重新描述的原因是:依随性的一个关键特征是,它能够在保持性质本身的非同一性的同时,允许性质实例的同一性。A 的殊相实例,正方形的这种殊相排列,以两种不同的方式描述:如"船形"和"方块 C3 和方块 C4 和……方块 H8"。但是,因为船形的性质 B 可以以多种不同的方式实例化,因此,性质 B 依随于对不同的方块排列的析取。① 因此,性质 B 和 A 是不同的,并且在不同的描述下,有两个性质而不是单一性质。这提出了一个问题,即在哪种情况下,性质方法是首选方法。

在重新概念化确实是问题的核心的情况下,可以通过将依随性作为一个一致性条件,而不需要对依随性质的独立的实在作出承诺,来提出依随性的主张。如果一个概念 B 依随于概念 A,且如果两个个体都有 A,那么将 B 归属到一个个体,而不将 B 归属于另一个个体,这是前后不一致的。这是黑尔(Hare 1952,145)倡导的一种一致性解释,他是最早的明确使用依随关系的学者之一。② 这种用法是没什么危险的,我将把它作为解释依随性的适当方式。如果采用这种解释,在依随性方法中将不会出现本体论突现。一些依随性的使用者需要一些比一致性条件更强的东西,并将重点转移到两个层级的性质之间的必要关系。这个时候就要出现问题了。

### 6.2.3　依随性定义

以下是一种广泛使用的依随性定义:③"一组性质 M 强依随于一个 N 族性质,当且仅当,必然地,对于 M 中的每个 x 和每个性质 F,如果 F(x),

---

① 我在这里使用了"实例"(instances)而不是"实现"(realizations),因为实现的材料类型是没有区别的。如果读者更喜欢"实现"这个术语,那么很容易进行转换。

② 尽管黑尔经常被引用为是现代哲学运用"依随的"(supervenient)这一术语的创始人,但劳埃德·摩根(Morgan 1923,15—16)在似乎是一种类似于当代用法的方式中使用了"依随的"一词,尽管它涉及下向因果关系。佩珀(Pepper 1926,241)也使用了这个词。

③ 另外两个常用的定义是"弱依随性"和"全局依随性"。在这里我们不需要这些定义,但有兴趣的读者可以查阅(Kim 1993a)了解详情。

那么在 N 中存在性质 G,使得 G(x),且必然地,如果任何 y 具有性质 G,那么它具有性质 F。"(参见 Kim 1993a,65)我们在这里看到,在强依随性定义中对性质的引用。我们称之为性质方法,将在概念之间保持依随关系的另一种方法称为概念方法。

性质方法引入了一个假设,即性质 F 和 G 是真实的并且 G 与 F 不相同。因为当 F 和 G 是相同的性质时,依随关系将归到同一性关系中,这将违反许多拥护者的要求:依随关系是一种从属关系。同一性关系并不是依随关系的弱化案例。原因如下:将圆视为偏心率为零的椭圆的弱化情况是合适的。这样做有利于进行整齐的分类,并允许在圆锥曲线部分的理论内进行有序分类。相反,不排除除数为零的除法运算的定义是有缺陷的,一个主要的原因是,当第二个参数为零时,除法运算的性质会发生不连续的变化。在依随关系的情况下,存在相似类型的不连续性。依随关系是一种决定关系。相反,当 A 和 B 相同时,A 不决定 B,它**就是** B。依随关系是一种不对称关系;同一性关系则不是。①

在依随性的标准定义中并未提及较高层级和较低层级之间的时间关系。对于性质,这种省略是合适的,因为它们(通常)是共相,并且因此被认为是非时间的,但是在应用于分体论依随性时,缺乏时间规范则引起了一个问题:依随关系是否同时与现有物体关联,或者附生物否是可以比原生物更早或更晚存在。标准假设是共时性的,但全局依随性允许一个领域的整个历史形成依随基,从而连接过去的状态。很容易通过扩展这些定义来考虑过程。以下是一种可能性:

> **定义** 类型 X 的一个个体 x **动态地依随于** 一类对象 $Y = \{y_1, \cdots, y_m\}$,当且仅当,必然地,对于类型 X 的任意对象 x,在任意时间 t,都有属于 Y 的各种类型 $Y_1, \cdots, Y_n$ 中的对象 $y_1(t), \cdots, y_n(t)$ 以及一些关系 $R_1, \cdots, R_s$ 和性质 $P_1, \cdots, P_n$,使得对于适当的投影函数 $f_i$,$f_j, \cdots, R_1(y_1(t), \cdots, y_n(t)), \cdots, R_s(y_1(t), \cdots, y_n(t))$ 和 $P_1(f_i(y_1(t), \cdots, y_n(t))), \cdots, P_n(f_j(y_1(t), \cdots, y_n(t)))$ 成立,并且必然地,只要任何 $y_1(t), \cdots, y_n(t)$ 存在并且 $R_1(y_1(t), \cdots, y_n(t)), \cdots, R_s(y_1(t), \cdots,$

---

① 更多例子参见杭德里克(Honderich 1995,860)。

$y_n(t))$ 和 $P_1(f_i(y_1(t),\cdots,y_n(t)),\cdots,P_n(f_j(y_1(t),\cdots,y_n(t)))$ 成立,那么 x 存在。

接下来,即使在性质之间存在依随关系,定义也是根据性质实例或实现来提出的,并且定义要求,同一对象 x 同时具有原生性质和依随性质。也就是说,如果 F 和 G 发生在性质层次结构中的不同层级上,并且所有更高层级的性质都源于它们与较低层级性质的依随关系,那么这些依随性的定义并未解决突现对象是否具有更高层级性质的可能性。

共时生成原子论的这一方面,可以在麦克劳克林定义的第(1)部分关于"w 的各组分以单独或其他组合方式产生的性质"这一限制中看到。由于这是 P 是突现的必要条件的一部分,因而,转换突现的例子将不能满足该定义,而被排除在外,即使它们是本体论突现。当 w 的组分作为一个整体包含在 w 中时,转换突现与依随于 w 的组分的突现性质是兼容的,但是当这些组分是在整体之外或在其他组合中时,这些组分可能无法决定整个系统的性质。

### 6.2.4 律则必然性还是逻辑必然性?

依随性定义中的第二点与涉及的必要性的强度有关。在强依随性的定义中,如果我们对必然性算子的两种情况都局限于相同的解释,就会看到,当关系存在于性质之间时,定义中使用的模态算子可以被解释为:(a)逻辑必然性、(b)形而上学必然性、(c)律则必然性,以及(d)概念必然性。这些不同强度的必然性之间的差异是一个具有相当大争议的话题,但幸运的是,我们可以回避其中许多有争议的领域。虽然麦克劳克林定义要求突现性质是律则依随的,而不是对于整体组分而言的逻辑必然性,但我们不会因为将"逻辑必然性"解释为狭义解释的逻辑必然性、形而上学必然性或概念必然性而失去太多意义。

**定义** A 使得 B 成为狭义解释上的**逻辑必然**,当且仅当,当表示 A 的某些句子 Φ 的真实性能够确保表示 B 的一组句子 Ψ 的真实性,这仅仅是由 Φ 和 Ψ 所包含的逻辑词汇的意义所致。

并且，

> **定义** 一组性质 Q 使得一个性质 P 成为**形而上学必然**，当且仅当，在所有可能世界中，当性质 Q 被实例化时，性质 P 也如此。

形而上学必然性与狭义上的逻辑必然性不同，因为形而上学必然性的某些情况，例如"任何东西都不可能在其表面同时呈现出红色和绿色"这句话不是逻辑真理，因此并不是狭义的逻辑必然的。

> **定义** 一组性质 Q 使得一个性质 P 成为**概念必然**，当且仅当，我们对性质 Q 和性质 P 的表征的内涵，使得断言 Q 可以在没有 P 的情况下存在是不一致的。

例如，从概念上讲，鲸鱼的性质在概念上使得其作为哺乳动物的性质是必然的，因为标准英语中"鲸鱼"和"哺乳动物"这两个术语的内涵使得断言可能有一条鲸鱼不是哺乳动物是不一致的。

最后，

> **定义** 一组性质 Q 使得一个性质 P 成为**律则必然**，当且仅当，在所有都有着和我们一样的自然律的可能世界中，每当 Q 被实例化时，P 也是如此。这比形而上学必然要弱得多，因为如果自然律改变了，没有 Q 的 P 是形而上学可能的。

在突现的情况下，作为麦克劳克林定义的替代方案，我们可以认为，概念突现可以通过将所涉及的必然性限制在概念必然性来把握。因此，理解概念突现进路的一种方法是，将描述突现性质的谓词视为基本性质的重新概念化。如果我们认为，突现是由于我们无法基于本体论上更基本的性质的描述，从头开始建构更高层级性质的描述，那么这是相当有道理的。在这种观点下，当我们认为一个鸟群的性质是突现的时候，我们正在做的是，将作为一个整体而非个体集合的鸟群重新概念化。这种重新概念化可以导致对一群鸟的空间轨迹的一组更有效的预测，而不是假设我们试图从单个鸟类的运动开始进行同样的预测。从本体论上来说,在这种观点下,鸟群只不过是个体的鸟儿及其空间关系;这只是用鸟群的语言对它们进行了重新描述。

然而,当必然性关系是律则的,并且基于律则关系的依随性的本体论解释涉及比一致性解释要多得多的实在论承诺时,将依随性视为重新概念化的进路是不可能的。将依随性的这两种解释分开的关键原因是,下向因果关系的问题只在突现的依随性的实在论解释中出现,在这种实在论解释中,依随性质与基本性质是不同的。

### 6.2.5 依随性不具有解释性

为了表明一种现象是突现的,那么它必须是无法解释的,这是早期关于突现的著作带来的令人遗憾的后果之一。这不仅在当时使用的例子中得到了证明,例如生命和化学现象等,而且在布罗德看来,突现的跨层阶定律是关于宇宙的原始的、无法解释的特征,这一点在麦克劳克林的叙述中得到了保留。对于依随关系而言,它们也是一种常见的反对意见,它们将附生的和原生的性质之间的关系作为关于该系统的无法解释的事实。[1] 因此,基于依随关系的突现的哲学理论不能为这种关系为何成立提供解释。这也许就是为什么麦克劳克林和其他基于依随性的"突现"的定义只有神秘的、目前无法解释的现实元素,比如感受质和精神生活的其他意识特征。相比之下,第1.8节中描述的大多数突现的科学例子的惊人之处在于,它们是**可以被**解释的。这表明,依靠无法解释的依随关系来理解突现,是从过于抽象的层次上处理突现现象和其突现的来源之间关系的结果。在科学解释中,细节通常是重要的,当省略细节时,解释就会消失,这也就不足为奇了。即使对于数学解释,依赖性本身也不足以构成理解。

### 6.2.6 休谟依随性

休谟依随性学说有两种形式。第一种被断言是必然正确的,而且会有

---

[1] 关于反对依随关系的解释性观点可参见霍根(Horgan 1993)。

简单直接的反例。在这里，我只关心大卫·刘易斯关于该学说的偶然版本，因为如果这是错误的，那么其他的版本也会失败。以下是刘易斯的版本：

[休谟依随性]是这样一种学说，即世界上所有的东西都是殊相事实的局域性事件的巨大马赛克，只是一件又一件的小事。（这个论题不涉及精神的局域性事件。）我们有几何学：这是一个点与点之间的时空距离的外部关系系统。也许是时空点本身，也许是点大小的物质或者以太或者场，也许都有。在这些点上我们有局部性质：完全自然的内在性质，而且不需要比点更大的任何东西就可以实例化。简而言之：我们有一种对性质的排列，仅此而已。对性质的排列是没有差别的。所有其他的都依随于此。（Lewis 1986a, ix—x）

上面引述的这篇文章中的叙述并不是一个生成原子论的例子，尽管两者之间有类似的倾向。休谟依随性否认存在突现性质，因此，即使突现性质出现在性质层级结构的高层级上，休谟依随性依然是不正确的。

来看一个系统的例子，在这个系统中，休谟依随性是可行的。想想元胞自动机，在第 4.2 节中给出的例子。概括来说，元胞自动机是由能够处于 M 种不同状态的 N 维元胞阵列组成的动力系统。为清楚起见，我们可以考虑 N＝M＝2 的情况。每个元胞的状态是该元胞的内在性质，元胞及其状态在元胞自动机的离散空间和时间内是点状的，并且更新元胞状态的规则都是局域性的，这仅取决于该元胞的状态及其最近邻的状态。① 在突现的情况下，这里最后一个特征显得尤为重要，因为标准元胞自动机本质上是非整体性的——所有的计算更新都是在连续的元胞上完成的。元胞自动机已成为一个有争议的问题，因为有人声称，它们可以作为完整的计算物理学的基础，但我们不需要在这里解决

---

① 这种特征适用于标准元胞自动机。还有其他有着非局域性规则、进化规则和其他改良的变体。我选择了二维标准元胞自动机，因为它们最容易理解。很难说非局域性规则是否违反了休谟依随性的标准，但由于它们的功能等同，对刘易斯来说仅仅是组织的手段，如果使用非局域性状态是可以接受的，那么使用非局域性规则也是如此。

这些问题。① 因此,如果我们的宇宙本身就是一个元胞自动机,那么,我们的世界将是一个休谟式的世界。但是,这种虚拟的可能性不应该被认真对待,因为没有证据表明我们的世界是一个元胞自动机,弗雷德金(Fredkin 1990)经常被引用作为规范来源,但他只提供了一系列纲领性建议来解释元胞自动机如何可能近似地重现当代物理学的某些特征。

刘易斯认识到,可能存在休谟依随性立场的物理学反例,但他用这样的观点进行了驳斥:"但我并未准备好从当前的量子物理学中吸取本体论的经验。首先,我必须看看,当它从工具主义中净化后是什么样子……当它从双重思维变异逻辑中净化后是什么样子……当它从观察敏锐的心灵之力使事物跳跃的超自然故事中净化后是什么样子。"(Lewis 1986a, xi)我在其他文献中(Humphreys 2013)认为这个立场是不合理的,我在这里只补充说明,这些量子力学特征是直接可观察到的宏观现象的源头。例如,在氦中产生超导性和超流性的相变,是量子纠缠的直接结果。可以在希莫尼(Shimony 1993, 221)中找到这些方面的进一步论据。

▶▶ 6.3 基本性

正如我们所看到的,许多当代哲学家认为,突现是罕见的,而且最多可以说,有意识的精神状态是突现的。大卫·查尔默斯(David Chalmers)提出的赞成二元论的一种备受讨论的观点(1996 年,第 2 章,第 5 节)支持了这一结论,而且是这种反突现主义传统中最明确的立场之一。我将表明,虽然不可否认这一观点是有意义的,但对我们所主张的那种历时本体论突现并不奏效。我们的讨论还将说明,对一些东西来说什么是基本的,以及为什么需要更密切地关注突现的历时性方面。

查尔默斯认为,在我们的世界里,所有更高层级的自然事实都逻辑依随于微观层级的物理事实,可能是与微观物理定律一起。(他认为"事实"指的是性质实例的时空分布。)以下是他的核心主张:

---

① 沃尔弗拉姆(Wolfram 2002)在这些方面提出了一些有争议的主张。有关评论,可参见阿伦森(Aaronson 2003)。

　　在全局层面上,生物性质逻辑依随于物理性质。即使上帝也不可能创造一个在物理上与我们的世界完全相同,但在生物学上却截然不同的世界。根本没有逻辑空间让生物事实独立变化。当我们确定关于世界的所有物理事实——包括每一个粒子在空间和时间中分布的事实时,我们实际上也会确定世界上所有物体的宏观形状,它们的运动和功能的方式,以及它们的物理交互方式。如果这个世界上有一只活袋鼠,那么任何一个在物理上与这个世界相同的世界都将包含一只在物理上相同的袋鼠,而那只袋鼠自然是活着的……一旦拥有这些信息(关于宇宙中每个粒子的位置),就拥有了所需的所有信息,以决定哪些系统是活着的,哪些系统属于同一物种,等等。只要它具有生物学概念和对微观物理事实的完整说明,就没有其他信息是相关的。(Chalmers 1996,35)

　　这一立场坚持了非分离主义的依随性传统,即依随的特征不会是本体论的。正如查尔默斯所说:"如果 B-性质逻辑依随于 A-性质,那么在某种意义上,一旦给出 A-事实,就自然得到 B-事实……它们可能是**不同的**事实(关于大象的事实不是微观物理事实),但它们不是**进一步的**事实。"(Chalmers 1996,41)

　　除了生物学事实之外,化学事实和非基本物理事实都被认为是在全局范围内依随于基本的物理事实。在依随性要求中使用逻辑必然性似乎是令人惊讶的,因为直觉的反应认为这两个层级之间的关系应该更弱——很可能是一种律则必然性。考虑这一观点,在第 6.2.1 节中讨论过的麦克劳克林的突现定义的背景下,根据这一定义,w 的一个性质 P 是突现的,当且仅当 P 是律则地而不是逻辑依随于 w 的组分的性质,假设如果一个性质本身是依随突现的,那么我们把其性质实例也看作是依随突现的。具体来说,如果 P 逻辑依随于 Q,那么性质实例[P,a,t]逻辑依随于另一个性质实例[Q,a,t]。那么,如果所有非基本的性质都逻辑依随于基本性质,则没有任何非基本性质是依随突现的。(注意:基本性质和基本性质的实例都不是依随突现的。)麦克劳克林和范克莱夫的立场之间的关联,解释了为什么查尔默斯的论断只有意识才是突现的似乎很有说服力。在随后对突现的评价中,查尔默斯(Chalmers 2006,247)断言,与其他特征相比,意识是律则依随于物理领域。①

　　一旦我们注意到微观物理定律被包含在依随基中，对查尔默斯的结论的惊讶程度可能会降低，其结果是，逻辑上可能的世界之间，即在微观层级实体间相互作用方式上的差异已经被排除在外。查尔默斯也只关心我们世界的本体论，而不致力于声称更高层级的事实对基本事实的逻辑依随性是必然真理。由于本体论突现的例子确实存在于我们的世界中，因此，重要的是，要了解查尔默斯论证的哪些前提是错误的。他的论证的主要假设是：(a)较高层级的事实全局依随于微观物理事实，其中宇宙中的微观物理事实的整个时空历史构成了基本事实；(b)基本定律以及具体的事实包括在这个基础中；(c)微观物理事实是基本的物理事实。

　　查尔默斯有三条论证，支持更高层级的事实逻辑依随于物理事实。它们是不可想象性论证(inconceivability argument)、认识论论证(epistemological argument)和可分析性论证(analyzability argument)。在这里，我将主要关注不可想象性论证，并对认识论论证作简短的评论。不可想象性论证认为，不可想象会有一个世界，在其基本物理特征上与我们的世界无法区分，但在其生物、化学或其他更高层级的特征上却与我们的世界不同。要了解查尔默斯的论证是如何依赖于一个默许假设的，请考虑第 1.4 节中的"西洋跳棋世界"。

　　假设在西洋跳棋世界中，在某个 $N^* + 1$ 时刻，所有的棋子都是蓝色或红色的。那一刻，没有任何棋子是这样的，即棋子的性质共时地依随于世界的"微观物理事实"。它们并非共时地依随于任何黑色或白色棋子的性质上，因为这时没有黑色和白色棋子，而控制蓝色和红色棋子的定律不是由控制黑色和白色棋子的定律决定的，也不是由直到 $N^*$ 时刻为止特定的黑色和白色棋子的历史所决定的。更重要的是，在 $N^* + 1$ 和以后的时间里，西

---

① 他自己的突现进路依赖于强突现与弱突现之间的区别，其中，弱突现的特征是关于所涉现象的真相的出乎意料的性质。这对于作为分类学基础的标准来说太模糊了，而且它还有着罗纳德、西珀和卡普雷(Ronald, Sipper, and Capcarrère 1999)"令人惊讶的性质"方法的缺陷。与许多认为"强突现"涉及下向因果关系的作者相比，查尔默斯将强突现描述为"当高层级现象(从某种意义上说)从低层级领域产生时，高层级现象对低层级领域来说是**强突现的**，但是关于这种现象的真理即使在原则上也不能从低层级领域的真理中推导出来"。(2006, 244)这一定义允许 1.6.2 节中讨论的不可判定命题与强突现物理现象相对应。尽管查尔默斯允许弱突现存在，但他似乎拒绝强突现形式。(例子可见 Chalmers 1996, 129—130, 168n41)

洋跳棋世界的性质并不是全局地依随于黑色和白色棋子相关的微观物理事实。蓝色和红色棋子是新类型的棋子,但却不是由基本棋子组成的。它们表现出与黑色和白色棋子不同的行为——它们可以向后移动。控制蓝色和红色棋子行为的定律确实依随于系统的完整状态,包括蓝色和红色棋子本身的状态,但它们既不是依随于原始黑色和白色棋子的状态,以及直到 $N^*$ 时刻的定律,也不是全局地仅仅依随于原始棋子状态的历史。①

对全局依随性的诉求,即允许将整个世界的历史作为依随基,消除了两种行为方式之间的重要区别。这两种行为方式分别是,只有在突现实体出现后才通过归纳其行为,来了解控制它们的定律,以及在这些实体出现之前,就通过推论来了解控制它们的定律。虽然我已经在认识论上指出了这一点,但它也可以在本体论上加以说明:按照休谟主义的观点,构成了控制突现实体的定律的规律,只是在微观物理实体所表现出的规律之后才出现的。将两者放在一个全局性的依随性公式中,或者通过诉诸极限科学,消除了历时性突现所依赖的一个关键的区别。

其次,由于控制蓝色和红色棋子的定律并不决定它们如何移动——就像在跳棋中一样,它们只决定什么是可能的,什么是不可能的——可以有两个世界,每个世界的黑色和白色棋子的历史直到 $N^*$ 时刻都是相同的,但牵涉蓝色和红色棋子的未来是不同的。② 事实上,当只有单个红色或蓝色棋子时,只要棋子在某一点上具有两个可选择移动,这种情况就是可能的。我们甚至可以将游戏增强到“超级跳棋”,这样就可以有棕色棋子、绿色棋子等等,每种类型都有不同的定律。③ 随着世界的发展,新的领域也将不断发展,没有一个领域仅仅是依随于原始黑色和白色“基本棋子”的事实而产生的。

当然,可以说,这个玩具世界的“物理学”会扩大到包括红色、蓝色、绿色和棕色棋子等等。没错,但是这个世界的本体论不再仅仅存在于原始的物理主义之中;它还包含了随着时间而发展的新领域,并且关于这些新领域的

---

① 严格地说,西洋跳棋世界的整个历史决定了蓝色和红色棋子的定律,因为不止一个规律与这一历史是一致的。尽管这不是我所赞同的程序,但我将假设我们可以通过一些实用的标准来获得定律的依随性。

② 我们可以假设这些移动是由一个物理随机策略完成的。

③ 有一种称为 Tiers 的西洋跳棋,在这种情况下这是可能的,但它的规则比这里描述的游戏要复杂得多。

事实和定律将不会由原始的基本事实来确定。所以,所谓一切事物都逻辑依随于基本物质的说法取决于这样一种假设,即世界的动态性在其历史中的某个时刻不会产生有着不确定性未来的新的、非基本的、非构成的实体。但是,事实上,当代物理学告诉我们,这样的实体确实存在于我们的世界中,因此这些关于西洋跳棋世界的结论可以应用于我们栖居的世界。

现在,考虑一个问题:关于蓝色和红色棋子的事实是基本事实吗?使用第 2.2 节中介绍的区别方式,X 是基本的$_s$,当且仅当它是非构成的。但是,如果我们采用这种"基本的"的含义,根据定义,它就不会允许"西洋跳棋世界"将蓝色和红色的棋子及其性质算作是"突现的"。当任何非构成实体自动地包含在基本的本体论中时,无论它何时第一次出现,都会对某些本体论突现的动态形式产生不可动摇的危害。然而,这种动力学情况,恰恰是转换突现所宣称的本体论上的突现性质、对象和状态是如何发生的。

因此,西洋跳棋世界中的红色和蓝色棋子是基本的$_s$,但不是基本的$_d$。那么,我们将适用于基本的$_s$实体的定律称为基本的$_s$定律,那些在系统时间起源处运作的定律称为基本的$_d$定律。查尔默斯的论证并不排除转换突现,除非所有的基本的$_s$实体也是基本的$_d$实体。

我们也可以看到为什么查尔默斯的不可想象性论证会成功。在本体论中,所有且只有非构成实体都是基本的$_s$,任何非基本的$_s$实体因此是构成的,如经典气体或斑马种群这样的实体可分解为基本的$_s$实体。因此,不足为奇的是,物理学家不可能设想存在两个世界,其中每个世界的基本的$_s$事实是确定的,基本的$_s$定律保持相同的,但它们的更高层级的事实是不同的。正如我们所看到的,任何在整个世界的历史上历时突现出的非构成实体,将自动被归类为基本的$_s$实体,因此,并不是突现的。全局依随性进路本身就建立在一个非时间的块体宇宙本体论的基础上,它将本质上是一种历时性的突现形式转化为一种全局性的共时的非突现形式。

查尔默斯关于逻辑依随性观点的第二个论证,即认识论论证,基于这样的观点:除了通过物理事实之外,我们无法接触生物事实;没有独立的认知通往更高层级。从以下事实来看,这个论证的不正确之处是显而易见的,那就是,在物理学范围内,我们可以直接接触到宏观的物理事实,而不需要知道相关的基本的$_s$物理事实是什么。也许可以说,这一论证只是指出了物理的和其他事物之间的分隔,包括化学的、生物的等等,但即便承认这一点,我们认识生物的途径并不是通过基本的ₛ物理事实,而是通过非基本的ₛ物理和化学。因此,认识论论证的正确起点将是非基本的ₛ物理事实,而不是基本的ₛ物理事实。

然而,认识论论证不能与可想象性论证完全分开。扪心自问:你能想象出这样的两个铁样品吗? 它们最初被磁化,然后被加热的,因此,它们在没有外部磁场的情况下通过 770℃高温,其中一个保持磁性,而另一个失去磁性。当然,如果磁化只是小学时代熟悉的现象的性质,你是可以的。但这并不是针对查尔默斯的主张的反例,因为他要求在这两种情况下保持基本的ₛ物理定律不变;如果我们确定了这些,(至少)在律则上不可能发生刚才描述的情况。① 诸如此类的考虑要求我们将熟悉的、日常的例子仅仅视为突现的初步候选,而必须在理论层面上作出是否将其归类为是突现的决定,在这种情况下,将涉及使用系统的微观状态模型。

正如劳克林(Laughlin 2005)所指出的,我们相信某些宏观或中观层级事实存在的主要原因是,我们有能力直接测量它们,而不是基于基本理论的理论推导;而更高层级定律的独立性允许我们不必了解最基本的物理学事实便可了解事物。在这种认识论意义上,最基本的定律是无关紧要的。重正化和有效场论的使用也为断言物理学中较高层级领域的认识论自主性提供了依据。(见 Schweber 1993)这种更高层级定律的自主性阻止了基于定律的解释说明的解释型回归——不需要诉诸较低层级的定律来解释特定层级上的定律。

查尔默斯的认识论论证也可以用西洋跳棋世界来评价,因为我们可以直接接触到红色和蓝色棋子,而不是只有通过原始的黑色和白色棋子才能接触到它们。这表明,认识论论证不能成为建立逻辑依随性命题的一般论证。控制新棋子的定律可以从观察红色和蓝色棋子的行为中归纳出来,但不能仅通过观察黑色和白色棋子的行为来推断,这是突现实体的一个特征。掌握控制基本棋子的定律的知识并不能确定控制突现出来的棋子的定律是什么。我们也可以看到,这些定律不能简单地由现实世界展开的方式来决定。定律允许的许多可能的移动永远不会成为现实,因此,定律不是由实际移动的顺序决定的。

---

① 由于铁磁性是一种统计学现象,严格地说,这种主张只能是概率意义上的,但这并不影响生物学案例的观点。

▶▶ **6.4 多重可实现性**

在许多情况下,E 产生于 F,又独立于 F。在哲学中,属于多重可实现性概念的各种情境可以提供这种自主性。它们所代表的情况是,至少在某种程度上,系统的状态不取决于实现该状态的具体情况。人们常认为,当一个性质 G 是多重实现的,那么这种多重可实现性阻止了 G 的还原,而且是在 G 和它的实现者之间使用依赖关系的一个原因。在本节中,我认为这些理由远未确定。

首先,我们必须区分多重可实现性和多重实例化。一阶性质由个体实例化。我实例化了人的性质——你也是如此,数十亿人也是如此。这是**多重实例化**,许多不同的个体都能拥有这种普遍性,这(几乎)是共相的一个决定性特征。附加的"几乎"是因为这里有一些性质,如"存在一个有限的数,当它乘以任何其他数时仍是自己本身",这些性质必然由唯一的个体实例化——在这种情况下,这个数是零。否认这些性质是共相是武断的。

相反,某些性质可以通过其他性质来实现。当一个性质是功能性质时,就会发生这种情况,正如我们在第 5.4 节中关于功能还原看到的那样。在那里,当性质 G 的实例与其他性质的实例保持适当的因果关系时,就说性质 G 实现了功能性质 F,从而实现了 F 的功能作用。某些性质可以通过多个性质来实现,在这些情况下,我们说它们具有**多重可实现性**。考虑一下门阻的例子。这些都是功能上的特点,且门阻的性质可以通过砖块、铸造生铁、木楔、豆袋的性质等来实现。

更一般地,考虑一下二阶性质的概念:"F 是一组基本性质 B 的二阶性质,当且仅当 F 是具有 B 中某些性质 P 的性质,并且满足 D(P),其中 D 指定了 B 的成员的一个条件……我们可以把满足条件 D 的基本性质称为二阶性质 F 的**实现者**。"[1]在功能的例子中,D(P)将指定 P 所处的因果关系。那么,我们可以说,如果有多个一阶性质可以实现 F 时,则二阶性质 F 是多重实现的。多重可实现性本身并不意味着实现二阶性质的性质类型有很大

----

[1]　金在权(Kim 1998,20)。

的变化。要做到这一点,实现者的类型必须具有足够的异构性,以至于在较低层级上没有统一的性质。

因此,这将有助于将多重可实现性分为两种类型。当实现二阶性质的实体类型变化很大时,我们就说具有**异构实现性**。当这种多样性不存在时,就有可能出现多重可实现性论证所试图排除的类型—类型同一性关系。当有多种类型的实现者,但它们都可以作为更具体的实现者统一在相同层级的单个非平凡的类型下,我们就有了**同构实现性**。如果该性质是同构实现的,那么在二阶性质及其实现者之间引入依赖关系几乎没有意义,因为我们可以使用同一性关系而非依赖关系。因此,在多重实现情况下,缺乏还原性的论证基于一个进一步的假设,即 B 的成员产生异构实现性。这种假设在许多情况下都失败了,重要的是,不要把表面上的异质实现性视为本体论不可还原性的充分条件。

就拿前面讨论过的"门阻"这个可多重实现的性质来说。这里有许多明显的异质性。然而,相关的因果要素已从物理学中分离出来成为一种一般性质——提供至少与门所施加的一样大的反作用力的性质。请注意,"一个使门保持开着的装置"最初的一般功能性质导致了"门阻"一词的分析型的定义(假设我们同意这是一个适当的定义),而以反作用的物理的力的形式给出的性质则不是。至少相等且相反的力会使门敞开这一论断并不是逻辑必然的,因为经典力学中力的定律逻辑上是可能包含了偏向于在某些优选方向上的力的不对称。只有一种一般类型的原因作为所有门阻发生作用的基础,这也不是逻辑必然的。我们本可以生活在一个没有力的世界里,在这个世界里,通过放置垂直于门的球形物体或平行于门的四面体物体,门就不会关闭,而且摩擦可能产生稳定的热流,而不是相反的力。

对此,人们可能会认为,提供一种至少与门所施加的力一样大的反作用力的这种普遍的统一性质本身就是一种二阶性质,而不是一阶性质,因为有许多具体的力,包括机械力(如摩擦、扭转、杠杆)、电磁力和静电力,每种力都实现了二阶性质。因此,没有取得任何成果。因此,二阶性质的详细说明构成了一个重要的统一步骤,但这样做并不会导致还原,也不会导致突现。①

① 我还注意到,从反作用力角度的特性描述,与诉诸于完全非特定的拉姆齐化的二阶性质∃Pφ 所涉及的内容不同,功能主义者经常使用后者来描述功能性质。

若要评价这一回应,请考虑一个更详细的案例。曾经常见的是,在功能上描述酸的特征,即在加入碳酸钠或碳酸钙时产生二氧化碳,或使红色酚酞变成无色的物质。通过这种表征,酸的性质可由乙酸、硫酸、盐酸的性质等来实现,但除了对碳酸钠和其他化学物质的因果影响外,所有的实现者都不具有明显的统一性。相反,刘易斯将酸定义为可以接受电子对的种类。①在这种方法中,我们有一个统一的共同化学性质,它是由乙酸、硫酸和盐酸的性质来实现的。由于这一共同特征,我们将各种各样的由功能特征刻画的物质统一为一种共同的化学性质。在这种情况下,人们可能会说已经发生了还原——将酸的化学性质还原成接受电子对的严格物理性质。如果是这样的话,从现在确认的接受电子对的物理性质来看,酸性的原始性质就没有自主性,没有向更高的层级移动,当然也没有突现。将酸性功能化也是不必要的一步,因为我们可以用物理性质来识别酸性。最后,一阶性质和二阶性质之间的区别是逻辑上的区别,排序不需要反映性质的本体论顺序,这可以从以下事实中看出:酸 F 的原始功能表征是在可观测的性质方面,而接受电子对的统一性质 E 涉及其他不可观测的性质,是由其他不可观测的性质 $A_i$ 来实现的。因此,F 是由性质 $A_i$ 实现的一种二阶功能性质,同时 $A_i$ 也是 E 的实现者。

在过程而非性质的情况下,动力学过程独立于底层系统的细节这一事实本身并不是将异构实现性归因于全局性质的理由。必须有独特的不同类型的个体,其动力学产生了这些全局性质。举个简单的例子,在鸟群中,个体的鸟儿可以改变它们在群中的位置,同一种类的不同个体在鸟群中来回旋转,这样我们就有了替代自主性;但是为了具有异构实现性,不同种类的鸟儿必须产生相同的鸟群队形,从而产生等价类自主性。事实上,加拿大鹅和棕色鹈鹕都以 V 形编队飞行,这使得这种编队具有异构实现性,至少有潜在的可能。

### 6.4.1　殊型同一性与类型同一性

很多性质的异构实现性使得许多哲学家拒绝了类型同一性观点,而支

① 当代关于酸的另外两个概念是布朗斯特—劳里(Bronsted‐Lowry)和阿列纽斯(Arrhenius)的概念。

持殊型同一性观点。殊型同一性观点指出,如果域 j 中的性质 P 依随于域 i 中的性质集合 Q,那么 P 的一个实例与 Q 的成员的一些逻辑组合的一个实例相同。因此,如果一个给定事件由物理和心理性质同时描述,例如大脑的一个区域在 t 时刻处于神经生理状态 Q,同时,在 t 时刻也出现了强烈的抑郁状态,那么这个殊相心理事件或强烈抑郁的殊型,可以被认为是该区域在 t 时刻处于状态 Q 中的殊相物理事件或殊型。然而,在另一个人身上,由于发生相同类型的强烈抑郁被认为是一种不同的神经生理状态 Q′,我们不能将性质类型 P 与性质类型 Q 或性质类型 Q′ 视为同一。通常也不可能将 P 与析取(Q 或 Q′)视为同一,因为在许多情况下,Q 成员的析取将不会在对应于域 i 的可接受谓词的意义上构成可接受的性质。①

我们可以将这种情况转变成一个直接的两难困境,它影响到任何支持特定版本的殊型同一性理论的人。假设你支持以下观点:

1.事件是性质的示例[P,x,t],这一符号表示一个对象 x 在时间 t 处拥有性质 P。

2.事件同一性的标准是

[P,x,t]=[Q,y,t′],当且仅当 P=Q,x=y,且 t=t′。

3.有些事件发生在不可还原的域,如心理和物理事件,它们是殊型同一的但不是类型同一的。

这三个观点是相互矛盾的,假设观点(1)为真,如果[P,x,t]是一些心理事件,[Q,y,t′]是一些物理事件,且两者是殊型同一的,那么观点(2)和(3)是直接矛盾的,因为否定类型同一性意味着否认 P=Q。

应该放弃三种观点中的哪一个?观点(2)是金在权提出的,部分原因在于它给出了与描述性质 P 和 Q 无关的同一性标准。② 然而,一个有前途的

---

① 不可接受的原因可能是与自然类不一致的析取,相应的谓词没有出现在该领域的最经济的统一理论中,也可能来自于形而上学对析取性质的反对,或者其他原因。

② "根据这个说法,每个个体事件都有三个独特的组成部分:物质(事件的'构成对象'),它所代表的性质('构成性质'或'一般事件'),以及时间。"(Kim 1976,35)对于金在权来说,"物质"是"像桌了、椅子、原子、生命体、水和青铜"之类的东西。(Kim 1976,33)

选择似乎是将观点(2)弱化为以下条件:

$$2'. \text{如果} P=Q, a=b, \text{且} t=t', \text{那么} [P, a, t]=[Q, b, t']$$

这里有一个支持较弱观点(2′)的论证。考虑存在于确定的/可确定的关系中的任何性质 P 和 Q。具体而言,思考一下行星在 t 时刻在椭圆轨道上运行的事件 [P, x, t]。因为椭圆也是圆锥曲线,所以行星在 t 时刻是在圆锥曲线上运行,这是事件 [Q, x, t]。行星在 t 时刻在椭圆上运行的事件是否与行星在 t 时刻在圆锥曲线上运行的事件相同?如果你倾向于同意这两个事件是殊型同一的——也许是因为你认为观点(2)中左侧的符号选择了可以识别的时空位置的事件,但是,因为椭圆和圆锥曲线的性质并不是一样的——那么你就可以拒绝观点(2),而倾向于观点(2′)。确定的/可确定的关系是强依随关系的一个特例,因此,除非依随关系有某种特殊之处而不是确定的/可确定的关系,否则,如果一个人由于支持观点(2′)而倾向于拒绝观点(2),那么在依随性成立的情况下,很可能应该拒绝它。

也许这一点在具有本质上是因果关系的例子的情况会更清楚,所以,思考以下这个例子。有两个光源:一个(光源 A)发射波长精确为 $\omega_A$ 的光——称之为"金色";另一个(光源 B)发射波长精确为 $\omega_B$ 的光——称之为"金黄色"。有两个探测器(探测器 a 和 b)对区间 $[\omega_1, \omega_2]$ 中的任何波长作出反应——将这个区间称为"黄色"——每个探测器放置的位置都是为了精确地接收来自其中一个光源的光,并且只接收来自该光源的光。探测器是完全一样的,且 $\omega_A$ 和 $\omega_B$ 都属于 $[\omega_1, \omega_2]$。一束来自光源 A 的光束击中探测器 a,探测器 a 就会熄灭。同时,一束来自光源 B 的光束击中探测器 b,探测器 b 就会熄灭。现在,我们问"是什么导致探测器 a 被触发?是黄色的殊型还是金色的殊型?"同样有一个类似的问题,只是用"金黄色"代替"金色"来探测 b。假设金色的性质(波长精确为 $\omega_A$)为 P,金黄色的性质(波长精确为 $\omega_B$)为 P′,黄色的性质(波长在区间 $[\omega_1, \omega_2]$ 中)为 Q。那么,我们的问题所涉及的殊型事件是 [P, a, t] 和 [P′, b, T]。现在引用一项从金在权的因果继承原则中改编的原则:

　　如果一个可确定的性质 Q 在给定的情况下被确定的性质 P 实例

化,那么性质 Q 的**这个实例**的因果力与 P 的因果力(可能是其一个子集)是一致的。①

这一原则虽然合理,但需要修改,因为在这种情况下,决定性的原因与结果是相关的。是什么导致探测器 a 被触发? 论据:正是那束实际的波长为 $\omega_A$ 的光束击中了探测器 a。附近没有别的东西了,这就足够使探测器熄灭了。即使区间[$\omega_1,\omega_2$]中的任何波长都能做到这一点,但探测器中没有提供替代波长的备选机制,因此,如果没有金色的波长,探测器就不会被触发。所以,在这种情况下,相关的因果要素是决定性的性质,其波长恰好是 $\omega_A$。

现在稍微改变一下情况。光源发出不同但特定波长的光,这些波长都在区间[$\omega_1,\omega_2$]中,而且每次发射后波长的值都会发生变化。发射的顺序是完全确定的。那么我们可以说,如果光源没有发射波长为 $\omega$ 的光束,它就会发射出 $\omega'\in[\omega_1,\omega_2]$ 中的一个,其中 $\omega\neq\omega'$,而探测器无论如何也会被触发。因此,反事实的论断"如果光的波长不是 $\omega$,探测器就不会被触发"是假的,因此光束具有精确的波长 $\omega$ 就不是探测器熄灭的原因。

因此,作为因果事件,观点(2)左侧的事件在第二种情况下可以被认为是因果同一的,而在第一种情况下则不是;这反过来表明,作为因果性质,观点(2)在第二种情况下是正确的,但在第一种情况下则不是。与其把第一种情况作为拒绝观点(2)的理由,我们可以改进观点(2)以包括所涉及性质类型的具体情况,而且,如果是因果关系的话,还要包括满足该关系的条件。我不会再这样做了,因为这会使我们走得太远。


▶▶ **6.5 构成性与聚集性**


我在第 1.3 节中认为,生成原子论的失败是产生突现的一个必要条件。在一系列重要的文章(Wimsatt 1997,2000,2007)中,比尔·温萨特(Bill Wimsatt)认为,突现是由于聚集性的失败导致的,突现与还原是相容的,突

---

① 比较金在权(Kim 1993a,355)。

现是有程度的,许多非聚集系统是可以还原解释的。①温萨特提供了聚集系统的四个必要且联合充分条件,通过诉诸科学家认为是突现的例子,可以证明这些标准是合理的。这些标准是:

从系统的组分 $s_1, s_2, \cdots, s_m$ 的性质 $p_1, p_2, \cdots, p_n$ 来看,假设 $P(S_i) = F\{[p_1, p_2, \cdots, p_n(s_1)], [p_1, p_2, \cdots, p_n(s_2)], \cdots, [p_1, p_2, \cdots, p_n(s_m)]\}$ 是系统性质 $P(S_i)$ 的一个复合函数。这个复合函数是一个等式,是一个层级间的综合恒等式,在较低层级上规定系统性质的实现或实例化。

1. IS(**相互替代**):在重新排列一个系统中的组分,或将任意数量的组分与相关组分的等价类中的相应数量的组分互换的运算中保持不变。(参见复合函数的可交换性)

2. QS(**尺寸缩放**):在组分的增加或减少下,系统性质(同一性,或者如果是定量性质,仅在值上不同)的定性相似性。(参见一类复合函数的递归可生成性)

3. RA(**分解和重聚**):系统性质在涉及组分的分解和重新聚集的操作中的不变性。(参见复合函数的可结合性。)

4. CI(**线性**):在系统中影响该性质的各组分之间,不存在合作性或抑制性的相互作用。(Wimsatt 2007,280—281)

思考第 1.6.3 节中描述的构建聚集体的例子。关于这种材料的一个引人注目的事实是,只有当它以这样的方式分布时才满足温萨特的标准:石头之间没有相互作用,例如当它们被放置在平坦的地板上而不相互接触。如前所述,当大量的聚集体堆积成一堆时,如温萨特所指出的,它就具有一种不为任何作为组分的石头或许多较小的集合所拥有的性质——不稳定性。正如第 1.2.2 节所讨论的那样,在沙堆中发生崩塌是一种可能的突现性质,这种性质是由沙堆中沙粒的相互作用产生的,它既不属于单独的一粒沙子,也不属于一小堆沙粒,因此满足了新颖性的条件。这种性质是整体的,因为它涉及相互作用的沙粒群和这些群的规模大小,因此产生崩塌,在一些情况下满足某种幂律。这种性质在一定程度上与形成堆的基本材料的类型无

---

① 第二点和第三点也由贝多(Bedau 2008,447—448)提出。

关,因为成堆的稻谷也表现出类似的行为。但是值得注意的是,由于温萨特的不变性条件 IS 的第二部分(相关等价类的组分的可互换性),这种特征也是聚集体的特征。这个特征是我们在第 4.2.3 节中所称的等价类自主性。这种突现特征是系统各部分之间相互作用的结果,这样就违反了聚合性的条件 CI。

这样,我们就有了一个在温萨特意义上的非聚集性质的例子,它受一条不适用于系统的组分的定律的约束。这不是一个转换突现的例子,但许多人认为它是一个律则突现的例子。一个有用的教训:可能的突现性质可以出现在熟悉的中型物理对象中,而不仅仅是在奇异系统中。

聚集体的吸引力之一在于,当构成对象发生变化时,所有原始组分都会保留,只是被重新排列。但在各组分之间的相互作用削弱了整体的聚集状态的状况下,情况并非如此。一个复杂的分子不仅仅是它的基本粒子的聚集体;还有许多相互作用,例如电子之间的库仑相互作用和能量交换,产生了该分子的特殊特征。一堵石墙不仅仅是一堆干石的聚集体;它是这些石头的一种巧妙的排列方式,使它能够在几个世纪内保持形状、抵御天气、承受徒步旅行者和数不清的羊的重量。它当然与"其各部分的总和"不同,它具有其组分所不具备的性质。正如我们在第 2.3.4 节中所看到的,一堆沙子被加热可以熔化形成玻璃,它是一种不同于原来的沙堆的物体,且具有不同的性质,因为在加热过程中注入的能量已经建立了新的键,正是这些键使二氧化硅变成了一种新的物体,是从原始的聚集体中突现出来的。同样地,在硅酸盐水泥、建筑集料和沙子的干的混合物中加入水会产生一种化学反应,形成与其组分的性质非常不同的混凝土。

尽管如此,根据我们的标准,许多在温萨特意义上的非聚集系统将不会是突现的,因为它们将继续遵循生成原子论的方法。事实上,由于聚集性对构成操作施加了难以满足的条件,大多数系统,无论是否是突现的,最终都是非聚集的。这意味着对于温萨特来说,大多数系统都表现出某种程度的突现。因此,他的立场与稀有启发式相冲突。正因为如此,尽管温萨特的立场有着毫无疑问的意义,但聚集性并不是突现的正确对比。

这方面的一个例子是,聚集性条件导致某种程度的突现,会被归因于任何缺乏结构对称性的系统。思考一下由五金店现成的塑料部件构成的管道系统。将它们按照传统的顺序组合成一个有两种性质的系统,即在马桶的水箱里装满水,并且当它满的时候停下来。正如许多业余水管工所发现的,按相反顺序安装几个部件,这个系统会有第一个性质,但没有第二个性质,这样就形成了一个系统,其性质是将地下室装满水。在功能性组织起作用的系统中,这种不满足内部替换条件(IS)的情况很常见,这也是温萨特解释中非聚集性性质如此普遍的原因之一。刚才描述的管道系统满足生成原子论的条件,因为生成原子论允许非交换操作,而聚集性不允许。温萨特认为突现并不像许多人所认为的那样罕见,这一点是正确的,但也没有他的解释所允许的那么常见。

温萨特的立场借鉴了一种传统,或许在生物学中比在物理学中更为普遍,它认为功能性是突现现象的一种来源。例如,恩斯特·梅尔(Ernst Mayr)声称,装配锤头及其手柄会产生一个具有突现性质的物体。① 当然,这是一个新的性质,但是从其部分的性质来看,在理论上是可预测的,因此并不是推理突现的;它不是本体论突现的,从转换突现的标准或非结构性质的标准来看;组装的物体也不需要"锤子"这个新概念,我很尴尬地承认,因为一个人也可以使用扳手来拧紧摩托车零件。② 并不是所有具有功能性特征的系统都具有突现性质。一个功能聚集性的例子是,形成跨越河流的踏脚石的一系列扁平岩石。聚集体有一种其组成个体不具有的功能,但如果重新排列的类别仅限于石头现有位置的排列,则该功能满足聚集性的四个条件中的每一个条件。③ 我们可以把这种情况看作一个类似于加和性功能的例子,每个石头的功能是允许一个人穿越到石头所在的河流的那一点,因此整体的功能就是它各部分功能的总和。

虽然可以将温萨特的立场看作是一种本体论突现,但他自己的策略是将本体论问题转化为方法论问题,因此,他的解释侧重于模型,而不是现象

---

① 个人交流,1996 年 8 月 15 日。

② 温萨特的方法使用了一种语境论。正如他所说:"这个解释根据系统性质对各组分排列的依赖性,以及最终从相关的组分性质对系统内条件的语境敏感性两方面对突现进行了分析。"(Wimsatt 2007 a,275)正如目前的方法一样,这并不是各组分本身的变化。所涉及的语境敏感性是一个关于组分的组织化和相互作用的问题。温萨特将语境敏感性的方法归功于斯图尔特·格伦南(Stuart Glennan)。关于突现的一种不同的语境方法,见毕晓普和阿特曼斯派赫(Bishop and Atmanspacher,2006)。

③ 当然,当太多的石头被移除时会遇到一个阈值效应,但这也是对温萨特最初的放大器例子的反对。

本身。[1] 他用这种方法提出了一个重要的观点,即科学家倾向于优先分解满足聚集性条件的系统。这是因为,对他来说,突现和还原常常是相对于我们的真实系统模型中的理想化以及系统分解的选择。通过选择适当的描述层级并保持低于该层级的元素的统一性,有时可以实现聚集性:"普通的和不合格的聚集性的出现是一种幻想,通常是由未经检验的假定的稳定性、理想化和被忽视的可能变化维度导致的结果。"(Wimsatt 2007,286)这样做的影响是,我们倾向于优先考虑导致聚集性的分解,这样的分解被视为"自然的"。也就是说,由于某些系统在一种分解下而非其他分解下是聚集的,所以偏向于还原的倾向可能导致人们在分解中进行搜索,直到他们找到一个可以产生聚集体的分解。因此,聚集性分解的成分往往被视为自然类。正是这种对允许分解的首选描述的搜索,使温萨特的解释成为概念突现的一个组成部分。

温萨特的观察是正确的,但其所讨论的方法并非不合理的。如果发现分解的最初选择不适合进行还原,那么还原论者当然应该寻找不同的方法来分解一个系统。分解一个系统有不同的方式,这并不意味着这些方式都不能反映现实系统中的客观成分和结构关系。这是科学实在论者一再坚持的观点,我请读者参考其中的一些文献,以求进一步的阐释。[2]

### 6.5.1  对非聚集性进路的一个建议性修正

对于温萨特,{聚集的,突现的}分类是一种划分。使用一种更细粒度的性质分类法将是很有启发性的,至少是{聚集的、可还原但非聚集的、突现但可解释的、难以理解的("如魔法般的")突现的。}我在本书中追求第三种,而且我们可以在温萨特的非聚集性和其他类型的突现之间建立联系,方法是,在他的突现的四个条件中增加一个突现的必要条件。系统 S 所显示的性质 E 是突现的一个必要条件是,它在这个意义上是新颖的:性质 E 属于一种类型域,系统 S 的各个部分所拥有的性质都不属于该类型域,直到但不包括由系统 S 首次显示性质 E 的时刻。

---

[1]  温萨特(Wimsatt 2007,304,308)。

[2]  参见佩西洛斯(Psillos 1999)。

如果我们加上这个条件,在温萨特的例子中,那些仍然具有突现性质的候选是:振荡器、可裂变材料的临界质量,以及岩石桩的稳定性。除了那些已经被归类为聚集型突现的候选者之外,被排除在突现候选者之外的还有:体积,线性或非线性放大器的放大率(无论是真实的还是理想化的);计算机内存;适应度。

以下是一些详细说明。类型域可以和整个科学的性质特征一样广泛,比如心理学;也可以是一个学科的一个子范围的性质特征,比如凝聚态物理学特有的性质。系统 S 首次拥有性质 E 的时刻被排除,以便为突现的情况留有余地,其中系统 S 的一部分以及整个系统 S 在当时显示性质 E。(例如,如果水和冰之间的相变产生被冻结的突现性质,而且,如果在某种程度上是理想化的,这种相变是瞬时的,那么冰的各个部分就像整体一样具有这个性质。)

▶▶ ## 6.6 作为非结构性质的突现

组合本体论的支持者使用结构性质(structural property)的思想,将他们的组合论应用于性质。以这种进路作为背景,奥康纳和王宏宇(O'Connor and Wong 2005)提出了一个本体论突现的解释,以适合我们关于意识的内省知识。他们关于突现性质的概念是这样的:"突现性质是一个完全非结构的构成系统的性质……突现论的观点是,一些基本性质是由构成个体所拥有的……突现性是构成个体的非结构性质。我们进一步假设,它们是由底层微观结构产生和维持的。"(O'Connor and Wong 2005, 663—664)有关非结构性质的核心思想是,当系统的组分因果地相互作用,且系统的复杂性达到一定程度时,这些组分具有潜在的倾向,从而导致系统具有明显的和不可分解的性质。如果人们相信,意识形成了一个无法进一步分析的统一体,并且是大脑中复杂的因果相互作用的结果,那么这个观点有很多值得推荐的地方。然而,我们已经看到,在纠缠态下,相当简单的系统会产生突现性质,因此对复杂性的要求是不必要的。

我将表明,由于非结构方法保留了与生成原子论传统的联系,它要求一个构成系统具有突现性质,因此它过于狭窄,不可能包括所有本体论突现的情况,而且实际上可以认为是熔合突现的一个特例。首先,考虑什么是结构性质:"一个性质 S 是结构性的,当且仅当具有性质 S 的殊相的适当部分,具有与 S 不相同的性质,并且共同存在于关系 R 中,而构成的事件状况是殊相拥有性质 S。"(O'Connor and Wong 2005,663)①

结构性质的定义符合应用于性质的生成原子论的传统,它反映了这样一种观点,即结构性质并不"超越"由物体的组分所拥有的性质的关系性聚集体。请注意,该定义本质上使用了殊相的适当部分,因此,预设有着结构性质的物体具有构成性。②

根据这个定义,在一副扑克牌中,按标准顺序排列的一整套方片的性质 P 是这副牌的结构性质,因为这一套牌有适当的部分——也就是说,从 A 到 K,其中的扑克牌具有诸如 $P_9$ 是"方片 9"之类的性质,而这与性质 P 是不同的,当这些适当的部分处于通常的排序关系 R 中时,这些部分就是一套按标准顺序排列的牌。现在,将其与扑克中的同花顺(同一副牌中的五张具有连续值的牌)的性质 F 进行对比。对于一副牌来说,牌的空间顺序是否按标准顺序排列是很重要的——否则洗牌的概念就没有任何意义——同花顺中的空间顺序是无关紧要的,即使它通常用来显示顺序,因此牌的空间关系不是性质 F 作为结构性质的基础,尽管牌值的排序可以提供这样的关系 R。这是一种足够抽象的关系,它不会使性质 F 成为一种物理结构性质。

因此,这要求我们决定,在物理主义的背景下,结构化关系 R 的候选是否都必须是物理关系。如果我们这样做,那么作为同花顺的性质将是非结构性质,而这是很尴尬但并非不可能的结果。③ 更一般地说,如果 T 表示一些科学的领域,我们是否应该坚持讨论是否存在突现的、非 T 的非结构性的性质?这似乎是合理的,但根据上述定义,将会有一些具有非结构性质的生物体,但它们确实具有社会结构。

---

① 奥康纳和王宏宇的定义是基于大卫·阿姆斯特朗关于结构共相的立场:"要成为一个结构共相 F 的实例,一个殊相必须由两个不重叠的部分组成,其中一个部分实例化共相 G,而另一个部分实例化共相 H,G 部分和 H 部分通过外部关系 R 相连。"(Armstrong 1978a,69;另见 Armstrong 1997,153)

② 相反,连词的性质不是结构性的。这是因为即使某些关系的存在可能是由连词所引起的,但有或没有连词并不取决于所涉及的个体之间存在何种关系。如果我的房子是大的,你的房子是小的,这个说法是真的,那么你的房子和我的房子之间就有一种"……比……更小"的物理关系,但这并不是仅从连词的语义学中得出的。

③ 因为扑克,就像大多数非运动游戏一样,可以使用各种完全不同的设计来玩,因此是多重和异质可实现的,提供一个物理上可以接受的解决这个问题的方法并不容易。

奥康纳和王宏宇关于突现描述的优点之一是,它摆脱了从层级上来谈论的需要——事实上,他们的目标是提供一个因果理论,而不受下向因果关系所引起的问题的影响:"如果要解释某些系统中的[突现性质],必须用**因果关系**,而不是用纯粹的形式关系来解释它们与紧接在**前面发生的**结构之间的因果关系。"(O'Connor and Wong 2005,664)这一特征将他们的方法置于历时突现的范畴,同时也存在共时突现的可能性。

奥康纳和王宏宇的分析的一个有价值的特点是,他们认为非还原物理主义——他们所反对的立场,回避了面对突现所涉及的紧迫的本体论问题,因为非还原物理主义允许心理和物理事件的殊型同一性,但拒绝它们的类型同一性。正如他们所指出的(O'Connor and Wong 2005,660),这是有问题的,因为殊型心理事件具有不同于任何物理事件的性质,例如意向性。因此,即使类型差异是概念性的,而不是本体论的,而且我们有一个使用概念突现元素和本体论突现元素的混合解释,性质也将归因于殊型物理事件,而许多人认为它们不可能拥有这些性质。这是令人烦恼的,因为对我们这些赞同单一因果解释的人来说,重要的是原因的殊型同一性。因此,奥康纳和王宏宇正确地指出,心理域在概念上不可还原为物理域,同时,允许殊型同一性是具有误导性的;从本体论角度来看,所有这些都意味着,一旦一个物理系统的复杂程度达到一定的值,简单性的考虑就会导致我们使用一个新的词汇表。(相关问题,见第 6.4.1 节。)

在奥康纳和王宏宇给出的公式中,结构化主要是对象的一个特征,并且只是一个性质的派生特征。事实上,奥康纳和王宏宇的定义不加限定地允许同一性质在某些情况下是结构化的,而在另一些情况下则是非结构性的。例如,当"具有中性电荷"的性质被一个具有带电部分的原子这样的构成对象拥有时(关系 R 将是一个完全中性电荷产生的足够的空间间距),"具有中性电荷"的性质将是一种结构性质;然而,当它适用于一个没有适当部分和内部结构的无电荷基本物体时,它将不是一种结构性质。在奥康纳和王宏宇的定义下,基本物体上的中性电荷不是突现的,但相对性是结构性质定义的一个令人烦恼的特征。通过禁止将定性性质的不同值算作不同的性质,并不能避免这一问题,因为"具有正电荷"的定性(也是物理上重要的)性质也受到这一问题的影响。简单地考虑一下,一方面,一个构成体,比如一个带正电荷的钠阳离子,但同时具有正电荷和负电荷部分;另一方面,一个带正电的基本粒子。

### 6.6.1　从非结构性质到转换突现的关系

转换突现并不总是会产生非结构性质。由于相互作用,独立的性质实例 $P(a_1),\cdots,P(a_n)$ 可以转变为 $P'(a_1'),\cdots,P'(a_n')$,并可以组成一个新的结构性质 $R(P'(a_1'),\cdots,P'(a_n'))$,根据第 2.2 节所述的观点,这种结构性质被认为是突现的。因此,会出现一些非结构方法所不包含的转换突现的情况。相反,当熔合发生时,在原始对象通过熔合操作保留其同一性的情况下,它会产生非结构性质(即使这些性质不存在)。这是因为,熔合的性质不能用一些关系中的殊相来定义。在原始对象和性质熔合的情况下,结构性质和非结构性质的定义根本不适用,因为对系统而言没有适当的部分,因此,我们又有了一个非结构方法没有包含的情况。因此,一个非结构性质是在下述情况下存在的一种殊相类型的熔合突现性质:(a)没有本体论上的突现殊相,(b)存在导致这种性质熔合的历时规则充分性。

当结构共相被认为是构成共相的分体的总和时,大卫·刘易斯(Lewis 1986c)提出了以下反对结构共相的观点:甲烷是由共相的碳、氢和化合键组成的一种结构共相。一个甲烷分子有四个氢原子,所以,甲烷的共相必须包含四个氢的共相,但是因为只有一个氢的共相,所以甲烷不可能是其他共相的分体之和。

然而,选择甲烷作为说明性的例子是有问题的。[1] 在讨论化学例子时,有两种不同的"结构"含义需要分开处理。分子性质被化学家认为是结构性质,因为它们取决于分子的几何形状。哲学家们的定义要求化学成分之间不存在重叠,但是甲烷中的碳氢键是共价的,正如我们在第 2.3.5 节中所看到的,共价键的基础是价电子之间的重叠。事实上,奥康纳和王宏宇(O'Connor and Wong 2005,663)不得不虚构了一个事实,即认为碳原子和氢原子是分体的原子,以使这个例子具有可信度。

比奇洛和帕吉特(Bigelow and Pargetter 1990)对结构共相的描述是为

---

[1]　大卫·阿姆斯特朗还呼吁将"甲烷分子"作为结构共相的一个例子(Armstrong,1997,34)。

了避免刘易斯的论点,并将这种性质确定为具有一个个体的二阶关系性质的甲烷——在这种情况下是"一种性质,它有一部分具有氢的性质,一部分具有不同于第一部分的氢的性质,以及……"。(Bigelow and Pargetter 1990,87—88)他们的方法的一个关键特征是,处在某些内部关系中是甲烷的一个基本特征,其中比奇洛和帕吉特关于内部关系的概念更接近 M-内部关系,而不是 L-内部关系:"如果没有处在这些[内部]关系中,相关的项就不可能存在。"(Bigelow and Pargetter 1990,88)

了解这一点,我们就可以看出,对于奥康纳和王宏宇的定义来说,关系 R 是一种内部关系还是一种外部关系是非常重要的,而且我们对"内部关系"和"外部关系"的含义也很清楚。如果我们把 R 看作一个 M-外部关系,那么我们就保留了它们定义的纯结构的组合方面。但是,如果 R 是一个 M-内部关系,那么拥有结构性质的个体的"组成部分"在其内部与在其外部的关系中是不相同的,正是由于这些变化,才能获得"结构"性质。

## ▶▶ 6.7 性质和对象

在转换突现的表征中,我强调改变个体本质性质的变化。读者可以选择自己对本质性质的描述,但现在是时候谈谈性质的一般情况了。术语"性质"是多重模糊的。有些性质和语义学有关,另一些性质具有因果作用;有些性质是物理性质,另一些性质是抽象的。性质作为共相发挥着形而上学的作用,并在挑选自然和非自然种类方面发挥着作用。因此,没有理由让服务于这些功能之一的概念也为其他所有的功能服务。最明显的区别是,语义性质与物理性质的表现是不同的。语义性质通常被认为在标准的否定、合取和析取的布尔运算下是闭合的。在否定和析取的情况下不需要闭合物理性质的原因是众所周知的:例如,存在电子的性质,但谓词"不是电子"不具有相应的物理性质;当一个实体缺少了一个对象作为电子所必需的至少一个必要性质时,这个谓词得到满足,而根据事实本身,缺少一个性质本身并不是一种物理性质。

析取与之类似:"一只兔子"和"超过六英尺高"两个都是物理性质,但"一只兔子或者超过六英尺高"就不是。有些人虽然否认在所有布尔运算

（例如，Armstrong 1978b）下物理性质是闭合的，但他们允许实例化的性质在合取运算下闭合，但如果这意味着普遍意义上的逻辑合取，那这是不正确的，因为律则互斥的共相不能合取在一起而实例化。其中一个例子是这样一种非性质，即在 1000℃ 和一个大气压下，并且呈液态的水。因此，必须使用律则的共同实例化来代替合取。所有这些考虑都表明，哪种代数结构或逻辑结构适合表征性质在世界上的组合方式，这是一个由经验决定的问题，并且将因性质类型而不同。这不是先验决定的问题。

因此，把那些拥有基本性质并由自然律所控制的因果相互作用所构成的个体称为"非偶然个体"。这一限制立即避免了许多对个体捆束理论（bundle theory）的反对意见。[①] 第一，一些性质集合属于偶然个体的类别，部分原因是，这些集合是我们将概念结构强加于非自然同质集合的结果。垃圾场就是这样一个偶然的个体，它的内部并置受当代社会决定丢弃的任何东西的影响。[②] 但是构成偶然个体的性质的并置可以被多重实例化。垃圾场的数量很大，而且还在增加。因此，偶然的性质也可以是共相。

第二，个体是偶然存在的对象，而且即使构成它们的性质必然存在，个体也并非必然存在。最好避免使用并置的性质来讨论实例化，因为这意味着性质必须由某个东西实例化。这可能导致需要殊相来进行实例化——这最好是不需要的。

第三，我们不应因难以确定特定类型个体的本质性质而分心。我们可能对与人类有关的本质性质的各种可能性产生怀疑，但氢原子需要由什么组成则是毫无疑问的——一个质子和一个电子在空间中的恰当分布。总有一天，遗传学可能会告诉我们印度象是什么，但我们现在知道，一只严重失忆但并不完全失忆的马戏团大象仍然是一头大象，因此，正常运作的记忆并不是大象作为生物类型的本质性质。

第四，时空连续性条件允许我们区分一个个体和其他具有相同核心性质集的个体。我们应该注意，有时一个单一的本质性质可以将一个殊相与所有其他的殊相区分开来。在美国，每一辆汽车都有一个独特的车辆识别号（VIN）。拥有这个数字的性质本身可以使该车辆与其他车辆相互区别。

---

① 范克莱夫（van Cleve 1985）在 1985 年的文章中清楚阐述了许多反对意见。

② 为了交流的目的，我在这里和其他地方把复杂的性质集称为"个体"的集合，而不是性质集的集合。本体论仍然是基本的性质之一。

假设,由于错误,两辆本来无法区分的车辆被赋予了相同的 VIN。那么,只有时空连续性才能区分它们。事实上,在我们的世界里,它们与其他性质集合有着不同的关系,因此我们可以将它们区分开来。但这并不是让它们与众不同的原因——个体化的性质必须是内在的,否则,个体的同一性就会改变,因为它消除了对其他个体所具有的所有非内在性质。

第五,假设我们将一个性质描述为是突现的。那么,谓词"突现的"可能会被当作一个二阶性质。但是,"突现性质"与"基本性质"或"结构性质"具有相同的形式;这样的分类适用于对象,仍然作为一阶性质存在。因此,突现性质是一阶性质的一个子类,而从逻辑上讲,它不同于实现者,因为实现者是二阶性质。

# 7

# 与突现相关的科学话题

## ▶▶ 7.1 一个例子:铁磁性

在本节中,我将详细讨论一个与转换突现和熔合突现不同的本体论突现的可能情况。我在第 2.1 节中指出,许多关于本体论突现的主张,都是有关突现现象的模型,人们应该谨慎地从这些基于模型的主张,转向关于相应自然系统中存在突现的结论。在本节中,我将详细探讨铁磁性(ferromagnetism)的例子,铁磁性是在谈论本体论突现时最常被引用的例子之一,我将试图确定本体论突现的主张所需要满足的条件。在整个过程中,重点将放在哲学问题上,但重要的是理解科学理论和模型的某些细节,因为它们能够使我们理解一种现象何以是突现的,同时又可以清晰的方式进行解释。这里强调引起铁磁性的物理相互作用,与强调其和相关突现现象数学方面的其他进路不同。例如,可以使用重正化群论的方法对关键现象进行更抽象的处理。这里我不会对这个进路进行讨论,有兴趣的读者可以参考巴特曼(Batterman 2000)、卡斯特拉尼(Castellani 2002)的相关文献。

许多假定的本体论突现的例子发生在宏观系统的领域。可以将宏观系统定义为其状态方程与其大小无关的系统。理想的宏观系统是包含无限数量粒子的系统,其密度是有限的。真正的宏观系统是足够大的系统,其状态方程在经验上与理想的宏观系统无法区分。

这些定义纯粹是客观的,并不依赖于通过提及人类观察者来描述"宏观"的特征。宏观系统有两个主要特征:一是它们表现出与组成它们的微观组分有着截然不同的性质,二是它们具有整体性。以下是一个具有代表性的观点:

宏观系统具有与原子和分子截然不同的性质,尽管它们由相同的基本成分组成,即原子核和电子。例如,它们表现出相变、耗散过程,甚至生物生长等现象,这在原子世界是不会发生的。显然,这些现象必须在某种意义上是**集合的**,因为它们涉及大量粒子的共同作用;否则,宏观系统的性质可以基本还原为那些独立的原子和分子的性质。(Sewell 1986,3)

因此,宏观系统具有整体性和不可还原性,并且较低层级的个体不能拥有突现性质,因为突现仅在无限的组分集合中才会出现。在宏观系统领域,突现现象往往与诸如普遍性、相变、对称性破缺、自组织和无尺度现象等特征相关联。

### 7.1.1  铁磁性的基本特征

当铁和镍等某些材料的温度低于居里温度或临界温度 $T_c$ 时,就会表现出铁磁性。在居里温度以上,对于 770℃ 的铁,材料是顺磁性的——也就是说,当外部磁场减小到零时,铁的磁性消失。在居里温度以下,当去除外部磁场时,铁磁体保持永久铁磁性。相变的存在和新性质的出现——这里是指没有外部磁场的作用还能保持铁磁性的能力——经常被视为把铁磁性作为突现例子的原因。

这里我们考察一个铁磁体,它的温度可以变化。温度是一个**控制参数**,是一个将系统与其环境联系起来的量,而净磁化强度,即自旋的热力学平均值,是一个**序参量**。更一般地说,序参量是一个决定自组织何时发生的变量,它是对称性破缺的定量度量。[1] 在铁磁体中,序参量是净磁化强度 $M$。[2] 没有统一的求序参量的方法,不同系统对于序参量的确定有不同的方法。[3] 临界温度,更一般地说是一个**临界点**,是控制参数的一个值,在这

---

[1] 更严格地说,序参量是自由能的一阶导数的单调函数(van Dyke Parunak, Brueckner and Savit 2004,1)。
[2] 序参量的其他例子有向列相液晶的指向矢 D,晶体中密度波的振幅 $\rho_G$,以及超导体中的平均对场 $<\psi,r>$。
[3] 例子参见宾尼等人(Binney 1992,11)。

个值或附近会发生相变,并且由于局部相互作用而出现大尺度结构。在临界点,存在结构尺度不变性。

**相位**是相空间的一个区域,在该区域内,性质被解析为外部变量的函数——也就是说,它们具有收敛的泰勒展开。这意味着在小扰动的情况下,系统保持在相位内,并且所有热力学性质将是自由能及其衍生物的函数。自由能非解析的点就是**相变**。从扰动的角度来看,非解析性意味着控制参数中的一个小扰动可以导致从一个相位到另一个相位的转换,并导致相应的大的质变。事实上,正是在这种非解析性和相关奇点的参考下,才有了一种截然不同的相变解释方式,罗伯特·巴特曼(Batterman 2000,2002)强调了这一事实。

两种类型的相变之间有一个标准的区分。在旧的术语中,这些被称为一阶和二阶相变,而最近的文献更倾向于使用"不连续"和"连续"这两个术语。[①] 在一阶相变中,序参量的变化是不连续的,而在二阶相变中,序参量的变化率相对于外部变量的变化是不连续的。从顺磁性到铁磁性的转变是一个二阶相变,如果我们放慢这个过程,我们应该看到一个逐步向有组织和有序的转变。相反,从水到蒸汽的转变是一个一阶相变。尽管这两种类型之间存在重要差异,但对于本体论突现,只要过程的开始和结束涉及定性的不同性质,相变是连续的还是不连续的就并不重要。相比之下,正如巴特曼强调的,正是在临界点上存在奇点,支持了一些属于推理突现范畴的临界现象的理论模型的情况。

在铁磁体中,部分填充电子层的原子排列成晶格结构。每一个晶格点都具有磁偶极矩——自旋加上轨道角动量。相邻的偶极子,作为微小的磁铁,倾向于自行排列对齐,因为平行的偶极子产生的能量状态比朝向相反方向的偶极子低,这种能量差异被称为交换能。形式上,这种状态由一对具有非对称状态函数的偶极子表示,这是泡利不相容原理的结果。这种平行排列是自发产生的,并且是一种特殊的量子力学效应,因为在经典电磁学作用

---

① 塞斯娜(Sethna 2006)针对术语"一阶相变"和"二阶相变"提出了建议:"这不仅是因为它们的起源不明确,而且还因为在后一种情况下它具有误导性:连续相变的热力学量具有幂律奇点或本质奇点,而不仅仅是二阶导数的不连续性。"(Sethna 2006,243n7)有些现象在某些条件下表现为连续相变,而在其他条件下表现为不连续相变。

下,较低的能量状态是由相反的、未对齐的偶极子产生的。由热变化引起的随机波动将启动一个过程,确定最终状态的方向。然而,我应该注意到,当代铁磁性理论的大部分是半经典的,而不是完全量子力学的,例如它将自旋视为经典向量。正是这种依赖于模型的虚构,使得人们在模型基础上,对存在本体论突现进行推断时应更加谨慎。[1]

像这样的系统中的有序,是由系统中对称性丧失所导致的结构来表示的。[2] 在使用"对称性"一词时,有必要先说一句谨慎的话。该术语通常在这些上下文中,用于指代通常由无序空间排列产生的某种同质性。因此,许多系统中的对称性仅仅是给定性质值的随机空间排列。在铁磁性状态下,由于所有的自旋都是对齐的,因此,铁似乎具有很大的对称性,但这是完全不同且非正式地使用这一术语。这种模棱两可是令人困惑的,但术语的使用已变得根深蒂固,必须意识到它们之间的差异。自发对称性破缺的一个关键方面,是聚集顺序允许系统中的能量最小化。[3]

铁磁性中自旋的排列,是自发对称性破缺的一个例子,因为随机定向自旋所具有的原始旋转对称性,被不再存在对称性的定向首选状态所取代。在高温下,热能足以克服偶极子之间的交换能键,但随着温度的降低,这种随机化效应会减小,直到临界温度就消失了。[4]

偶极子的平行定向最初仅发生在约 $10^6$ 至 $10^9$ 个原子的小区域(被称为外斯畴,其存在已经被实验证实),由短程相互作用支配。[5] 为了达到材料的宏观可观测的磁化强度,外斯畴的每一个净磁化强度都是随机定向的,必须由外部磁场来对齐。对我们来说,一个关键的区别,是外斯畴内长程的自发形成,是在没有外部磁场的情况下发生在铁磁体中的,而外斯畴的排列或生长是外部磁场应用的结果。

因此,净磁化强度 M 是整个系统的一个整体性质;它通过外斯畴的形成而出现,然后在整个系统内传播。在高于临界温度时,每个微观组分都具

---

[1] 见亚伦尼(Aharoni 2000)。
[2] 我不会在这里讨论拓扑次序,这超出了我讨论的基础——朗道对称方法。
[3] 一些相变,例如气—液转变,不涉及对称性破缺。见奥永(Auyung 1998,184)。
[4] 安德森(Anderson 2005,423)断言铁磁性的例子是对称性破缺的典型例子。然而,它作为一个突现现象的例子被广泛引用。
[5] 例如,席尔瓦、舒尔茨和韦勒(Silva,Schultz and Weller 1994)。

有磁定向的性质,但在全局尺度存在一个零水平的 M。在低于临界温度时,M 在全局尺度上变为非零。

### 7.1.2 作为一种突现现象的铁磁性状态

在我们对突现类型进行分类的时候,由于无法预测过去的临界点,因此,可以将相变归为推理突现的范畴;随着控制参数的变化,过程的动力学也随之变化,因此,将其归于历时的那一部分。然而,推理突现是系统本体论变化的结果。在临界点之前,对称性破缺是生成原子论的动力学版本(至少在这里所述的伊辛模型内)的结果,具有控制自旋翻转动力学的固定规则。铁磁性的整体性是局域相互作用的结果,长程相关性是铁磁性的一个核心特征。在这些方面,铁磁性状态的出现没有什么神秘的,在远离临界点的温度值下,也没有什么是与生成原子论观点不相容的。为此,我们必须考虑相变。

这里有一个重要概念**关联长度**——自旋之间显著非零相关的最大距离。在材料的初始、随机定向状态下,关联长度基本上为零。随着外斯畴的形成,关联长度逐渐增加,直到在最终铁磁性状态下,它等于磁铁的长度,并以此形成铁磁性的整体性特征。由它产生的对称性破缺和自旋的长程相关性,本质上是非局部性质。

从我们关于突现的四个标准(新颖性、自主性、从其他实体产生,以及整体性)依次来看,铁磁体有许多新性质。最明显的新颖性是铁磁性本身的性质,在微观层面上反映了从无序的微观状态向有序的微观状态的转变,这是自发的对称性破缺的结果。这一性质是自主的,因为它在外部磁场被移除后仍然存在,并且在很大程度上与微观动力学的细节无关。独立于微观动力学意味着什么,是我们需要仔细考虑的。通常意义上,铁磁性可由许多不同的材料表现出来,因此,可以是多重实现的。整体磁化的多重实例化一直是一个特性,因为许多不同的微观状态可以产生相同的整体磁化。然而,由于只有在晶格位置存在磁矩才能导致整体磁化,一旦通过伊辛模型涉及的抽象来明确这一点,我们就不再有多重可实现性。

多重可实现性本身并不保证不可还原性,正如我们在第 6.4 节中看到的,由于物理学有时可以识别所有实现者所具有的一个共同特征,而这个共同特征解释了宏观性质的存在。当然,不同的材料也可能是铁磁体,例如除了铁之外的镍和钴,但是这里说明的是,一旦我们理解了为什么会发生多重可实现性,我们通常可以将其还原为单一可实现性。

至于与突现相关的其他特征,铁磁性质的长程相关性是由晶格点上自旋之间的交互作用形成的;而关联长度与材料长度一致的事实表明,这种现象在本质上具有整体性的特征。反过来,这种整体性特征阻止了铁磁性还原到微观层面,尽管宏观性质已从微观特征中突现出来了。另一个特征是,磁化强度 M 是系统自组织的结果。①

之所以提出突现的这四个一般特征,是因为在物理学中经常引用其他的一些特征作为突现发生的征兆:外斯畴的自组织,即磁化强度 M 是由自旋翻转的动力学、自发对称破缺的存在,以及从顺磁状态到明显不同的铁磁状态的(二阶、连续)相变的存在所导致的过程。如果我们愿意允许这里描述的铁磁性模型是对真实铁磁体的准确描述的话,那么,正是这些特定的物理过程和突现的四个一般特征之间的联系,使得突现的特征得到解释。

### 7.1.3　模型、可能性和现实

我早些时候指出,任何关于突现的说法都必须仔细区分实际的现象、在律则上可能的现象和仅仅在逻辑上可能的现象。我们现在将讨论一些方法,其中,这些区分特别重要,因为突现的一些理论是基于具有无限多的对象的模型,或者运用了渐进极限,或者说这些理论本身在形式上就是数学的。②

数学模型中的相变是数学奇点,这就提出了一个问题,这样的奇点是否与现实系统中出现的事物相对应。在理论处理中,纯水和冰之间的过渡是不连续的相变。地球上不存在纯净的水样;甚至来自原始冰川的样品都含有一些杂质。尽管有杂质,但如果它符合我们有关突现的哲学理论,那么,将从纯水到冰的变化作为一个突现现象的例子是合理的,理由是现实系统

---

①　霍华德(Howard 2007)认为,我们目前对基本粒子物理学和凝聚态物理学之间关系的知识状况不足以证明在后者中存在突现现象。我同意谨慎行事,但我希望至少解决霍华德提出的一些关心的问题。

②　这里只能给出这些特征的最广泛的概述,为了获得适当的理解,必须阅读主要文献,其中一些在之前就被引用过。

是理想化模型的近似。相变的中心问题是它不同于这种近似的例子,因为
理论上的结果需要无限的极限。

一个相关的问题是,突现现象是否只发生在具有无限自由的系统中。
在朗道—霍普夫(Landau–Hopf)湍流模型中,湍流状态表示为无限多独立
周期运动的叠加,湍流相位只能发生在具有无限自由度的系统中。[①] 在本
例中的基本哲学问题是,铁磁体只有在具有无限自由度的理想化模型中才
具有完全清晰明确的相变。在现实系统中,水和冰之间没有清晰明确的相
变,而是一个三点,即水、冰和水蒸气共存。更现实的模型必须使用有限系
统和热力学函数的渐近展开。关于技术细节和对不同观点的看法,我向读
者推荐巴特曼(Batterman 2002)、巴特菲尔德(Butterfield 2011b)和卡伦德
(Callender 2001)。

在可观测水平上,从顺磁相到铁磁相的相变似乎是不连续的。这种相
变的明显不连续性引发了一个问题,是否应在可观测水平上识别突现现象,
还是只能通过由我们的理论模型才能获得的不可观察的现象来识别突现现
象。如果要将铁磁体加热到临界温度,从铁磁体到顺磁体的逆转变看起来
相当剧烈,而沸水到水蒸气的相变似乎是一个持续的过程,需要相当长的时
间。铁磁性以及相变的存在似乎是可观察的,铁的现象学特征就像从水
到水蒸气的相变一样。然而,理论物理学将液—气转变归为不连续相变,而
将铁磁性—顺磁性转变归为连续相变。如果一个过程在观察上看起来是不
连续的,但现实中是连续的,那么对前者的性质进行还原的做法是不合适
的。这就是问题产生的原因:我们应该寻找可观察的,还是理论的标准来确
定哪些特征是突现性质所具有的?[②] 突现现象传统的例子——生命、意识、
水与氢和氧之间的差异——都呼吁对现象的独特的、可观察的或内省的特
征进行初步识别。当穆勒断言在水的性质中没有发现氢和氧的性质的痕迹
时,他指的是宏观可观察到的化学物质的数量,而不是分子层面的特征。除
了一些心理现象之外,我们不太可能在直接可观察的领域中找到突现的明
确例子。

---

① 这个例子归功于萨拉·弗兰切谢利(Sara Franceschelli)。
② 这个问题与一个稍微不同的问题有关:相变是统计学的机械现象,还是热力学现象?
   有关该问题的讨论,可见卡伦德(Callender 2001)和 Liu(Liu 1999)。

## ▶▶ 7.2 线性、非线性和复杂性

大量的传统科学都是基于分析的。例如,实验室的经典实验方法是基于这样的假设,即可以通过控制其他变量把单独的因果影响分离出来,然后将不同实验的结果结合起来。这种分解和重组方法使用叠加原理的各种变体,在许多数学模型中得到了反映。近年来,非线性系统、复杂性理论和突现之间的关系备受关注;人们通常认为非线性系统构成了复杂系统集的子集,复杂系统会产生突现现象。本节简要介绍了这些说法的来源。

### 7.2.1 线性

线性的性质最好是通过它在数学模型中的使用来把握。"线性系统"一词可应用于由线性模型正确描述的系统。假设在时间 $t$ 时,模型的输入用 $x(t)$ 表示,模型的时间发展由算子 O 描述,那么,在时间 $t'$(其中 $t'$ 晚于 $t$)时,模型的输出用 $x(t') = \mathrm{O}[x(t)]$ 表示。如果模型有两个不同的输入 $x_1(t)$ 和 $x_2(t)$,则对于任意实数 $a$ 和 $b$,系统在 $\mathrm{O}[ax_1(t) + bx_2(t)] = ax_1(t') + bx_2(t')$ 的情况下是**线性的**。这种叠加原理——即,如果 $f, g$ 是等式 E 的解,那么对于任意常数 a,b 而言,$af + bg$ 也是如此——是线性系统的特征,并且它代表一种特定类型的可加和分解性。

非线性系统不可叠加。考虑由 $\sin(\theta)$ 给出的由波函数组成的非时间情况。这描述了一个非线性系统,因为通常 $\sin(a\theta_1 + b\theta_2) \neq a\sin(\theta_1) + b\sin(\theta_2)$。因此,不能通过将角度 $\theta$ 分解成更小的角度 $\theta_1$ 和 $\theta_2$ 对系统建模,来找到 $\sin(\theta_1)$ 和 $\sin(\theta_2)$ 的解并添加结果。

当使用这个定义来表示一个自然系统时,必须谨慎说明加法运算"+"代表什么,但隐含在经常引用的(和误导性的)口号"整体不仅仅是其各部分的总和"背后的,正是线性的可加性的失败。这也是为什么非线性系统经常被认为是产生突现特征的原因。我们在第 3.1 节中看到,穆勒依赖不变因果影响的可分解性来解释他的因果关系,并且还使用总作用力的可加性作为同质规律的核心例子。据我所知,他从没有用到线性,但因果不变性、可

加性的失败和突现之间的关联在他的方法中是明确的。线性还以这种方式涵盖对系统影响的可分离性：如果除了 $x_j$ 之外，系统的所有输入 $x_i$ 都保持不变，那么系统输出的变化只取决于 $x_j$ 值的变化。

线性的另一个重要应用是能够处理空间问题，将区域划分为子区域，为每个子区域求解方程，并将解拼接在一起。因此，线性等式与分析和分解方法并行。相反，正如大卫·坎贝尔所说："必须考虑一个非线性问题的**全部**，我们不能——至少不会明显地——将问题分解成小的子问题并叠加解决方案。"(Campbell 1987,219)①

因此，在这里我们可以看到突现现象的整体性特征。坎贝尔确定了线性和非线性系统之间的三个特征差异。第一，它们定性地描述了不同类型的行为。线性系统（通常）由行为比较规则的函数描述，而非线性系统由混沌或不规则函数描述。这种差异可以从层流运动到湍流运动的转变中看到，前者表现为线性行为，而后者则是高度非线性的。第二，在线性系统中，参数的微小变化或微小的外部扰动将导致行为的微小变化。对于非线性系统，这种小的变化可能导致运动的非常大的质变。线性系统的这种行为与外部扰动下的稳定性特征有关，这种特征有时被认为是不表现出突现行为的系统的一个特征。第三，线性系统表现出弥散性，就像从中心源移动的水波的衰减，而涡流在湍流中的稳定性表现出非弥散性。这可以与模式突现和 4.2 节中讨论的三种自主性相关联。

然而，当我们有一个完全可积的系统时，情况就不同了。鲁格（Rueger 2000a,318）指出，完全可积的系统可以表示为由许多独立的子系统组成的系统：

> 一个具有 N 个自由度的动力系统……如果它对于所有初始条件和参数值都有 N 个"运动的第一积分"，则被认为是（完全）可积的。直观地说，这意味着，如果一个系统是可积的，我们总能找到它的一种表征（通过转换系统的原始描述），它描述了 N 个**非交互或非耦合的**组合系统的集合……如果实际相互作用的组分不能被非相互作用的组分的等效系统所取代，则系统中就会发生**本质的相互作用**。

---

① 参考斯特罗加茨(Strogatz 1994,8—9)。

具有一个自由度的哈密顿系统是完全可积的,它们的状态空间轨迹问题可以用初值方法进行解析求解。(Campbell 1987,221)[1]因此,如果采用原则上的方法来预测,就不会在一个完全可积的系统中遇到推理突现的现象。这里使用的解析性的引用是很重要的,因为解析性的失败导致了临界点的突现现象。叠加原理的失败对于可预测性也远远不是致命的;例如,非线性摆的运动方程可以给出任意初始条件下的闭式解。(Campbell 1987,221)

### 7.2.2 复杂性理论

复杂性理论为突现提供了丰富的见解和实例,但它往往没有明确说明为什么这些例子是突现。尽管"复杂性理论"一词涵盖了各种各样的方法,但其目标之一是找到独立于研究主题的复杂系统的一般特征。我们可以确定两种相当不同的方法来表示复杂系统。[2] 在物理学中,重点研究的是有大量自由度的系统,这些系统在元素、许多尺度或层级之间有很强的相互作用,通常是非线性的、驱动的和耗散的。在信息论中,重点研究代数复杂性和包含在大序列数据中的信息,将熵作为复杂性的度量和信息。

对于复杂系统没有公认的定义,但通过以下定义,我们可以得出为什么复杂系统经常与突现相关联,该定义是根据普罗科片科、博切蒂和瑞恩(Prokopenko,Boschetti and Ryan 2009)给出的复杂系统的特征改编的:

(1)复杂系统是具有能量、信息或一些其他量的流的开放系统。

(2)它们包含许多相互作用的组分,其数量小于统计力学所需的数量,而大于传统分析数学可以处理的数量。

(3)组分之间的相互作用导致协调的全局的行为,并通过全局模式或其他种类的性质表现出来。

复杂系统的典型特征包括:

---

[1] 尽管存在自由度为 N>1 的哈密顿系统是完全可积的,但它们是例外。

[2] 卡尔森和多伊尔(Carlson and Doyle 2002,2538)。

1.系统的自主性,包括在没有外部或中央内部控制的情况下。

2.由于局部相互作用导致的全局有序。

3.动态运作。这就排除了共时的、瞬时的组织,迫使我们考虑历时突现。

4.不能通过分析其组分来完全理解系统。

我们看到,条件 1 反映了自主性标准,条件 2 和 4 反映了整体性标准,条件 3 反映了突现的特征必须由其他一些特征导致——在这种情况下,是由历时过程导致的。也许新颖性特征也是与条件 4 联系在一起。

在复杂性理论中,已对突现进行了广泛讨论。但并不总是明确地将模式实现与突现的不可预测性进路的历时性版本相结合。虽然所涉及的模式仅仅是非局域的模式,但它们不是中心组织原则的结果,而是由组分之间局部的,通常是由非线性的相互作用产生的。这种模式的例子在自组织系统里比比皆是。更一般地说,基于主体或基于个体的模型可以提供复杂系统的典型例子,因为它们将自下而上的个体主义承诺,与具有新颖性和整体性特征的更高层级结构的动力学突现结合起来。

正是由于全局模式的存在,一个重要的任务是找到一种描述模式,在这种模式中可以找到稳定的结构特征。复杂性理论家有时会表现得好像我们已经知道了突现性质是什么,问题只是去进行预测(例如,Israeli and Goldenfeld 2004),而困难的任务是,首先要制定合适的词汇。这种对突现特征的强调,也常常导致突出定性结构特征的模型,而不是详细的定量预测的模型。特别值得注意的是,在下一节将讨论的动力系统理论,强调了吸引子和吸引盆在状态空间中的拓扑特征。

复杂适应系统是复杂系统的重要特例。对于自适应系统,控制单个主体行为的规则,随着主体与环境的相互作用而演变。由于一个主体的环境包括其他的主体,因此,适应涉及对这些主体行为的响应。如果把支配一个主体的规则看作是该主体的部分构成,那么复杂适应系统就可能产生转换突现的情况。系统发展出新型主体的能力,通常伴随着系统本身的开放性。当一些处于平衡状态的系统发生自组织时,这种开放性是很重要的,例如刚性和超导电性的发生;而在另一些远离平衡的耗散系统中,这种开放性也很重要,例如,湍流流体中的对流包和涡旋。一个关键因素是,通过将熵输出到系统外部来补偿自组织系统的熵减。

▶▶ **7.3 动力系统**

我现在将展示如何利用具有大量突现特征的动力系统理论,对突现进行历时性描述,但是这些描述本身并不构成突现的一个单一类别。要做到这一点,我们需要从动力系统的一般领域中寻求一些定义。在下文中,系统始终是模型系统而不是真实系统。

**系统**是存在一定关系的对象的集合。关系可以有许多不同的类型,但一个完全非结构化的集合——模型中明确包含的对象之间不存在任何关系的对象组成的集合——不是一个系统。[①] 因此,任何系统都将至少具有一个结构特征。系统对象的内在性质的赋值,以及这些对象的特定关系配置,就是系统的一种**状态**。系统所有可能状态的集合是系统的**状态空间**。那么,**动力系统**是根据明确可指定的规则(可以是确定的或不确定的)来改变状态的系统。[②] 通常需要表示的是,系统状态如何随时间变化,而计算面临的挑战是使用表征、并根据过去和现在的状态来计算未来状态。因此,动力系统理论是对系统状态演化的研究和描述。

**保守**动力系统是指没有能量流穿过系统边界的系统。当存在这样的能量流时,我们就会有一个**耗散**系统,即相空间中的体积在动态流动下收缩的系统。[③] 阻尼摆是耗散动力系统,而自由摆是保守系统。保守系统不能有任何吸引不动点,但它们可以有其他类型的不动点。[④]

动力系统理论之所以重要,有很多原因。该理论允许对动力学的重要特征进行定性描述,而无需考虑系统的细节或性质,这在处理复杂系统时是

---

[①] 任何 N 个对象之间总是存在关系,但如果模型中明确包含的唯一性质是一元性质,则模型不描述系统。

[②] 更形式化的表达,动力系统有三个部分<M, $f$, T>,其中 M 是有多种形式的,$f$ 是 M 到 M 的(时间相关的)微分同胚映射,T 是时间的连续或离散表示。另一种定义是,动力系统有四个部分<X, F, $\mu$, $\tau$>,其中<X, F, $\mu$>是一个概率空间,$\tau$ 是从 X 到 X 的保测映射。

[③] 见斯特罗加茨(Strogatz 1994, 312)。

[④] 虽然吸引子通常分为点吸引子、周期吸引子、奇异吸引子等,但对于吸引子的分类并没有共识,也没有一个完整的分类。通常,我们必须对渐进行为进行研究,才能发现系统的整体性特征。

一个巨大的优势。因此,这些表征可以应用于各种类型的系统,这些应用范围从经典力学到神经网络,我们在这里看到了微观细节的自主性的反映,这是突现的一个特征。动力系统理论中的吸引子也可以被看作是自组织的基础——在这种情况下,自发地引导系统的动力学转向预定的最终状态,罗斯·阿什比(Ross Ashby)在20世纪50年代提出了这一观点。

亚历山大·鲁格(Rueger 2000a,2000b)提出了一种历时性突现,属于弱突现的范畴。该方法将更高层级的性质作为结构性质,其目的是区分仅作为结果而产生的结构性质和真正新颖的结构性质:"我们可以说,相对于较早时间的系统,如果基础参数中的某些值在时间间隔内发生了细微变化,而较晚时间的行为与旧系统的行为相比是'新颖的',并且是不可还原的,那么该时间的系统行为就是突现的。"(Rueger 2000a,300)新颖性的一个充分条件是,无平滑变形将由控制参数的一个值产生的轨迹集,转换为由控制参数的另一个值产生的轨迹集。

例如,相空间中描述的阻尼振荡器的极限环,需要一个与无阻尼振荡器相比是拓扑新颖的描述。尽管鲁格没有这样描述它,但这是一个概念突现的例子,因为它需要一个概念的重新描述(一种新的吸引子)来解释新的行为。这种方法是历时性的,因为吸引子类型的变化是在控制参数的变化中产生的。鲁格对不连续性的诉求类似于突现的相变描述,因为拓扑不连续发生在控制参数的某个临界值。①

斯蒂芬·沃尔夫拉姆(Stephen Wolfram)对一维元胞自动机的分类也与动力系统有关。他将元胞自动机分为四类。在第Ⅰ类中,产生了一种特别的齐次状态,它破坏了有关初始状态的信息。预测第Ⅰ类元胞自动机的

---

① 鲁格的立场和巴特曼的方法都可以在汉斯·普里马斯(Primas 1991)的文章中找到:"大多数理论间的关系在数学上被描述为**奇异渐近展开**······渐近展开从来都不是普遍收敛,但仅在非常特定的背景下有效······对自然的任何描述的语境依赖性都与这样一个事实有着内在的联系,即我们不进行抽象的话就不能谈论自然······我们在实验科学中引入的抽象也必须通过相应的新的**语境拓扑**引入到理论描述中,作为一种规则,它会导致**对称性破缺**······从基本理论中严格地数学推导出突现,需要打破基本对称性,这要么是通过不收敛于原理论的拓扑的奇异渐近展开,要么是选择原理论的无限多个可能的物理不等价表示之一······通常,对称性破缺会导致时间范围明显分离的**层级结构**的突现。但是,因此就说大自然是有层级结构的是不正确的。正是我们的**观点与相关的抽象**,从而产生了更高级别的层级性描述。"(Primas 1991,4—5)

动态演化是微不足道的,而且其复杂性较低。它们类似于相空间中的不动点。在第Ⅱ类中,最终状态的每个区域仅依赖于初始状态的有限区域。因此,可预测性也很高。这类似于相空间中的极限环。第Ⅲ类包括无限元胞自动机,它从几乎所有可能的初始状态产生混沌时空模式。随着计算的不断推进,最终状态的区域取决于初始状态的不断增加的区域。这类似于相空间中的奇异吸引子。第Ⅳ类涉及可以生成模式的自动机,以及这些模式的持续改变。第Ⅳ类元胞自动机的一个重要特点是,它们可以进行通用计算(见 Wolfram 1984)。①

---

① 上述段落基于普罗科片科等人的文章(Prokopenko et al. 2009)。

# 参考文献

Aaronson, Scott. 2003. "Book Review on A new kind of Science by Stephen Wolfram." *Quantum Information and Computation* 2:410—23.

Abbott, Russ. 2006. "Emergence Explained: Abstractions: Getting Epiphenomena to do Real Work." *Complexity* 12:13—26.

Aegerter C. M., R. Günther, and R. J. Wijngaarden. 2003. "Avalanche Dynamics, Surface Roughening, and Self-Organized Criticality: Experiments on a Three-Dimensional Pile of Rice." *Physical Review E* 67: 051306-1-051306-6.

Aharoni, Amikam. 2000. *Introduction to the Theory of Ferromagnetism*, 2nd ed. Oxford: Oxford University Press.

Alexander, Samuel. 1920. *Space, Time, and Deity: The Gifford Lectures at Glasgow 1916—1918*, vols.1 and 2. London: Macmillan.

Anderson, P. W. 1972. "More Is Different." *Science* 177:393—96.

Anderson, P. W. 1995. "Historical Overview of the Twentieth Century Physics." In *Twentieth Century Physics*, ed. L. M. Brown, A. Pais, and B. Pippard, 2017—32. New York: American Institute of Physics Press.

Anderson, P. W. 2005. "Some General Thoughts About Broken Symmetry." In *A Career in Theoretical Physics*, 2nd. ed., ed. P. W. Anderson, 419—30. Singapore: World Scientific.

Anthony, Louise. 1999. "Making Room for the Mental." *Philosophical Studies* 95:37—44.

Armstrong, David. 1968. *A Materialist Theory of Mind*. New York: Humanities Press.

Armstrong, David M. 1978a. *Nominalism and Realism, Vol. I: A*

*Theory of Universals*. Cambridge:Cambridge University Press.

Armstrong,David. 1978b.*Universals and Scientific Realism*,*Volume* Ⅱ:*A Theory of Universals*. Cambridge:Cambridge University Press.

Armstrong, David. 1989.*Universals*:*An Opinionated Introduction*. Boulder:Westview Press.

Armstrong,David. 1997.*A World of States of Affairs*. Cambridge:Cambridge University Press.

Arntzenius,Frank. 2008. "Gunk, Topology, and Measure." *Oxford Studies in Metaphysics*,vol. 4. New York:Oxford University Press.

Assad,Andrew M.,and Norman Packard. 1992. "Emergent Colonization in an Artificial Ecology." In *Toward a Practice of Autonomous Systems*:*Proceedings of the First European Conference on Artificial Life*,ed. Francisco J. Varela and Paul Bourgine, 143 — 52. Cambridge, MA: MIT Press.

Auyang, Sunny. 1998. *Foundations of Complex-System Theories*. Cambridge:Cambridge University Press.

Bailey,David,Peter Borwein,and Simon Plouffe. 1997. "On the Rapid Computation of Various Polylogarithmic Constants." *Mathematics of Computation* 66:903—13.

Bak,P.,C. Tang,and K. Wiesenfeld. 1987. "Self-Organized Criticality:An Explanation of 1/f Noise."*Physical Review Letters* 59:381.

Baldwin,T. 1990. G.E.*Moore*. London:Routledge.

Batterman,Robert. 2000. "Multiple Realizability and Universality." *British Journal for the Philosophy of Science* 51:115—45.

Batterman,Robert. 2002. *The Devil in the Details*:*Asymptotic Reasoning in Explanation*,*Reduction*,*and Emergence*. New York:Oxford University Press.

Bedau,Mark. 1997. "Weak Emergence." In *Philosophical Perspectives*:*Mind*,*Causation*,*and World*, ed. J. Tomberlin, vol. 11, 375 — 99. Malden:Blackwell.

Bedau,Mark. 2002. "Downward Causation and Autonomy in Weak Emergence." *Principia Revista Internacional de Epistemologica* 6:5—50. Reprinted in *Emergence:Contemporary Readings in Philosophy and Science*,ed. Mark Bedau and Paul Humphreys, 155 — 88. Cambridge, MA: MIT Press.

Bedau,Mark. 2008. "Is Weak Emergence Just in the Mind?" *Minds and Machines* 18:443—59.

Berlekamp,Elwyn R.,John H. Conway, and Richard K. Guy. 2004. *Winning Ways for Your Mathematical Plays*,2nd ed., vol. 4. Wellesley, MA:A.K.Peters/ CRC Press.

Bigelow,J., and R. Pargetter. 1990. *Science and Necessity*. Cambridge: Cambridge University Press.

Binney,J.,N.Dowrick,A. Fisher,and M. Newman. 1992. *The Theory of Critical Phenomena*. Oxford:Clarendon Press.

Bishop,Robert C. 2008. "Downward Causation in Fluid Convection." *Synthese* 160:229—48.

Bishop,Robert, and HaraldAtmanspacher. 2006. "Contextual Emergence in the Description of Properties." *Foundations of Physics* 36: 1753—77.

Blitz,David. 1992.*Emergent Evolution*. Dordrecht:Kluwer Academic Publishers.

Bohr,Nils. 1935. "Can Quantum-Mechanical Description of Physical Reality Be Considered Complete?" *Physical Review* 48:696—702.

Broad,C. D. 1925.*The Mind and Its Place in Nature*. London:Routledge and Kegan Paul.

Broad, C. D. 1933.*An Examination of McTaggart's Philosophy*, vol. 1. Cambridge:Cambridge University Press.

Butterfield, Jeremy. 2011a. " Emergence, Reduction, and Supervenience: A Varied Landscape." *Foundations of Physics* 41: 920—59.

Butterfield,Jeremy. 2011b. "Less Is Different:Emergence and Reduction Reconciled."*Foundations of Physics* 41:1065—135.

Butterfield, Jeremy. 2012. "Laws, Causation, and Dynamics at Different Levels." *Interface Focus* 2:101—14.

Callender, Craig. 2001. "Taking Thermodynamics Too Seriously." *Studies in History and Philosophy of Science*, Part B: *Studies in History and Philosophy of Modern Physics* 32:539—53.

Campbell, David K. 1987. "Nonlinear Science: From Paradigms to Practicalities." *Los Alamos Science* 15:218—62.

Campbell, Donald. 1974. "'Downward Causation' in Hierarchically Organized Biological Systems." In *Studies in the Philosophy of Biology: Reduction and Related Problems*, ed. Francisco Ayala, 179—86. Berkeley: University of California Press.

Campbell, Donald. 1990. "Levels of Organization, Downward Causation, and the Selection-Theory Approach to Evolutionary Epistemology." In *Theories of the Evolution of Knowing*, ed. G. Greenberg and E. Tolbach, 1—17. Hillsdale, NJ: Lawrence Erlbaum.

Carlson, J. M., and John Doyle. 2002. "Complexity and Robustness." *PNAS* 99 (suppl. 1):2538—45.

Carnap, Rudolf. 1947. *Meaning and Necessity*. Chicago: University of Chicago Press.

Carroll, Felix. 1997. *Perspectives on Structure and Mechanism in Organic Chemistry*. New York: Wiley.

Castellani, Elena. 2002. "Reductionism, Emergence, and Effective Field Theories." *Studies in History and Philosophy of Science*, Part B: *Studies in History and Philosophy of Modern Physics* 33:251—67.

Chaitin, Gregory. 2005. "Epistemology as Information Theory: From Leibniz to $\Omega$." Alan Turing Lecture on Computing and Philosophy, E-CAP'05, arXiv.org/pdf/math/0506552.pdf.

Chalmers, David. 1996. *The Conscious Mind: In Search of a Fundamental Theory*. New York: Oxford University Press.

Chalmers, David. 2006. "Strong and Weak Emergence." In *The Re-Emergence of Emergence*, ed. Philip Clayton and P. C. W. Davies,

244—56. Oxford:Oxford University Press.

Checkland, P. 1981. *Systems Thinking*, *Systems Practice*. Chichester: Wiley.

Chihara,Charles. 1982. "A Gödelian Thesis Regarding Mathematical Objects:Do They Exist? And Can We Perceive Them?" *Philosophical Review* 91:211—27.

Clayton, Philip. 2004. *Mind and Emergence*. Oxford: Oxford University Press.

Colebrooke,Henry T. 1837. *Miscellaneous Essays*. London:W.H. Allen.

Comte,Auguste. 1830.*Cours de philosophie positive*. Paris:Bachelier.

Cook,Stephen A. 1971. "The Complexity of Theorem-Proving Procedures." In *Proceedings of the Third Annual ACM Symposium on the Theory of Computing*, ed. Michael A. Harrison, Ranan B. Banerji, and Jeffrey D. Ullman, 151—58. New York:Association for Computing Machinery.

Crane,Tim,and Hugh Mellor. 1990. "There Is No Question of Physicalism." *Mind* 99:185—206.

Darley,Vincent. 1994. "Emergent Phenomena and Complexity." In *Artificial Life* Ⅳ:*Proceedings of the Fourth International Workshop on the Synthesis and Simulation of Living Systems*, ed. R. Brooks and P. Maes,411—16. Cambridge,MA:MIT Press.

D' Espagnat, B. 1973. "Quantum Logic and Non-Separability." In *The Physicist's Conception of Nature*,ed. J. Mehra,714—35. Dordrecht: D. Reidel.

Dennett,Daniel. 1991. "Real Patterns." *Journal of Philosophy* 88:27—51.

Descartes, René. 1641. *Meditationes De Prima Philosophia*. Paris: Michel Soly.

Dill,Ken A.,S.Banu Ozkan,M. Scott Shell,and Thomas R. Weikl. 2008. "The Protein Folding Problem." *Annual Review of Biophysics* 37:

289—316.

Dirac, P. A. M. 1929. "Quantum Mechanics of Many Electron Systems." In *Proceedings of the Royal Society London A* 123: 714—33.

Drexler, Eric. 1986. *Engines of Creation: The Coming Era of Nanotechnology*. New York: Anchor Books.

Dubucs, Jacques. 2006. " Unfolding Cognitive Capacities." In *Reasoning and Cognition: Interdisciplinary Conference on Reasoning Cognition*, ed. Mitsuhiro Okada, 95 — 101. Minato-ku, Tokyo: Keio University Press.

Dunn, J. 1990. "Relevant Predication 2: Intrinsic Properties and Internal Relations." *Philosophical Studies* 60: 177—206.

Eddington, Arthur. 1929. *The Nature of the Physical World*. Cambridge: Cambridge University Press.

Edmund, M, A. Ronald, Mose Sipper, and Mathieu S. Capcarrère. 1999. "Design, Observation, Surprise!: A Test of Emergence." *Artificial Life* 5: 225—39.

Edwards, Paul, ed. 1967. *The Encyclopedia of Philosophy*. New York: Macmillan.

Einstein, Albert, B. Podolsky, and N. Rosen. 1935. "Can Quantum-Mechanical Description of Physical Reality Be Considered Complete?" *Physical Review* 47: 777—80.

Eisberg, Robert, and Robert Resnick. 1985. *Quantum Physics of Atoms, Molecules, Solids, Nuclei, and Particles*, 2nd ed. New York: Wiley.

Emmeche, Claus, Simo Køppe, and Frederik Stjernfelt. 2000. "Levels, Emergence, and Three Versions of Downward Causation." In *Downward Causation: Mind, Bodies, and Matter*, ed. Peter Bøgh Andersen, Claus Emmeche, Niels Ole Finnemann, and Peder Voetmann Christiansen, 13—34. Aarhus: Aarhus University Press.

Ewing, A. C. 1934. *Idealism: A Critical Survey*. London: Methuen.

Fodor, Jerry. 1974. "Special Sciences, or the Disunity of Science as a Working Hypothesis." *Synthese* 28: 97—115.

Fredkin, Edward. 1990. "An Informational Process Based on Reversible Universal Cellular Automata." *Physica D* 45:254—70.

Friedman, Michael. 1974. "Explanation and Scientific Understanding." *Journal of Philosophy* 71:5—19.

Ganeri, Jonardon. 2011. "Emergentisms, Ancient and Modern." *Mind* 120:671—703.

Gendler, Tamar, and John Hawthorne. 2002. *Conceivability and Possibility*. Oxford:Oxford University Press.

Ghiselin, Michael. 1974. "A Radical Solution to the Species Problem." *Systematic Zoology* 23:536—44.

Goodman, Nelson. 1951. *The Structure of Appearance*. Cambridge, MA:Harvard University Press.

Gu, Mile, and P. Alvarado. 2011. "Encoding Universal Computations in the Ground States of Ising Lattices."*Physical Review E* 86:011116-1- 011116-6.

Gu, Mile, ChristianWeedbrook, Alvaro Perales, and Michael Nielsen. 2009. "More Really Is Different." *Physica D* 238:835—39.

Guay, Alexandre, and Olivier Sartenaer. 2016. "A New Look at Emergence. Or When after Is Different." *European Journal for Philosophy of Science* 6:297—322.

Haken, Hermann. 1988. *Information and Self-Organization*. Berlin:Springer.

Hare, R. M. 1952. *The Language of Morals*. Oxford: Clarendon Press.

Hartmann, Stephan. 2001. "Effective Field Theories, Reductionism and Scientific Explanation." *Studies in History and Philosophy of Science, Part B: Studies in History and Philosophy of Modern Physics* 32:267—304.

Hegselmann, Rainer. 2017. "Thomas C. Schelling and James M. Sakoda: The Intellectual, Technical, and Social History of a Model" *Journal of Artificial Societies and Social Simulations*.

Hempel, Carl. 1965. "Aspects of Scientific Explanation." In *Aspects of Scientific Explanation and Other Essays in the Philosophy of Science*, 331—496. New York: Free Press.

Hempel, Carl G., and Paul Oppenheim. 1948. "Studies in the Logic of Explanation." *Philosophy of Science* 13:135—75.

Hendry, Robin Findlay. 2006. "Is There Downward Causation in Chemistry?" In *Philosophy of Chemistry*, ed. D. Baird et al., 173—89. Berlin: Springer.

Heylighen F. 2001. "The Science of Self-organization and Adaptivity." In *Knowledge Management, Organizational Intelligence and Learning, and Complexity*, ed. L. D. Kiel. Oxford: Eolss Publishers.

Holland, John. 1998. *Emergence: From Chaos to Order*. Reading, MA: Addison-Wesley.

Honderich, Ted, ed. 1995. *The Oxford Companion to Philosophy*. Oxford: Oxford University Press.

Horgan, Terrence. 1993. "From Supervenience to Superdupervenience: Meeting the Demands of a Material World." *Mind* 102:555—86.

Hovda, Paul. 2008. "Quantifying Weak Emergence." *Minds and Machines* 18:461—73.

Howard, Don. 2007. "Reduction and Emergence in the Physical Sciences: Some Lessons from the Particle Physics and Condensed Matter Debate." In *Evolution and Emergence: Systems, Organisms, Persons*, ed. Nancey Murphy and William Stoeger, 141—57. Oxford: Oxford University Press.

Hull, David. 1976. "Are Species Really Individuals?" *Systematic Zoology* 25:174—91.

Humphreys, P. 1989. *The Chances of Explanation*. Princeton, NJ: Princeton University Press.

Humphreys, P. 1990. "A Conjecture Concerning the Ranking of the Sciences." *Topoi* 9:157—60.

Humphreys, P. 1995. "Understanding in the Not-So-Special-Sciences."*Southern Journal of Philosophy Supplement*:*Proceedings of the* 1995 *Spindel Conference* 24:99—114.

Humphreys,P. 1997a. "How Properties Emerge." Philosophy of Science 64:1—17.

Humphreys,P. 1997b. "Emergence,Not Supervenience." *Philosophy of Science* 64:S337—S345.

Humphreys,P. 2004.*Extending Ourselves*. New York:Oxford University Press.

Humphreys, P. 2011. "Contextual Emergence." *Philosophical Research*,Chinese Academy of Social Sciences. (in Chinese).

Humphreys,P. 2013. "Scientific Ontology and Speculative Ontology." In *Scientific Metaphysics*, ed. Don Ross,James Ladyman, and Harold Kincaid,51—78. New York:Oxford University Press.

Humphreys, P. 2014a. " The Dynamics of Emergence." Paper presented at the Emergence and Reduction workshop,IHPST Paris,October 2014.

Humphreys,P. 2014b. "Explanation as Condition Satisfaction."*Philosophy of Science* 81:1103—16.

Humphreys,P. 2015. "More Is Different ⋯ Sometimes." In *Why More Is Different*:*Philosophical Issues in Condensed Matter Physics and Complex Systems*, ed. Brigitte Falkenburg and Margaret Morrison, 137—52. Berlin:Springer-Verlag.

Hütteman,Andreas. 2005. "Explanation, Emergence, and Quantum Entanglement." *Philosophy of Science* 72:114—27.

Hüttemann,Andreas,and O. Terzidis. 2000. "Emergence in Physics." *International Studies in the Philosophy of Science* 14:267—81.

Hylton,Peter. 1990. *Russell*,*Idealism*,*and the Emergence of Analytic Philosophy*. Oxford:Clarendon Press.

Imbert,Cyrille. 2006. "Why Diachronically Emergent Properties Must Also Be Salient." In *Philosophy and Complexity*:*Essays on Epistemology*,*Evolution*,*and Emergence*,ed. Carlos Gershenson,Diederik Aerts,and

Bruce Edmonds,99—116 . Singapore:World Scientific.

Israeli,Navot,and Nigel Goldenfeld. 2004. "Computational Irreducibility and the Predictability of Complex Physical Systems." *Physical Review Letters* 92:0741051-074105-4 .

Jaeger,H. M.,Chu-heng Liu,and Sidney R. Nagel. 1989. "Relaxation at the Angle of Repose."*Physical Review Letters* 62:40.

Jardine,Nicholas. 1980. "The Possibility of Absolutism." In *Science, Belief,and Behaviour:Essays in Honor of R. B. Braithwaite*,ed. D. H. Mellor,23—42. Cambridge:Cambridge University Press.

Jensen, Henrik. 1998. *Self-Organized Criticality: Emergent Complex Behavior in Physical and Biological Systems*. Cambridge Lecture Note in Physics,vol.10. Cambridge:Cambridge University Press.

Johnston,Mark. 1997. "Manifest Kinds."*Journal of Philosophy* 94: 564—83.

Kim, Jaegwon. 1976. "Events as Property Exemplifications." In *Action Theory*, ed. M. Brand and D. Walton, 159 — 77. Dordrecht, D. Reidel. Reprinted in Jaegwon Kim, *Supervenience and Mind*, 33 — 52. Cambridge:Cambridge University Press,1993.

Kim,Jaegwon. 1992. "Downward Causation." In *Emergence or Reduction? Essays on the Prospects of Nonreductive Physicalism*, ed. Ansgar Beckerman, Hans Flohr, and Jaegwon Kim, 119 — 38. Berlin: Walter de Gruyter.

Kim, Jaegwon. 1993a. *Supervenience and Mind*. Cambridge: Cambridge University Press.

Kim,Jaegwon. 1993b. "The Non-reductivist's Troubles with Downward Causation." In *Mental Causation*, ed. John Heil and Alfred Mele, 189 — 210. Oxford: Oxford University Press. Reprinted in Jaegwon Kim, *Supervenience and Mind*, chap. 17. Cambridge: Cambridge University Press,1993.

Kim, Jaegwon. 1997. "Explanation, Prediction, and Reduction in Emergentism." *Intellectica* 25:45—57.

Kim, Jaegwon. 1998. *Mind in a Physical World*. Cambridge, MA: MIT Press.

Kim, Jaegwon. 1999. "Making Sense of Emergence." *Philosophical Studies* 95:3—36.

Kim, Jaegwon. 2005. *Physicalism, Or Something Near Enough*. Princeton, NJ: Princeton University Press.

Kitcher, Philip. 1989. "Explanatory Unification and the Causal Structure of the World." In *Scientific Explanation. Minnesota Studies in the Philosophy of Science*, ed. P. Kitcher and W. Salmon, 410—505. Minneapolis: University of Minnesota Press, 1989.

Klee, Robert. 1984. "Micro-Determinism and Concepts of Emergence." *Philosophy of Science* 51:44—63.

Kronz, F., and J. Tiehen. 2002. "Emergence and Quantum Mechanics." *Philosophy of Science* 69:324—47.

Kuhlmann, Meinard. 2014. "Explaining Financial Markets in Terms of Complex Systems." *Philosophy of Science* 81:1117—30.

Kuhn, Thomas. 1962. *The Structure of Scientific Revolutions*. Chicago: University of Chicago Press.

Ladyman, James, Don Ross, David Spurrett, and John Collier. 2007. *Everything Must Go: Metaphysics Naturalized*. Oxford: Oxford University Press.

Laplace, Pierre Simon Marquis de. 1902. *A Philosophical Essay on Probabilities*. London: Chapman and Hall. English translation of the sixth French edition.

Laughlin, Robert. 2005. *A Different Universe: Reinventing Physics from the Bottom Down*. New York: Basic Books.

Leibniz, G. W. 1714/1989. Monadology (English translation). In *Philosophical Essays*, ed. Roger Ariew and Daniel Garber, 213—24. Indianapolis: Hackett.

Levine, Joseph. 1993. "On Leaving Out What It's Like." In *Consciousness*, ed. M. Davies and G. W. Humphreys, 121—36. Oxford: Blackwell.

Lewes, G. H. 1874. *Problems of Life and Mind*. Boston: J.R. Osgood.

Lewis, David. 1966. "An Argument for the Identity Theory." *Journal of Philosophy* 63: 17—25.

Lewis, David. 1986a. *Philosophical Papers*, vol. 2. Oxford: Oxford University Press.

Lewis, David. 1986b. *On the Plurality of Worlds*. Oxford: Basil Blackwell.

Lewis, David. 1986c. "Against Structural Universals." *Australasian Journal of Philosophy* 64: 25—46.

Lewis, David. 1991. *Parts of Classes*. Oxford: Blackwell.

Li, Ming, Xin Chen, Xin Li, Bin Ma, and Paul M. B. Vitanyi. 2004. "The Similarity Metric." *IEEE Transactions on Information Theory* 50: 3250—64.

Liu, Chang. 1999. "Explaining the Emergence of Cooperative Phenomena." *Philosophy of Science* 66: S92—S106.

Massimi, Michela. 2005. Pauli's Exclusion Principle: *The Origin and Validation of a Scientific Principle*. Cambridge: Cambridge University Press.

Masterton, W., and E. Slowinski. 1969. *Chemical Principles*, 2nd ed. Philadelphia: W.B. Saunders.

McLaughlin, Brian. 1992. "The Rise and Fall of British Emergentism." In *Emergence or Reduction? Essays on the prospects of Nonreductive Physicalism*, ed. Ansgar Beckerman, Hans Flohr, and Jaegwon Kim, 49—93. Berlin: Walter de Gruyter.

McLaughlin, Brian. 1997. "Emergence and Supervenience." *Intellectica* 25: 25—43.

Mill, J. S. 1843. *A System of Logic: Ratiocinative and Inductive*. London: Longmans, Green.

Mill, J. S. 1884. *An Examination of Sir William Hamilton's Philosophy*. New York: Henry Holt.

Moore, G. E. 1903. *Principia Ethica*. Cambridge: Cambridge University Press.

Moore, G. E. 1922. "External and Internal Relations." In *Philosophical Studies*, 276—309. London: Routledge and Kegan Paul.

Morgan, C. Lloyd. 1923. *Emergent Evolution*. London: Williams & Norgate.

Murphy, Nancey. 2006. *Bodies and Souls, or Spirited Bodies?* Cambridge: Cambridge University Press.

Nagel, Ernest. 1961. *The Structure of Science*. New York: Harcourt.

Nagel, Sidney. 1992. "Instabilities in a Sand Pile." *Reviews of Modern Physics* 64: 321—25.

Nelsen, Roger. 1999. *An Introduction to Copulas*. Berlin: Springer.

Newman, David. 1996. "Emergence and Strange Attractors." *Philosophy of Science* 63: 245—61.

Nietzsche, Friedrich. 1889/1968. "Expeditions of an Untimely Man." In *Twilight of the Idols*, trans. R. J. Hollingdale. London: Penguin.

O'Connor, Timothy, and Wong, Hong Yu. 2005. "The Metaphysics of Emergence." *Noŭs* 39: 658—78.

Parrish, Julia K., and Edelstein-Keshet. 1999. "Complexity, Pattern, and Evolutionary Trade-Offs in Animal Aggregation." *Science* 284: 99—101.

Pelletier, F. J. 2000. "Did Frege Believe Frege's Principle?" *Journal of Logic, Language and Information* 10: 87—114.

Pepper, Stephen. 1926. "Emergence." *Journal of Philosophy* 23: 241—45.

Primas, Hans. 1991. "Reductionism: Palaver Without Precedent." In *The Problem of Reduction in the Sciences*. Ed. Evandro Agazzi.

Prokopenko, Mikhail, Fabio Boschetti and Alex J. Ryan. 2009. "An Information-Theoretic Primer on Complexity, Self-organization, and Emergence." *Complexity* 15: 11—28.

Psillos, Stathis. 1999. *Scientific Realism: How Science Tracks*

Truth. London:Routledge.

Putnam,Hilary. 1962. "What Theories Are Not." In *Logic*,*Methodology*,*and Philosophy of Science*, ed. E. Nagel, P. Suppes, and A. Tarski,240—51. Stanford,CA:Stanford University Press.

Putnam,Hilary. 1975. "Philosophy and Our Mental Life." In *Mind*, *Language*,*and Reality*:*Philosophical Papers*, vol. 2, 291 — 303. Cambridge:Cambridge University Press. .

Rasmussen,Steen,and Chris Barrett. 1995. "Elements of a Theory of Simulation." In *European Conference on Artificial Life*,Lectures Notes in Computer Science,vol.95,515—29. Berlin :Springer-Verlag.

Rohrlich, F. 1997. "Cognitive Emergence." *Philosophy of Science* 64:S346—S358.

Ronald, E., M. Sipper, and M. Capcarrère. 1999. " Design, Observation,Surprise! A Test of Emergence." *Artificial Life* 5:225—39.

Rorty,Richard. 1967. "Relations,Internal and External." In *Encyclopedia of Philosophy*,ed. Paul Edwards,vol. 7,125—33. New York:Mac-Millan /Free Press.

Rueger,Alexander. 2000a. "Physical Emergence,Diachronic and Synchronic." *Synthese* 124:297—322.

Rueger,Alexander. 2000b. "Robust Supervenience and Emergence." *Philosophy of Science* 67:466—89.

Russell,Bertrand. 1910. "The Monistic Theory of Truth." In *Philosophical Essays*,123—39. London:Longmans,Green.

Russell,Bertrand. 1912. "On the Notion of Cause."*Proceedings of the Aristotelian Society* 13 (New Series):1—26.

Russell,Bertrand. 1914. "The Relation of Sense-Data to Physics." Scientia 16:1 — 27. Reprinted in Bertrand Russell,*Mysticism and Logic and Other Essays*,chap. 8. New York:Longmans,Green.

Russell,Bertrand. 1918. "The Philosophy of Logical Atomism."*The Monist* 28:495 — 527; 29:32 — 63, 190 — 222, 345 — 80. Reprinted with minor changes in Bertrand Russell, *Logic and Knowledge*: *Essays*

1901－1950, edited by Robert Charles Marsh, 177－281. London: Unwin Hyman, 1956.

Russell, Bertrand. 1956. *Logic and Knowledge: Essays* 1901－1950, edited by Robert Charles Marsh. London: Unwin Hyman.

Salmon, Wesley C. 1980. "Causality: Production and Propagation." In *PSA 1980 Volume 2: Proceedings of the Biennial Meetings of the Philosophy of Science Association*, 49－69. East Lansing: Philosophy of Science Association.

Salmon, Wesley. 1984. *Scientific Explanation and the Causal Structure of the World*. Princeton, NJ: Princeton University Press.

Schelling, Thomas. 1978. *Micromotives and Macrobehavior*. New York: W.W. Norton.

Schweber, Silvan. 1993. "Physics, Community, and the Crisis in Physical Theory." *Physics Today*, November, 34－40.

Searle, John. 1980. "Minds, Brains and Programs." *Behavioral and Brain Sciences* 3:417－57.

Searle, John. 1995. *The Construction of Social Reality*. New York: Free Press.

Sethna, James, P. 2006. *Statistical Mechanics: Entropy, Order Parameters and Complexity*. Oxford: Oxford University Press.

Sewell, G. L. 1986. *Quantum Theory of Collective Phenomena*. Oxford: Clarendon Press.

Shagrir, Oron. 2016. "An Advertisement for the Philosophy of the Computational Sciences." In *Oxford Handbook of the Philosophy of Science*, ed. Paul Humphreys, chap. 2. New York: Oxford University Press.

Shalizi, Cosma Rohilla, and James Crutchfield. 2001. "Computational Mechanisms: Pattern and Prediction, Structure and Simplicity." *Journal of Statistical Physics* 104:817－79.

Shoemaker, Sydney. 1980. "Causality and Properties." In *Time and Cause: Essays Presented to Richard Taylor*, ed. Peter van Inwagen, 109－36. Dordrecht: D. Reidel.

Shimony, A. 1978. "Metaphysical Problems in the Foundations of Quantum Mechanics." *International Philosophical Quarterly* 8:2—27.

Shimony, A. 1993. "Some Proposals Concerning Parts and Wholes." In *Search for a Naturalistic World View*, vol. 2, 218—27. Cambridge: Cambridge University Press.

Shoemaker, Sydney. 1980. "Causality and Properties." In *Time and Cause*, ed. P. van Inwagen, 109—35. Dordrecht: D. Reidel.

Silberstein, Michael, and John McGeever. 1999. "The Search for Ontological Emergence." *Philosophical Quarterly* 49:201—14.

Silva, T. J., S. Schultz, and D. Weller. 1994. "Scanning Near-Field Optical Microscope for the Imaging of Magnetic Domains in Optically Opaque Materials." *Applied Physics Letters* 65:658—60.

Sklar, Lawrence. 1993. *Physics and Chance: Philosophical Issues in the Foundations of Statistical Mechanics*. Cambridge: Cambridge University Press.

Steels, Luc. 1994. "The Artificial Life Roots of Artificial Intelligence." *Artificial Life* 1:75—110.

Stephan, Achim. 1992. "Emergence: A Systematic View on Its Historical Facets." In *Emergence or Reduction: Essays on the Prospects of Nonreductive Physicalism*, ed. Ansgar Beckerman, Hans Flohr, and Jaegwon Kim, 25—48. Berlin: Walter de Gruyter.

Stephan, Achim. 1998. "Varieties of Emergence in Artificial and Natural Systems." *Zeitschrift für Naturforschung* 53:639—56.

Stephan, Achim. 1999. "Varieties of Emergentism." *Evolution and Cognition* 5:49—59.

Strogatz, Steven. 1994. *Nonlinear Dynamics and Chaos*. Reading, MA: Addison-Wesley.

Sugiyami, Yuki, Minoru Fukui, Macoto Kikuchi, Katsuya Hasebe, Akihiro Nakayama, Katsuhiro Nishinari, Shin-ichi Tadaki, and Satoshi Yukawa. 2008. "Traffic Jams Without Bottlenecks—Experimental Evidence for the Physical Mechanism of the Formation of a Jam." *New*

*Journal of Physics* 10:1—7.

Teller,P. 1986. "Relational Holism and Quantum Mechanics."*British Journal for the Philosophy of Science* 37:71—81.

Teller, P. 1992. " A Contemporary Look at Emergence." In *Emergence or Reduction? Essays on the Prospects of Nonreductive Physicalism*,ed. Ansgar Beckermann,Hans Flohr,and Jaegwon Kim,139—53. Berlin:Walter de Gruyter.

Thompson,E.,and F.Varela,F. 2001. "Radical Embodiment:Neural Dynamics and Consciousness." *Trends in Cognitive Science* 5:418—25.

Tuomela, Raimo. 1995. *The Importance of Us: A Philosophical Study of Basic Social Notions*. Stanford,CA:Stanford University Press.

Tye, Michael. 1989. *The Metaphysics of Mind*. Cambridge: Cambridge University Press.

van Cleve,James. 1985. "Three Versions of the Bundle Theory." *Philosophical Studies* 47:95—107.

van Cleve,James. 1990. "Mind-Dust or Magic? Panpsychism versus Emergentism." *Philosophical Perspectives* 4:215—26.

van DykeParunak,H.,Sven Brueckner,and Robert Savit. 2004. "Universality in Multi-Agent Systems." In *Proceedings of the Third International Joint Conference on Autonomous Agents and Multi-Agent Systems*,vol. 2,930—37. Washington,DC:IEEE Computer Society.

Watkins,J. W. N. 1957. "Historical Explanation in the Social Sciences."*British Journal for the Philosophy of Science* 8:104—17.

Weinberg,Stephen. 1987. "Newtonianism,Reductionism,and the Art of Congressional Testimony." *Nature* 330:433—37.

Whewell,William. 1840.*The Philosophy of the Inductive Sciences*. London:J.W. Parker.

Wimsatt,William. 1994. "The Ontology of Complex Systems." In *Canadian Journal of Philosophy*,*Supplementary Volume* 20,ed. Mohan Matthen and Robert Ware,207—74. Calgary:University of Calgary Press.

Wimsatt,W. 2007. "Emergence as Non-aggregativity and the Biases of Reductionisms." In *Re-Engineering Philosophy for Limited Beings*: *Piecewise Approximations to Reality*. Cambridge, MA: Harvard University Press. A shorter version is in *Foundations of Science* 5 (2000):269—87; or as "Aggregativity: Reductive Heuristics for Finding Emergence." *Philosophy of Science* 64 (1997):S372—S384.

Wolfram, Stephen. 1984. "Universality and Complexity in Cellular Automata." *Physica D* 10:1—36.

Wolfram, Stephen. 2002. *A New Kind of Science*. Champaign, IL: Wolfram Media.

Wong, Hongyu. 2006. "Emergentsfrom Fusion." *Philosophy of Science* 73:345—67.

Yates, David. 2009. "Emergence, Downward Causation and the Completeness of Physics." *Philosophical Quarterly* 59:110—31.

Zurek, Wojciech. 2002. "Decoherence and the Transition from Quantum to Classical B Revisited." *Los Alamos Science* 27:2—25.

策划编辑:喻　阳

责任编辑:张伟珍

**图书在版编目(CIP)数据**

突现:一种哲学的考量/〔美〕保罗·汉弗莱斯 著;范冬萍 付强 郑本 译;
　孙卫民 校. —北京:人民出版社,2024.2
(系统科学与系统管理丛书)
书名原文:Emergence:A Philosophical Account
ISBN 978-7-01-025812-6

Ⅰ.①突…　Ⅱ.①保…　②范…　③付…　④郑…　⑤孙…　Ⅲ.①心灵学-
哲学-研究　Ⅳ.①B84

中国国家版本馆 CIP 数据核字(2023)第 164013 号

**突　现**

TUXIAN

——一种哲学的考量

〔美〕保罗·汉弗莱斯　著

范冬萍　付　强　郑　本　译　孙卫民　校

**人民出版社** 出版发行

(100706　北京市东城区隆福寺街 99 号)

北京汇林印务有限公司印刷　新华书店经销

2024 年 2 月第 1 版　2024 年 2 月北京第 1 次印刷
开本:710 毫米×1000 毫米 1/16　印张:15
字数:238 千字　印数:0,001—3,000 册

ISBN 978-7-01-025812-6　定价:62.00 元

邮购地址 100706　北京市东城区隆福寺街 99 号
人民东方图书销售中心　电话 (010)65250042　65289539